周一良全集

第四编 自传与杂记 书信 色纸

主编 赵和平

“十二五”国家重点图书

10

ZHOUYILIANG QUANJI

高等教育出版社·北京

图书在版编目（C I P）数据

周一良全集. 第4编, 自传与杂记 : 全4册 / 赵和平主编. -- 北京 : 高等教育出版社, 2015.12
ISBN 978-7-04-041349-6

Ⅰ. ①周… Ⅱ. ①赵… Ⅲ. ①周一良（1913～2001）-文集 Ⅳ. ①C53

中国版本图书馆CIP数据核字(2015)第052577号

策划编辑 王 丽　　责任编辑 王 丽　　装帧设计 王 睢
责任校对 刘娟娟　　责任印制 毛斯璐　　封面题字 吴小如

出版发行 高等教育出版社
社　　址 北京市西城区德外大街4号
邮政编码 100120
印　　刷 北京鑫丰华彩印有限公司
开　　本 787 mm×960 mm 1/16
本册印张 22.75
本册字数 260 千字
购书热线 010-58581118
咨询电话 400-810-0598
网　　址 http://www.hep.edu.cn
　　　　 http://www.hep.com.cn
网上订购 http://www.hepmall.com.cn
　　　　 http://www.hepmall.com
　　　　 http://www.hepmall.cn
版　　次 2015年12月第 1 版
印　　次 2015年12月第 1 次印刷
总 定 价 398.00 元

本书如有缺页、倒页、脱页等质量问题，请到所购图书销售部门联系调换

物 料 号 41349-003

《周一良全集》各分册目录

第一编　中国史

第1册　魏晋南北朝史论（上）

第2册　魏晋南北朝史论（下）

第3册　魏晋南北朝史札记

第二编　世界史

第4册　日本史与中外文化交流史

第5册　【英译】《日本》、【日译】《折焚柴记》

第三编　佛教史与“敦煌学”

第6册　佛教史与“敦煌学”

第四编　自传与杂记

第7册　《毕竟是书生》《中国文化书院访谈录》《郊叟曝言》

第8册　《钻石婚杂忆》

第9册　论学杂著与读书题记

第10册　书信　色纸

（侯艺兵 摄）

裒集杜甫、于谦句今各易首字以为

夙有文章驚海内

太初先生逝世三周年悼词

終留清白在人间

吴小如追挽

HARVARD

壽

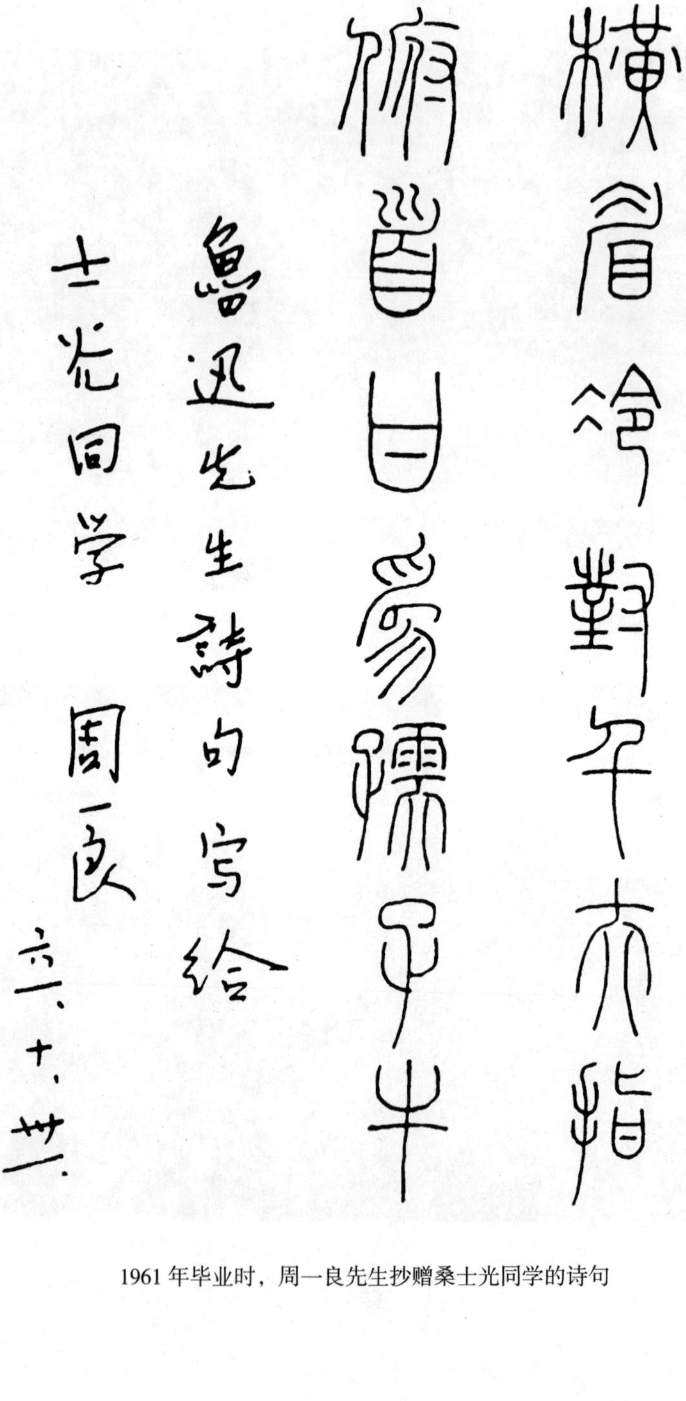

1961 年毕业时，周一良先生抄赠桑士光同学的诗句

目　　录

本册编辑说明

书信，文言称之为书札，是人际交往的重要媒介。抛开公中往来信函不谈，一般的私人书信，特别是亲朋之间的书信往来，负载着浓浓的亲情友情、嘘寒问暖、贺喜报捷、养生送故、诗文唱和、学术切磋等直至衣食住行、柴米油盐，涵盖了社会生活的各个方面。私人书信的最大特色是一个字——真。亲朋之间的书信，因为彼此信任，无论涉及何事，总是写者心情的真实表述，在记录作者脉搏跳动的同时，又反映了当时社会最细微的脉搏跳动。人是社会关系的总和，写信者的真，反映着社会的真。自古以来，司马迁的《报任安书》《与甥杨恽书》，马援的《与侄书》，诸葛亮的《诫子书》等名篇，千百年来脍炙人口，传诵不绝；近代以来，《曾文正公家书》《艺风堂友朋书札》《胡适书信集》《傅雷家书》等，庚续前贤，影响深远。

古语云，文如其人；又云，字如其人，所以书信中往往有“见字如面”的话，诚非虚语。

太初师的生平家世，本丛书中的《毕竟是书生》及《钻石婚杂忆》已有详尽的自叙，“代前言”中将 先师的一生概括为“儒家思想、书生本质、史家学术”，我们将在这一卷的“书信”中再现一位真实的周一良先生。

周先生生于1913年1月19日，这一百多年来正是我国社会动荡最剧烈的年代，1949年之前内乱外患不断，1949年之后政治运动此起彼伏，至“文化大革命”达到顶峰， 先师被抄家、被批斗，夫妻二人同入“劳改大院”成为“双院士”，亲友中不少人遭遇了同等待遇，书籍文物遭劫，书信也未能幸免。所以，搜集20世纪70年代之前的书信成为本卷编辑的最大障碍，尽管尽了力，但此前的信札仍然偏少，也是无可如何之事。好在台湾“中央研究院”傅斯年图书馆有一批20世纪30年代末至40年代的书札，聊胜于无了！

“儒家思想、书生本质”的历史学家周一良的书信，处处体现着其为人的忠恕之道，在在显示治学的辩证唯物之法。我们看到了一位视学术为生命的“书生”，看到了一位在社会动荡中万般无奈的“书生”，看到了一位严于律己、宽以待人的忠厚长者，看到了一位生活在20世纪的儒家。这里编者不想对书信的内容作更多的介绍和评判，读者自可体味，我只想说一句，手迹中的体例、格式及书写的清晰、严整与一丝不苟，不正是先生为人的直观体现吗？

本卷书信的搜集和整理，历时近两年。得到了 太初师亲朋故旧的鼎力支持，如夏应元先生不仅提供了老师给他的信，并且将日文译成中文，还做了说明；齐世荣先生惠寄老师给他的信，也做了说明；唐耕耦先生将其保存的信件全部送来也做了说明；唐长孺、缪钺等先生后人也慨然寄来原稿复印件， 太初师的门生弟子们也给予了大力支持……限于篇幅，这里不再一一列举，书中所收提供信件的每个人都应该得到我们的感谢。

周先生的家人对于书信的搜集整理给予编者全力配合，周启乾将手稿全部录文；周启博与周启盈将信件寄给我，同时将不清楚部分录文通过电子邮件从美国寄来。周启博还承担了与傅斯年图书馆沟通、获准本书使用该图书馆的周一良信件的任务；周启锐更是承担了搜集、汇总亲友书信的重任；可以说，没有周家人的全力配合，本卷是不可能完成的。

这里有一个必须要感谢的人是复旦大学的孟刚，他与先师是忘年交，搜集　先师资料多年。他毫无保留地将全部资料寄给我，其中包括在网上拍卖中看到的先师书信。因各种原因，在网上看到的信，本卷只收编者认为可信的那部分；模糊不清的、无法识读和辨别真伪的，也无法收录，网上拍品中牟利者所造伪者，自然更不能收录。

本卷所收书信主要是两部分，一为致师友信，二为致弟、妹、子女、侄、甥的家书。编辑顺序是采用将手稿影印置于本卷前半部分，后半部分按手稿顺序录文的办法。之所以如此，有几点原因：① 部分手稿影印效果不理想，须录文以便读者；② 手稿中个别字为行草，未免歧义，故须录文；③ 部分受信者未提供手稿，仅有录文，本书只能收入录文。这样，录出的信多于影印手稿，这是必须加以说明的。

台湾"中央研究院"傅斯年图书馆特允刊出馆藏周一良信件，是特别要加以感谢的。

整理编排　先师信札，摩挲手稿及手稿复印件，过录信件全文，如同面对　先师，心中感慨不足为外人道也。古训云，"有事弟子服其劳"，整理、抄录也是我这个白头弟子对　先师应尽的责任和义务。

赵和平

2014 年 8 月

书信

目　录

（家信）

致傅斯年（1938.10.3）

孟公函丈：

违侍年余，时切驰系，每欲修椾，祇思事务繁忙，未敢以琐屑上渎　视听，辰维　道履康绥，潭第清吉，定符私颂。半月前接贞一兄来函，谓　公意欲招一良返院读书，闻之不胜欣感，一良春间得家积以返所之讯，则思援例以请而因循未果。嗣因室人有身，恐不堪舟车劳顿，乃决意俟明年春间只身入滇，妻孥则暂留平津，以昆明近来人口加□，卜居不易，莫如孑身南行，随遇而安，专心治事，渡江虽晚，谅必不以荒伧见摈也。一良暑假中曾在青年会补习学校中任国文教职，已于八月底结束，嗣后即未谋事，盖以中学教书于学问裨补无多，而合同定后即难自由离去也。家居一载，所得除零星札记而外，殊无撰述，回忆白门读书，受教之乐、友朋切磋之益，涣如隔世矣。一良患流行性感冒，卧床十余日，今日始克握笔致稽裁禽，尚希

谅鉴，敬请著安！

晚一良顿首上言

廿七年十月三日

致傅斯年（1938.10.9）

孟公赐鉴：

昨奉手书，祗悉。一是汇津之二百元已转让兄汇平之款以到时，一良早已返津，舍亲亦俱离平，止余仆人留守，遂将汇条退回。接赐书后，一良驰函，经询始得知之。如再汇祈径寄天津为盼。让兄一函附呈，敬希鉴察。彦通先生兄弟北来奔丧，上月廿二日即抵大沽口，初以船中发现霍乱症不能登岸，继以船主处置失当，外人复与当局龃龉，牵连及其他问题，困处至今日始到津。余不一一。专肃敬请

道安！

晚周一良谨启

十月九日灯下

致傅斯年（1939.4.24）

孟公函丈：

去岁冬初，曾肃寸椾，想达记室。敬维道履康愉，定符私颂。一良本定今春买棹南游，入所赓续工作，乃燕京方面有推荐一良至哈佛大学读书之议，一良兴趣原在吾国中古文史之学，入所以来获侍我公及寅丈讲席，饫闻绪论，窃自幸从此启迪得人，渐知途径。不意两年来所居北国，亲炙未由，旧业未荒，新知实尠。美洲汉学远非法德之比，于一良所学恐无多裨补，虽涉重洋，其孤陋谅与居津相等。然在中国文史以外，如东亚史地以及宗教美术诸课程，或有可供采撷者。外国语文方面亦可进步一二。且闻哈佛常再资送赴别国研究，是以一良有一试之意，藉作游历亦可一扩眼界也。我公于欧美各国学术界情况知之甚稔，而一良所业亦公所悉，不识到哈

佛后宜注意何方面、何种课程于一良较为有益，尚祈拨冗赐教，无任感激，待命哈佛奖金年千六百金（路费、学费在内），一年以后视成绩如何尚可续请。一良大约八月初由沪启行，去国年限既不能定，所中助理员职务自应呈请辞去，敬希酌定为荷。一良在所时所作领民酋长考一文原稿携以北来，如集刊仍继续出版，即当寄呈。存韭菜园书籍，想不至有意外，将来规复以后，仍盼能寄存所中，如无处存储，请饬亚农兄等函告内子（地址天津英租界六十六号路一百三十号）或舍弟珏良（联合大学西洋文学系），当设法搬运。一良藏书本区区不足道，唯其中多朝夕摩挲，手加批注者，是以辄念念不能忘耳！寅丈将有英伦之行，管幼安避地辽东，实彼邦学子之大幸，但恐寅丈为学之精密深邃，非彼辈所可领略、欣赏耳。白下拜别，忽已二年，不知何日始得再亲謦欬，临颖神驰不尽依依，专肃敬请

道安！

晚一良谨启

四月廿四日

致傅斯年（1939.9.17）

孟公所长函丈：

在津曾上一书，由渝退回，遂转寄昆明，谅达左右。一良八月十五日由沪启程，卅一日抵旧金山，九月二日乘车东行，六日抵纽约，十日来到剑桥，哈佛廿五日开学，课程已选定法文、东洋美术及日英翻译三门，尚须补习拉丁，以备明年选读一二西洋历史科目，德文及梵文亦须待明年选习，大约此行最大收获端在语言方面矣。我公近况如何？一良在沪晤孙洪芬、闻宥两先生，于滇中情况略悉

一二。欧洲战事爆发，不识 寅丈已成行否？至以为念。俄日携手于我国抗战大不利，国际政局真莫可解也。一良在纽约时曾往参观博览会，以美国工商业为最佳，科学之进步洵足钦佩，但大部分展览皆似放大之儿童玩具，美国人诚所谓不失赤子之心者矣！暇乞时赐教言，不胜企盼。专肃敬请

道安！

后学 一良谨启

九月十七日

致劳陈两兄函乞转交

致傅斯年（1940.11.13）

孟公所长函丈：

违侍踰三载，相隔千万里，一旦忽奉手教，欢慰无已。承询留此学业，并代擘画归国后位置，殷勤诱掖，尤衷心铭感，匪可言喻。兹请略陈年来状况及此后之计划。

哈佛燕京学社之奖金学生最初原无限制，得自由隶属于任何学系。自数年前成立远东语文系后，于是凡领受奖金者，名义上必须隶属于此学系，然哈燕社诸公尚有自知之明，对中国学生之选课与以相当自由，盖本系内原无可读之课也。渠等利用中国学生以增加本系在学校之声望，而中国同学则利用此奖金选习本系以外之课程，所谓“挂羊头而卖狗肉”，唯中国人而在美国大学之中文系作学生，细思之终可耻耳。如此间中文教授有 G.R.Ware 者，尝译《魏书·释老志》为博士论文，载于《通报》，一良昔年曾为文评之，错误百出。今则渠为教授，我虽不听渠讲课，终属此学系之学生。其他洋人亦多一知半解，即不可一世，以为中国学问非待彼辈研究，永无

结果，可恼亦复可笑。同学中每有喜与洋人辩者，一良大抵一笑置之，不屑与之论短长也。

一良未来哈佛前本无大志，但谓习得一二工具如法德文字，即不虚此行。去年所习课程为日英翻译、法文、梵文及语言史。因梵文对治中国中古历史颇有用，在国内复无处可学者也。今年暑假仍续读法文，开学后除续选日英翻译及梵文外，并习希腊、拉丁及德文，故异常忙碌。日英翻译为本系主修课程，然大部分时力反用于其他语言。哈燕社诸公主张治东方语文非娴西方语言之学不可，而欲窥西洋语言学之门径，又非解希腊拉丁文不可，故今年迫于功令，不得不双管齐下。所幸去岁治梵语用功甚勤，有此根柢，视希腊拉丁有曾经沧海之感，德文更属小巫见大巫矣。唯除梵语、德语外，希腊拉丁从来殊无用处，费此冤枉功夫，未免可惜耳。哈燕社奖金系每年请领，视成绩而定去留，然于年限久暂亦不无相当默契。一良大约可继续至一九四三年夏间。明年奖金或略有加强，如太平洋上太平如今日者，拟接敝眷来美。能多留一二年，于治梵语最有益，因德法等近代语言有一两年功力即可读书，梵语则不然。一良若能锲而不舍习之四年，庶几归国后稍能独立深造，仅习一二年全无用处也。

一良自辅仁之燕京，历大学及研究院，自觉师友教诲琢磨之益，莫若在研究所之一年间；学问之进步，亦莫若此一年。苟非倭寇，一良得留所侍公讲席，自信三年间定可粗有所树立。迄今每与友朋谈论，犹谓研究所为唯一理想职业，读书养志不可多得者也。今蒙公招之返所，反复诵读手书，不胜雀跃！虽然，世事不能尽如人意。燕京推荐毕业同学出国，向例别无明文规定之条件，唯道义上同学有尽先至母校服务之义务。一良去岁来美前，司徒校长曾非正式地见告，谓返国后拟邀一良回燕京任事。哈燕社方面之给与奖金，似亦含有投资之意。一良在此选课，渠等处处皆为燕京着想。故将来不见约则已，否则恐难他就也。燕京待遇不高，一良自问除日本文外，亦无敢教之课，与其黍颜尸位，误人子弟，何若在所中从吾所好，安心读书。万一燕京方面不见聘，定当回所服务，薪俸名义皆所不计，只须所入足以赡家，别无奢望。唯三年之期过久，一良目前复不敢作确凿之词，若欲保留所中地位，虽以见我公见爱之深，未免有碍贤路，尚希斟酌料量之。在北大方面，更希婉为辞谢是荷。

拙作"领民酋长考"清稿于出国前挂号寄上海商务转杨时逢君，当时闻杨君在沪编印《集刊》，故寄渠转呈我公，以定登载与否。此稿想尚在商务，若未收到，自当重誊清稿寄奉。存湘书籍承运到重庆，不胜感谢。运费若干祈便中告吴亚农兄函示，当即汇上。一良藏书无珍本，但经校读批写后，便觉恋恋如故人，不忍舍弃之矣。

寅丈闻尚留港，以不晓住址，讫未上书。欧洲战事停后，仍盼其能成行，德奥眼科皆好，定可奏效。元任先生前者来剑桥，曾晤及之。

倭兵由两广撤退，似拟南犯，我军当可乘此机反攻。苟美日启衅，更于我有利。居津两年，窒息于租界中，出国后顿觉开朗，于我军抗战及南中一般状况始获了然。逮一良归国时，定已克复神州，驱倭奴于三岛矣。间尝自思，青年人皆应 share 此空前之国难，而我独不与，实可羞也。

余不一一，翘首故国，不尽欲言。敬请著安！

晚一良谨启

廿九年十一月十三日

致劳陈两兄书敬乞转交

致骥尘（1938.9.30）

骥尘仁兄先生左右：

前由浙江兴业银行汇来洋二百元，别无书札，一良猜疑当是转致让之兄者，遂即转寄，顷得复函，并一呈览寄平。嘱转 寅公函件，因一良在津，竟而周折，幸已于三日前寄去，敬祈释念。寅公际此事变，复遭大故，悲痛可想，不意经济复窘迫至此，此时人人自顾不暇，孟公等谅也无能为力也。京中又大遭空袭，诸兄定受惊不小，至念至念。安庆、芜湖俱被轰炸，尊府尚在和县否？乡间或反较城市为平安也。余不一一，专肃敬请

文安！

弟一良顿首

九月卅日

吴、萧两兄均此敬候

致夏鼐、芮逸夫（1947.3.8）

作铭、逸夫先生大鉴：

顷陈寅恪先生嘱转询前次所言聘程曦君为助理事，孟真先生已有回信否？如若未有决定可否乞二公便中早日函询孟公，因程君已毕业而寅恪先生积藁待整理，亟须此事早定也。赐书请仍寄一良代转。又一良存所书籍北运事亦祈赐与方便。至奉为感，专肃即请

春安！

弟 周一良 谨启

三月八日

致胡适（1945.7.21）

适之先生：

王玉泉兄夫妇过剑桥，藉悉　道履康吉，为颂为慰。

小儿出世，蒙您厚赐，不胜感谢。今年夏间哈佛没有日文课程，一良幸得以全力应付家事。中国人常说为儿孙作牛马，其实不来美国作父母，牛马犹作得不到家也。

一良仿六朝人旧习，先给小儿起了个胡名作小字，叫 Roland，因为这字的原义是 glory of the country，并没有宗教意义，目前沦陷区音息不相闻，没法通知家父，所以我们想请您给取个中国名字（排行字是“启”）。希望　长者的福德智慧他异日能企及一二！好在这事不亟亟，您几时高兴想起再告诉我们。

不一一，专此敬谢，并请

道安！

晚一良谨上

七月廿一日

内子邓懿问安道谢

致杨联陞、邓嗣禹、王伊同（1956.5.2）

莲生

嗣禹　兄：

伊同

多年不通信了，去年在莱登开会，听到一些你们的近况。这封信设法从别处寄出，希望它不至于付诸洪乔。如果你们看到这信，希望慎重考虑我们提出的问题。这是你们在国内的老朋友们（不止我们夫妇而已）的共同愿望。我们常常想到你们，谈到你们，诚恳地盼望大家都能平日归国，贡献所学，为人民服务。

解放六年以来，我们的国家起了根本的变化。多少新鲜事物真是更仆难数，不是我这短短的信所能尽其万一。如果你们还有机会看到《人民日报》的话，我想一定也许（能）了解一些。我们常说："旧社会把人变成鬼，新社会把鬼变成人。"这两句话大可概括一切。由于社会制度的改变和殖民奴役的摆脱，中国的国际地位也空前提高了。近年来我们在国际事务上所起作用和取得的胜利姑且不谈，即以个人言，我去年到西欧开会便深切感到，过去在外国读书的人现在吐了一口气。我们每个人都以作为站起来的新中国人民而自傲。

再谈谈我们的情况罢。五二年院系调整，清华成为工科大学，北大、清华、燕京的文理法三院合组为新北京大学，我们都到了北大，邓懿教外国学生中文，我先教中国史，后改教亚洲国家史。今后在相当长的时期内，这将是我教学和研究的范围。我白发增多了，但感觉比以前更年轻起来。工作紧张，但极愉快，有意义。解放以来也写了不少文章，不过在你们那里恐怕看不见（顺便提到，你们在《通报》《哈佛亚洲学报》等杂志的文章，我都拜读过了）。我们回国后又生男女孩各一。现在最大的男孩子暑假要考大学了，最小的女孩两岁半。

你们一定关心很多旧同学和史学界的人物，让我简单报告一下。为了发展历史学，科学院在这方面有三个所，第一所管上古到南北朝，第二所管隋唐到鸦片战争，第三所管近代现代。各大学和师范大学、师范学院都设有历史系。历史系的课程和旧日残缺不全、七零八落的情形根本不同，中国史、世界史、亚洲史三个系统都是从古到今讲授下来，此外从第三年开始再学更专门些的课程，根据每人所专门的方向写毕业论文。这样学出来的同学在广泛、牢固的基础上深入，比我们过去从一年级就钻一门课的"片面专家"要高明得多。陈寅恪先生在广州中山大学，待遇极为优厚，因眼睛不好，安土重迁。在中山为高年级的同学开课，仍不断写文章，最近还在中山学报上发表了《论王导之功业》。向达先生在北大历史系，兼北大图馆长[①]，同时又是历史第二所[②]所长，很忙碌。北大历史系里你们认识的人有张政烺、余逊、邓广铭、邵循正、杨人楩、齐思和、张芝联。齐思和因为世界史方面的需要，现在主要是教外国历史了。为了加强南开的历史系，所以从五二年起，郑天挺、雷海宗都到南开教书，分别主持中国史和世界史方面。莲生兄认识丁则良，他现任东北人大历史系副主任。侯仁之专搞地理去了，现任北大地质、地理系主任。聂崇岐在科学院历史第三所，专门搞史料编辑工作。最近我们标点重印《通鉴》[③]，他担任总校阅，这都是他最擅长的工作。傅乐焕继续搞辽金元史，王钟翰继续搞清史，冯家昇编维吾尔史，都在中央民族学院研究部。朱士嘉在历史第三所，也继续他的方志工作和中美关系史的研究。邓之诚先生已退休，仍住蒋家胡同北大宿舍，领全薪，最近《骨董琐记》由三联书店再版，还出版了一本《桑园读书记》。孙毓棠在科学院经济研究所，专门搞他所擅长的中国经济史。从上面的简单报告，你们可以看到，过去的专家们今天不但继续岗位工作，而且是比以前安排得更恰当，更发挥了他们的长处。北京史学界有两个人没有完全回到本岗位，因为实际需要继续做政府工作，就是副市长吴晗和教育局长翁独健。但吴晗同时是科学院学部委员，公余之暇还写文章，修改《朱元璋传》，快要出版。翁也兼着民族学院研究部主任。邝平樟在师大历史系教书。还有谭其骧是你们熟识的。他原在上海复旦历史系，前年因改绘杨守敬历史地图，把他调来北京。搞一套历史地图是老谭多少年来的愿

① 即北京大学图书馆馆长。

② 即中国科学院历史所第二所。

③ 即《资治通鉴》。

望，只有到今天才实现，他现在指导着一些人在工作，这部图出版后对于研究中国历史将有很大帮助，远比箭内的书要详细可靠得多。

再报告一下剑桥的朋友们情况吧。吴保安担任武汉大学历史系主任，已好多年了。高振衡任南开大学化学系副主任。冯秉铨任华南工学院教务长。陈新民、黄培云任华中矿冶学院的副院长。陈樑生在清华，陈振汉、王岷源、任华都在北大。严红庚在北大经济系，同时是我们的副教务长。张培刚在武汉的华中工学院当总务长，史国衡在清华当总务长。总之，这些人所学的有用的东西都发挥了作用。

以上所谈的可能都是你们所想要知道的事。你们可以了解，历史科学工作也正如同祖国其他事业一样，在蓬勃开展中。无论什么人都在发挥潜力，剑桥的老朋友们都没有辜负所学，他们的工作成绩也得到人民的承认。我们非常盼望你们以及尚在美国的其他一些朋友们好好考虑一下回国问题。如果旅费有困难，特别像你们这种全家在外的，可以到华盛顿印度驻美大使馆领取路费——这是我们政府和印度政府商量好的。如果图书仪器之类怕国内没有，影响工作，也可由印度使馆领款购回，到国内再报账。人民政府说到哪里做到哪里，你们完全可以放心。回国工作无问题，找到恰当工作以前的一切生活费用，政府也负责。钱学森回国后政府如何对待他，你们或者也听到了罢？洪煨莲、赵元任、李方桂诸先生，我们也都欢迎他们回来（请将此信给洪先生一阅，将来我要给他去信）。因不知嗣禹兄地址，故一并寄剑桥，请杨王两兄转达。卞学镄氏夫妇，如尚在剑桥，也希望给他们看看。

敬祝

健康！

一良　五六、五、二

懿附笔问好

蓮生
嗣禹兄：
伊同

多年不通信了。去年在萊登開會，聽到一些你們的近況。這封信設法從別處寄出，希望它不至於付諸洪喬。如果你們看到這信，希望慎重考慮我所提出的問題。這是你們在國內的老朋友們（不只我們夫婦而已）的共同願望。我們常常想到你們，談到你們，誠懇地盼望大家都能早日歸國，貢獻所學，為人民服務。

解放六年以來，我們的國家起了根本的變化。多少新鮮事物真是更僕難數，不是我這短短的信所能盡其萬一。如果你們還有機會看到人民日報的話，我想一定也就能了解一些。我們常說，「舊社會把人變成鬼，新社會把鬼變成人」，這兩句話大可概括一切。由於社會制度的改變和殖民奴役的擺脫，中國國際的地位也空前提高了。近年來我們在國際事務上所起作用和取得的勝利姑且不談，即以個人言，我去年到西歐開會便深切感到，過去在外國讀書的人現在吐了一口氣。我們每個人都以作為站起來了的新中國人民而自傲！

再談談我們的情況罷。五二年院系調整，清華成為工科大學，北大、清華、燕京的文理法三院合組為新北京

①

大學。我們都到了北大，鄧懿教外國學生中文，我先教中國史，後改教亞洲國家史。今後在相當長的時期內，這將是我教學和研究的範圍。我白髮增多了，但感覺比以前更年輕起來。工作緊張，但極愉快，有意義。解放以來也寫了不少文章，不過在你們那裏恐怕看不見。（順便提到，你們在通報、哈佛亞洲學報等雜誌的文章我都拜讀過了。）我們回國以後又生男女孩各一。現在最大的男孩子將要考大學了，最小的女孩兩歲半。

你們一定關心很多舊同學和史學界的人物，讓我簡單報告一下。為了發展歷史學，科學院在這方面有三個所，第一所管上古到南北朝，第二所管隋唐到鴉片戰爭，第三所管近代現代。各大學和師範大學、師範學院都設有歷史系。歷史系的課程和舊日殘缺不完、七零八落的情形根本不同，中國史、世界史、亞洲史三個系統都是從古到今講授下來，此外從第三年開始再學更專門些的課程，根據每人所專門的方向寫畢業論文。這樣學出來的同學在廣泛、牢固的基礎上深入，比我們過去從一年級就鑽一門課的「片面專家」要高明得多。陳寅恪先生在廣州中山大學，待遇極為優厚，因眼睛不好，安土重遷。在中山為高年級的同學開課，仍不斷寫文章，最近還在中大學報上發表了「論王導之功業」。向達先生在北大歷史系，兼北大圖館長。

②

同时又是歷史第二所所長，很忙碌。北大歷史系裏你們認識的人有張政烺，余遜，鄧廣銘，邵循正，楊人楩，齊思和，張芝聯。齊思和因為世界史方面的需要，現在主要是教外國歷史了。為了加强南開的歷史系，所以從五二年起，鄭天挺，雷海宗都到南開教書，分別主持中國史和世界史方面。蓮生兄認識丁則良，他現在東北人大歷史系副主任。侯仁之專搞地理去了，現任北大地質地理系主任。聶崇岐在科學院歷史第三所，專門搞史料編輯工作。最近我們標點重印通鑑，他擔任總校閱，這都是他最擅長的工作。傅樂煥繼續搞遼金元史，王鍾翰繼續搞清史，馮家昇搞維吾爾史，都在中央民族學院研究部。朱士嘉在歷史第三所，也繼續他的方志工作和中美關係史的研究。鄧之誠先生已退休，仍住蔣家胡同北大宿舍，領全薪，最近骨董瑣記由三聯書店再版，還出版了一本桑園讀書記。孫毓棠在科學院經濟研究所，專門搞他所擅長的中國經濟史。從上面的簡單報告，你們可以看到，過去的專家們今天不但繼續崗位工作，而且是比以前安排得更恰當，更發揮了他們的長處。北京史學界有兩個人沒有完全回到本崗位，因為實際需要繼續作政府工作，就是副市長吳晗和教育部長翁獨健。但吳晗同時是科學院學部委員，公餘之

③

暇還寫文章，修改朱元璋傳，快要出版。翁獨健兼着民族學院研究部主任。鄺平樟在師大歷史系教書。還有譚其驤是你們熟識的。他原在上海復旦歷史系，前年因改繪楊守敬歷史地圖，把他調來北京。搞一套歷史地圖是譚多少年來的願望，只有到今天才實現，他現在指導着一些人在工作，這部圖出版後對於研究中國歷史將有很大幫助，遠比前人的書要詳細可靠得多。

再報告一下劍橋的朋友們情況罷。吳保安擔任武漢大學歷史系主任，已好多年了。高振衡任南開大學化學系副主任。馮秉銓任華南工學院教務長。陳新民、黃培雲任華中鋼治學院正副院長。陳樑生在清華，陳振漢、王岷源、任華都在北大。嚴仁賡在北大經濟系，同時是我們的副教務長。張培剛在武漢的華中工學院當總務長，史國衡在清華當總務長。總之，這些人所學的有用的東西都發揮了作用。

以上所談的可能都是你們所想要知道的事。從這些情況你們可以了解，歷史科學工作也正如同祖國其他事業一樣，在蓬勃開展中。無論什麼人都在發揮潛力，劍橋的老朋友們都沒有辜負所學，他們的工作成績也都得到人民的承認。我們非常盼望你們以及尚在美國的其他一些朋友們好好考慮一下回國問題。如果很覺有困難，特別像

④

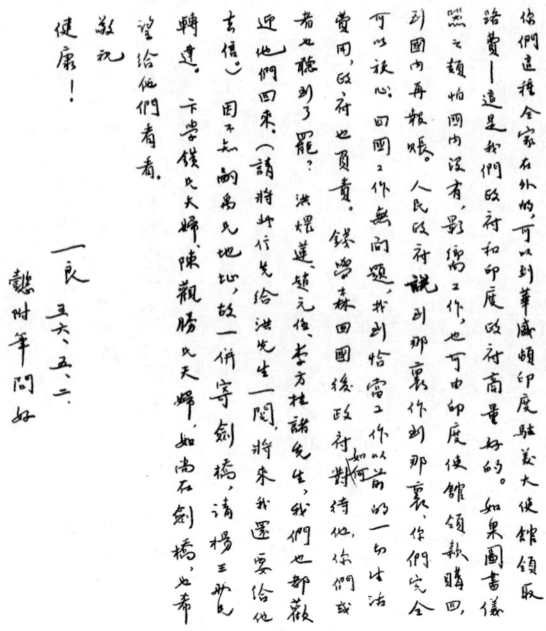

致顾廷龙（1956.6.15）

起潜学长：

久久不通音讯，前曾从颉刚先生处获知近况一二。拜读来函，不胜快慰！

哈燕社出版物一度归我们代售，得来函后已请示学校行政，批准可以寄赠你馆。但我们所存已不完全，只好就现有者检赠全部。详细情况和寄费问题交办公室，当直接和你馆交涉。

北京图书馆曾经出过一本（与）馆藏日文有关东南亚书目。另外在历史三所主持下，我们曾编北京各图书馆所藏亚洲史联合书目，拟先分国出版，作为内部参考。可惜进行甚慢，至今第一部分还未付印。

我五四年以来在亚洲史教研室工作，始终忙于建立课程，编写讲稿，研究方面尚未很好开展。《司马迁书目》收到，致谢！我的亚洲史从头搞起，相当时期内恐怕匀不出时间搞中国史了，不一一。即致 敬礼！

一良

五六、六、十五

至顾廷龙（1956.10.21）

起潜学长：

手教奉悉。汉学家年会中报告均未刊布，亦尠可观。欧美关于东方研究，恐须订《通报》《亚洲学报》《哈佛亚洲学报》《远东学刊》等数种杂志，以了解其动态。

家父纪念论文集，当时因经费关系，只印二百部，弟处已无存。孙氏弟兄处是否有存者亦不知，不妨再函询也。 即致 敬礼！

弟 一良 上

五六、十、廿一

（《四库文丛》第一卷，《顾廷龙友朋书札选》）

致顾廷龙（1988.6.6）

起潜学长：

惠书及大作收到，至为感谢。陈寅老纪念论文集已征稿不少，唯出版补贴尚无着落，正在筹措中。“异端辨证”一书北大善本库亦未收藏，并以奉告。持宇兄事颇突然，近得其夫人函云，以车祸伤骨入院，一月以后因肺炎逝世，惜哉！此节便中乞转告谭季龙兄。渠允为寅老纪念集撰文，亦希代为催促。一良因赴穗参加寅老纪念

讨论会，日前返京始见大札，迟迟未复为歉，即叩

撰安！

一良谨上

八八、六、六

致程千帆（1981.6.6）

千帆先生赐鉴：

惠赠大著《史通笺记》，拜读极佩，诚子玄之功臣，读《史通》所不可少。其中如释“家人、阑单、交牙、裴荣期”等诸条，皆精当不易。《世说》有日本所藏唐人写本（上虞罗氏影印），即题作《世说新书》。“库狄”之姓，自来皆谓当读为“赦”，无上边一点。然近年所出北齐库狄迴洛墓志（《考古学报》79年第3期），志盖及斛律夫人志盖皆作“库”，未省去一点。写作“厍”及读“赦”之说或竟是后人强为区别耶？尊著中引及拙作，不胜惶恐，大有空谷足音之感也！专此敬谢，顺请著安

周一良谨

1981年6月6日

（见《程千帆友朋诗札辑存》第十册下）

致程千帆（1988.9.22）

千帆先生赐鉴：

王瑶先生返京，带来惠赠子苾夫人遗作，感谢无量！昔曾读过评论唐诗诸文，极受教益。诗文考证固重要，而最终目的仍在欣赏。窃意真能谈文学史者，必须自身善于创作，始克体会古代作家甘苦

及作品优劣，至于子苾夫人见之矣。匆此布谢，并请吟安！

周一良

1988年9月22日

（见《程千帆友朋诗札辑存》第十册下）

致吴于廑（1993.1.1）

于廑学长：

贺函收到，老友厚爱，感何可言！八十之年，又上一“新台阶”，心理上未免有些“负担”。同时也想，过去七十三、八十四之说来源于孔孟享年。如今海峡两岸哲人皆寿臻九五之尊（冯芝生、梁漱溟、钱宾四），我辈亦不妨以此为奋斗目标也，一笑！弟十月初右腕粉碎性骨折，至十二月中旬始勉强用右手执笔持筷，至今犹甚吃力，不大出门。往年春节必到任公家，今年只能电话拜年。他近来身体尚好，对子女之照顾用“仁至义尽”四字，闻之甚感动，老兄亦必为之欣慰。即颂

阖府春节之禧！

一良

九三癸酉元旦

邓懿附笔

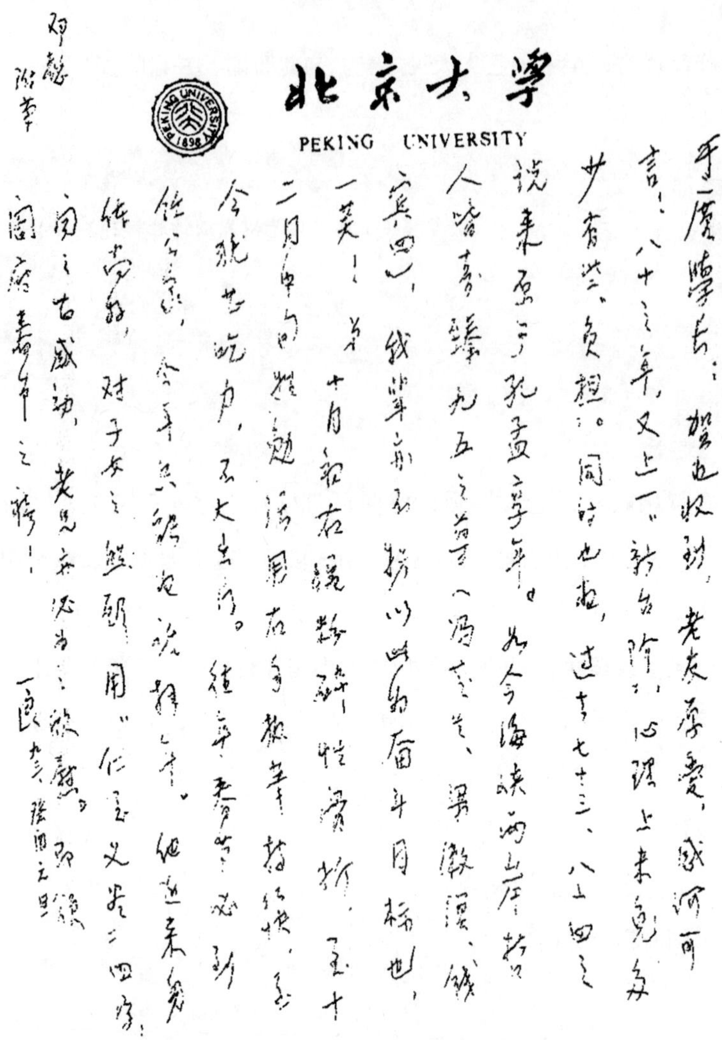

千广学长：贺卡收到，老友厚爱，感何可言！八十之年，又上一"新台阶"，心理上未免多少有些负担。同时也想，过了七十三、八十四之说来源于孔孟享年。如今海峡两岸哲人皆寿臻九五之年，冯友兰、梁漱溟、钱宾四，我算前不够，以此自励并用相勉也，一笑！！弟十月初右腕粉碎性骨折，至十二月中旬始勉强用右手执笔，书写较慢，至今犹书写吃力，不大出门。往年贺年卡必到[illegible]，今年只能是说说了。但近来[illegible]，对于女之[illegible]用"仁至义尽"四字，闻之甚感动，老兄亦必为之欣慰。即颂

阖府春节之禧！！

一良 九六 [illegible]

[illegible] 附笔

致唐长孺（1983.10.20）

长孺同志赐鉴：

奉到大著，欢喜无量，感谢无量！一良多年来旧学荒疏，新知未进，承担大百科魏晋南北朝条目，深觉吃力。前者得读我兄所写长条十六国部分，获益不少。尊作未分节目，而元史特长条中有小节目，不知是否只有特长条始细分也。匆匆陈谢，并请

撰安！

一良谨上

八三、十、二十

王、田、张诸同志书当代分送

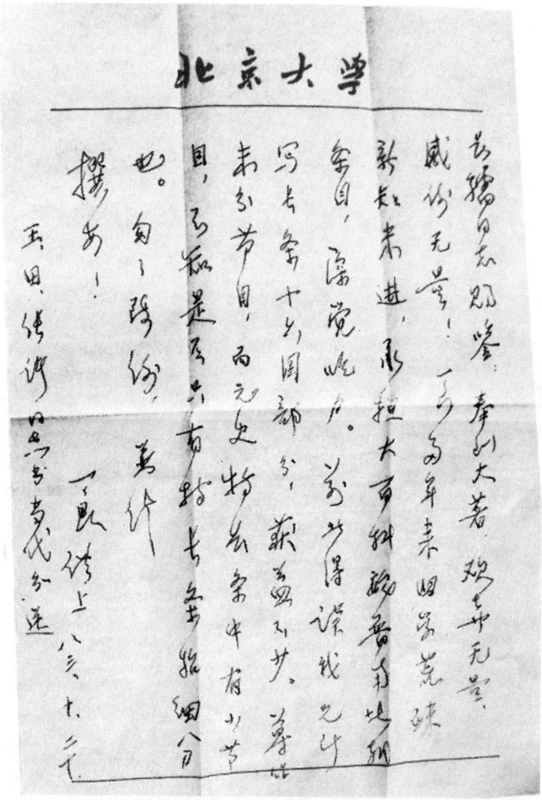
北京大學

长孺同志赐鉴：奉到大著，欢喜无量，感谢无量！一良多年来旧学荒疏，新知未进，承担大百科魏晋南北朝条目，深觉吃力。前者得读我兄所写长条十六国部分，获益不少。尊作未分节目，而元史特长条中有小节目，不知是否只有特长条始细分也。匆匆陈谢，并请

撰安！

一良谨上 八三、十、二十

王、田、张诸同志书当代分送

致唐长孺（1984.7.23）

长孺同志：

久疏笺敬，溽暑想兴居清吉如颂！一良负责之百科全书两晋南朝两条已草就，长条限在五千字以内，但反复删削，字数仍远超过规定。一良荒疏已久，眼甚高而手奇低，又拟网罗海内外明贤诸家新说，是以近一年时间始粗粗草成。特寄呈指正，并希转惠贤、仲安诸公斧削！时间不急，看来总须明年始可提上日程也。上海杨廷福同志仙去，魏晋南北朝段尚须补充一位副主编，杨川同志尚未来商量，看来非尊处同志莫属矣。

此致　敬礼！

一良

八四、七、二三

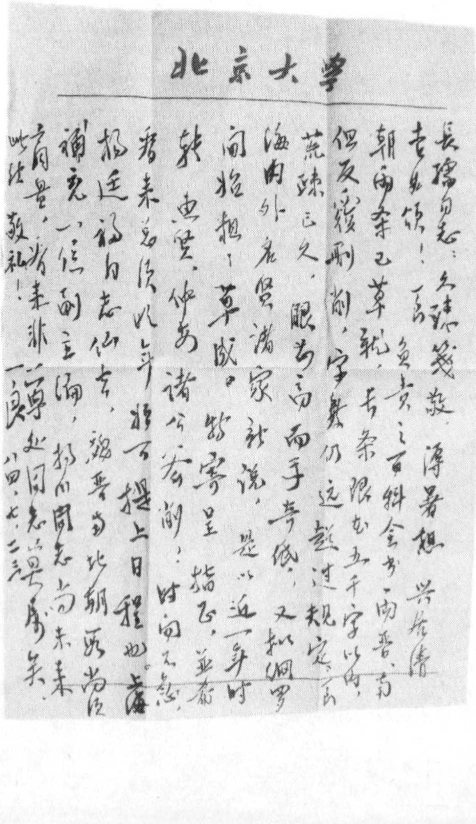
北京大学

长孺同志：久疏笺敬，溽暑想兴居清吉如颂！一良负责之百科全书两晋南朝两条已草就，长条限在五千字以内，但反复删削，字数仍远超过规定。一良荒疏已久，眼甚高而手奇低，又拟网罗海内外名贤诸家新说，是以近一年时间始粗粗草成。特寄呈指正，并希转惠贤、仲安诸公斧削！时间不急，看来总须明年始可提上日程也。上海杨廷福同志仙去，魏晋南北朝段尚须补充一位副主编，杨川同志尚未来商量，看来非尊处同志莫属矣。此致敬礼！一良 八四、七、二三

致唐长孺（1984.12.8）

长孺同志：

此次过武汉多蒙照拂，不胜感谢！返京后即评阅研究生论文，此前已皆顺利完成答辩，亦可谓庆丰收也。魏晋南北朝史四人，其论文皆大得益于我公研究成果，同时亦有新意，为日本学者所不及，盖有无马列指导，终大不相同也。百科全书长条务乞审阅后提出意见，以便早日修改，杨廷福同志去世，魏晋南北朝部分恐尚须增补一位主编人。一良尚未与孙毓棠兄联系，我公之意何人较宜，亦希示及！余不一一，即致

敬礼！

一良谨上 八四、十二、八

贵所黄、杨、卢、鲁、陈诸位均乞代问候并致谢！陈仲安先生曾来招待所，一良与余庆同志因时间迫促未及回访，亦乞代致歉并道谢！

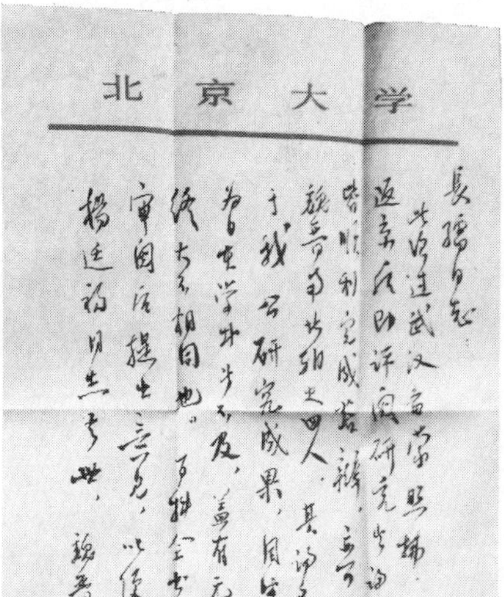
北京大学

長孺同志：

此次过武汉多蒙照拂，不胜感谢！返京后即评阅研究生论文，皆已顺利完成答辩，亦可谓庆丰收也。魏晋南北朝史四人，其论文皆大得益于我公研究成果，同时亦有新意，为日本学者所不及，盖有无马列指导，终大不相同也。百科全书长条务乞审阅后提出意见，以便早日修改，杨廷福同志去世，魏晋南北朝部

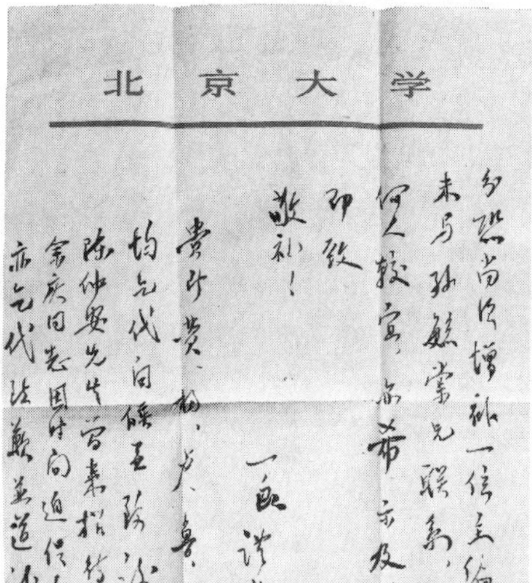
北京大学

分恐尚须增补一位主编人。一良尚未与孫毓棠兄联系，我公之意何人较宜，亦希示及！余不一一，即致

敬礼！

一良谨上 八四、十二、八

贵所黄、杨、卢、鲁、陈诸位均乞代问候并致谢！陈仲安先生曾来招待所，一良与余庆同志因时间迫促未及回访，亦乞代致歉并道谢！

致唐长孺（1990.12.28）

长孺我兄同志史席：

久疏笺敬，遥想起居安吉，著述日富，定符私颂。此间中年友人组织编写多卷本《中华文明史》，由河北教育出版社出版。原只设分科主编，近因逐卷依时代叙述，故拟增聘断代主编，拟请阁下担任隋唐五代卷主编，嘱致函为之先容，尚希俯允！据云主编审阅大纲即可，任务不重，编委会当专函联系也。匆此即颂

春祺！

周一良

一九九〇、十二、二八

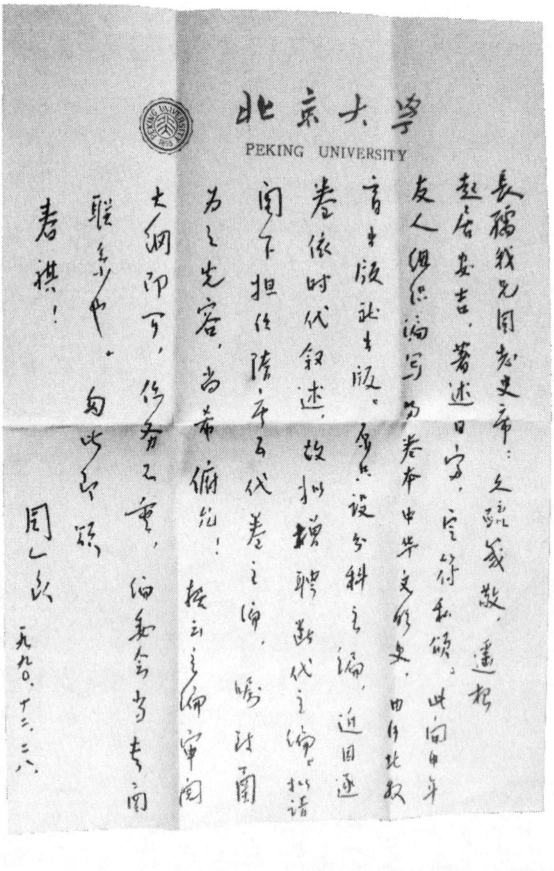

北京大学

PEKING UNIVERSITY

长孺我兄同志史席：久疏笺敬，遥想起居安吉，著述日富，定符私颂。此间中年友人组织编写多卷本中华文明史，由河北教育出版社出版。原只设分科主编，近因逐卷依时代叙述，故拟增聘断代主编，拟请阁下担任隋唐五代卷主编，嘱致函为之先容，尚希俯允！据云主编审阅大纲即可，任务不重，编委会当专函联系也。匆此即颂

春祺！

周一良

一九九〇、十二、二八

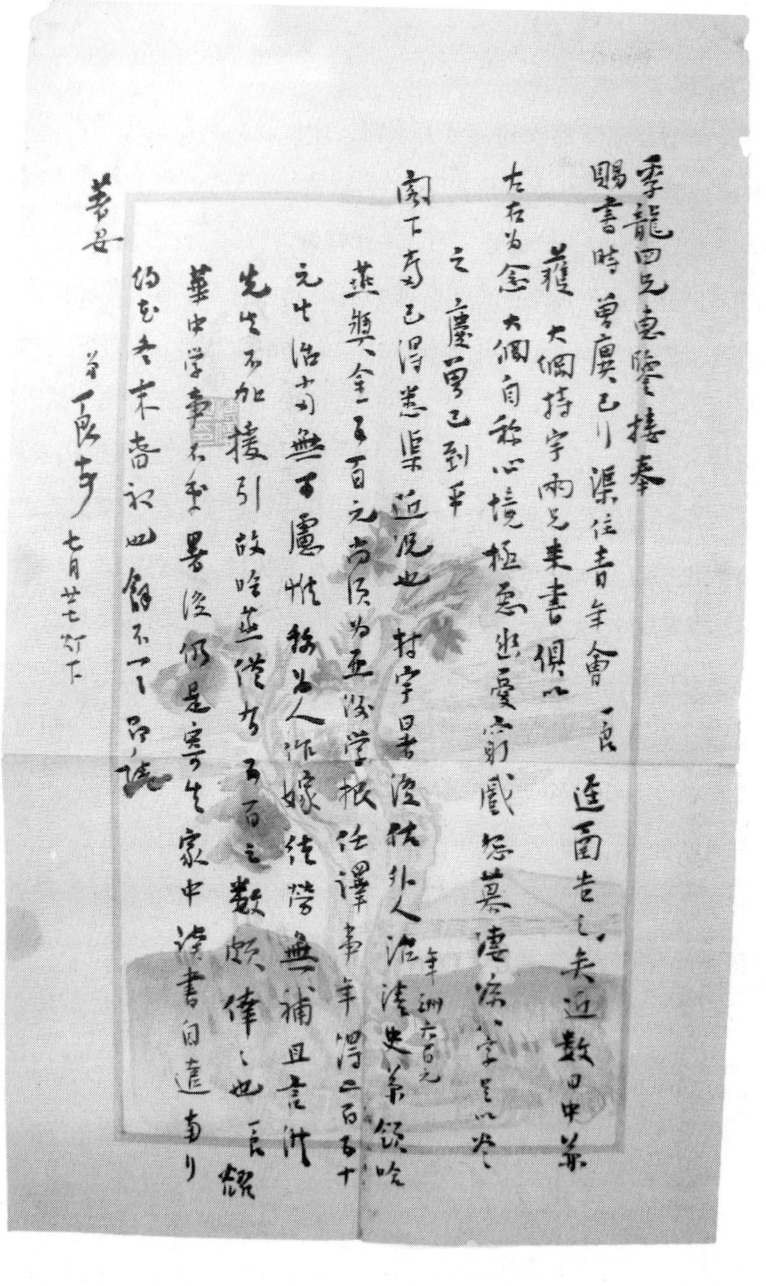
季龍四兄惠鑒：捧奉
賜書時，曾廣已與渠往青年會，一良適面告之矣。近數日中兼
獲大綱、持宇兩兄來書，俱以
左右為念。大綱自稱心境極惡，然憂愈感慕懷念，字呈以答
之。慶曾已到平，
閣下諒已得悉渠近況也。持宇畢業後，被外人派往清史系領吃年洲六百之
燕京金三百元，尚須為本校學報任譯事，年得二百五十
元，七洛十二月無可慮，惟務為人作嫁，徒勞無補，且言於
先生不加援引，故噬臍有不百之數，然傳之也。一良館
華中學事不至，暑後仍是寄生家中讀書自遣耳
約無去未奉，祝四館不一 即頌
著安
弟一良手啓 七月廿七燈下

致谭其骧（1973.2.1）

季龙同志：

惠书及地图都收到，至为感谢！你校教育革命极为活跃深入，科研成就不少，北大相形之下远远落后。春节后，我系将有张芝联等同志赴沪取经，到你系学习，希予接待为盼！

我名义上负责系务，实际能力有限，主要工作有一位精明强干的副主任抓。总支一元化领导比之“文化革命”前大大加强，因此工作较易推动。我大致三分之一时间开系里的会，三分之一搞外宾接待，另有三分之一时间搞点科研。本想研究日本武士道的发展，从而探讨近代军国主义的一个侧面。中日邦交恢复后，两国人民经济文化交流方面的知识颇需要，故而改了题目，以期更好为政治服务。日本人在这方面写过不少东西，但我们用自己的立场观点来处理，总应写出点中国的特色来。目标如此，究竟能否达到尚不可知。日本史本身，将来也还是要研究，不过目前班子人马不齐，只好先单干搞交流史。你研究中国历史地理多年，我看现在已经到了写一部总结性著作的时候了，似宜向领导反映，集中精力促成之。

去年暑假期间，邓嗣禹回来访问，我见到两次。他说曾到浙大找你，当然问不到。不知他出境前过上海否。

我系科研项目有《老沙皇扩张史》一书。听说你系已编出，有油印本。不知能否请系里惠寄一份，以便学习参考。

不一一，即祝

全家新年好！

一良

七三、二、一

致谭其骧（1978.10.21）

季龙同志：

入学习班两年，与世隔绝，消息闭塞，昨日偶然得闻吾兄患中风，不胜惊诧，极为悬念，不审近已康复否？学习班已于国庆前结束，因中央只有原则，尚无具体政策，故尚未作结论。据结束时领导宣布推测，“梁效”除头头外，成员当是人民内部矛盾。我三年中主要参加注释工作，不曾反周，不曾反华，可以告慰于故人，亦由于如此敢问讯病况。亟盼早占勿药，恢复健康，完成历史地图之不朽业绩，为史学界作更多贡献也！我现已回系，在家重理旧业，正结合昔年研究，写《魏晋南北朝史札记》，以待将来认真读此十二部正史者之参考，亦保持晚节做点有益工作之意耳。为之敬候盼能赐我好音，不知何年始克把晤，一倾积愫也！即致

敬礼！并问全家好！

一良

七八、十、廿一

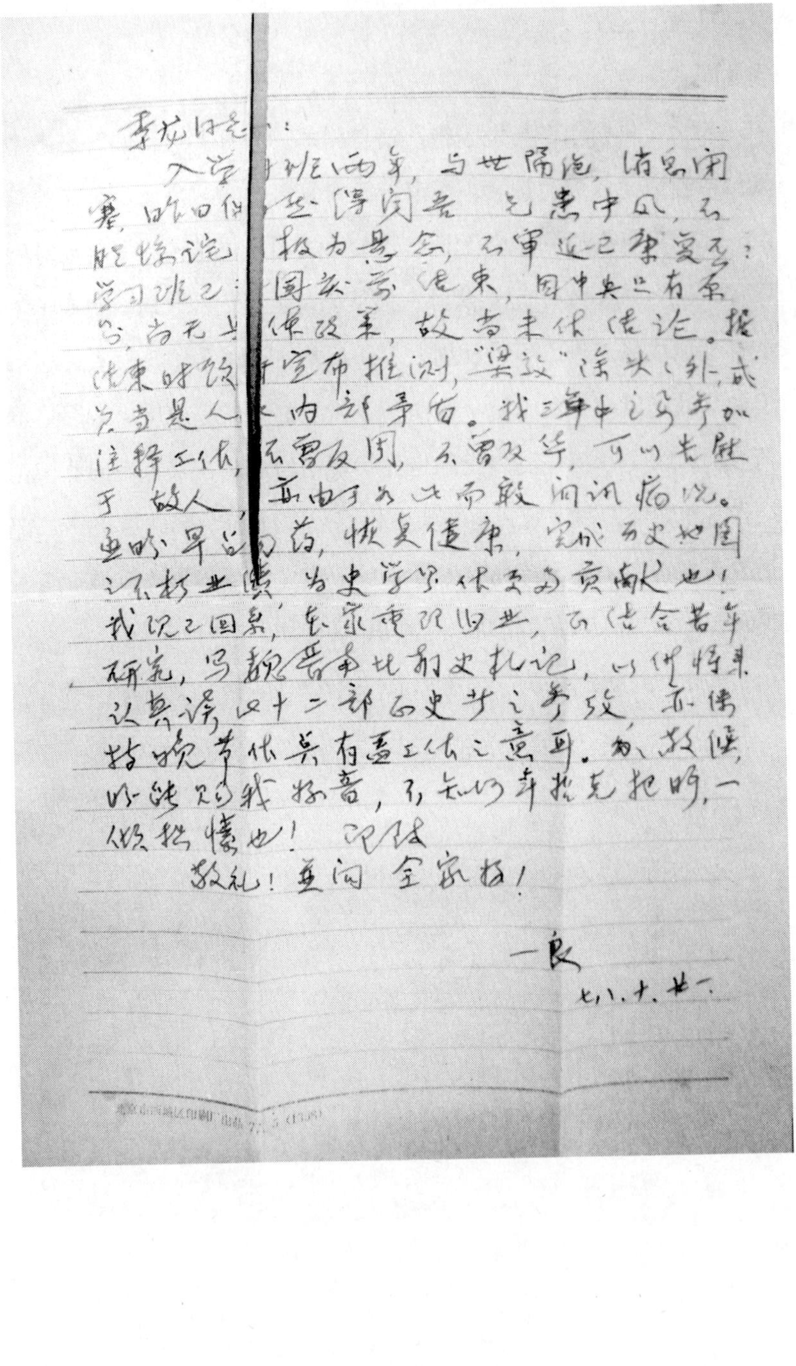

季龙同志：

入学习班两年，与世隔绝，消息闭塞。昨日偶然得闻兄患中风，不胜惊诧，极为悬念，不审近已康复否？学习班已于国庆前结束，因中央正在审查，尚无具体政策，故尚未作结论。据结束时领导宣布推测，"梁效"除头头外，或尚是人民内部矛盾。我三年中主要参加注释工作，未曾反周，不曾反华，可以告慰于故人，并由于如此而敢询问病况。盼按时服药，恢复健康，完成历史地图之修订出版，为史学作更多贡献也！我现已回系，在家闭门谢客，不估会若干研究，写魏晋南北朝史札记，以供将来认真读廿二部正史者之参考，亦借晚年作点有益工作之意耳。另，我极盼能见到我兄，不知何年能握手把晤，一倾积愫也！即颂

敬礼！并问全家好！

一良

七八.十.廿一

致谭其骧（1978.11.11）

季龙同志：

捧读手书，不胜欢慰，看来恢复颇快。我兄素来豁达乐观，必须战略渺视，战术重视，不可急于求成。亦不宜急于还家，目前情况，住院总比在家条件为佳也。

来函所论，我完全同意。多年来亦颇感游骑无归，难于有成，西谚所谓“各行业之小伙计，而非某一行业之老师傅也”是也。此次塞翁失马，可以专力读书，重理旧业，不敢望多有贡献，但盼能添砖添瓦耳。外国史工作亦极重要，但当今条件太差，第一手资料固不可得，即国外时人著述，亦七零八落，不成体系。窃以为首先当从事翻译，择其资料丰富者（姑不论观点，读者自可判断），每一国家能得专史、断代史共数十部，使学者有书可读，借以打下基础，再进一步接触外文书籍。只有将来外汇充裕，能适当进口原始资料，始可望从事研究，真正占领外国史阵地也。因此弟于日本史仍存兼顾之意，拟于治中国史之余，从事翻译，主要迻译古文较多之日本史笈，以其为中青年同志所难于应付也。

进学习班后曾有俚句述怀，未尝示人，亦奉吾兄以见当时心情一二。以后认识又有提高，所悟较多，将来晤面再谈可耳。敬祝

早日康复！并问全家好！

一良

七八、十一、十一

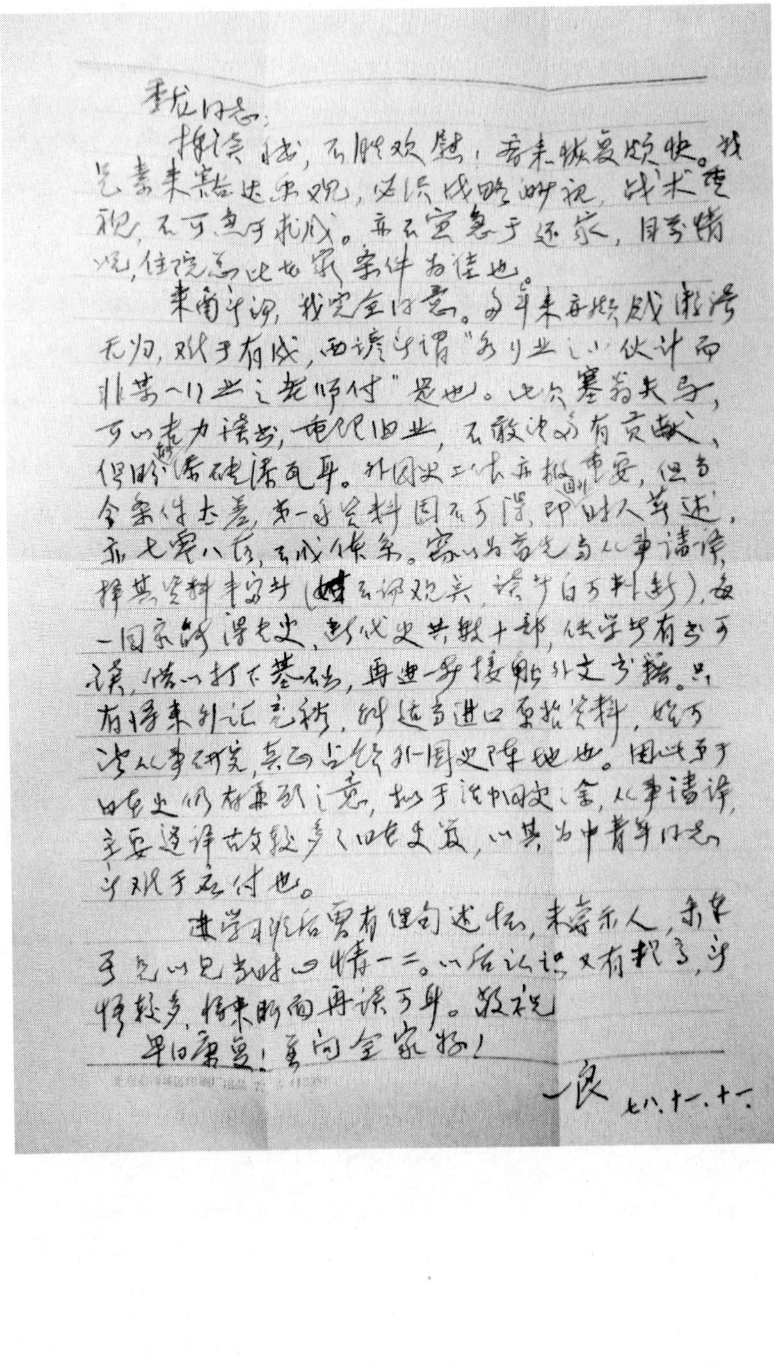
季龙同志：

拜读手书，不胜欢慰！看来恢复颇快。我意素来赞成述老观，以为战略上藐视，战术上重视，不可急于求成。亦不宜急于还家，目前情况，住院总比在家条件为佳也。

来函所论，我完全同意。多年来在北大彷徨无归，双手有成，西谚所谓"多行业之伙计而非某一行业之老师傅"是也。此次塞翁失马，可以专力读书，重理旧业，不敢说必有贡献，但盼读碑读帖耳。外国史工作亦极重要，但当今条件太差，第一手资料固不可得，即国外时人著述，亦七零八落，不成体系。窃以为当先有人从事译述，择其资料丰富者（如某学派观点，读者自可判断），每一国家译通史、断代史共数十部，使学者有书可读，借以打下基础，再进一步接触外文专籍。只有将来外汇充裕，能适当进口原始资料，始可谈从事研究，真正占领外国史阵地也。因此我对日本史仍有兼顾之意，拟于治中国史之余，从事译述，主要选译古文献多之日本史资料，以其为中青年同志所难于应付也。

进学报后曾有俚句述怀，未寄示人，兹录呈乞以见当时心情一二。以后认识又有提高，心情较多，待来时面再谈可耳。敬祝

早日康复！并问全家好！

一良 七八、十一、十一

奴才羽翼两兼之　悔恨交加已太迟

粉碎“四人帮”后，有人写“四皓新咏”，谴责梁效成员冯、魏、林、周四人。因思刘邦“羽翼已成”之诘，新四皓为大叛徒江青壮门面，亦羽翼也。商山四皓自来多目为隐逸高士，唯唐杜牧云，“四老安刘是灭刘”，责其助吕灭刘。宋周密谓四皓“一出可怜随禄产，商山松竹定疑人”更明确指出其失晚节，此实我所应吸取之教训也。

明明谬论偏相信　暗暗阴谋那得知！

迟谢小丑印发《列宁论民主派语录》，使人混淆俄国民主革命时期之资产阶级民主派与新民主主义革命时期党的干部，为篡党夺权，打倒老干部造反革命舆论。

北招臭名流千载　梁效喧嚣噪一时

“大批判组”在朗润园北招待所内。我在注释组工作，然亦参加大毒草“再论孔丘其人”核对材料。

净扫妖氛还救我　英明领袖世间稀

白骨生精害煞人“学生”“战友”信为真

江青时时处处标榜伟大领袖、迟谢等亦动辄以“主席交下的任务”为辞。

注诗注词装假相　批孔批林起祸心

注释组于地震期间，在户外抗震棚中夜以继日工作，据云注释供毛主席身边护士诵读时用。是否确实，谁其知之！批孔矛头竟指向敬爱的周总理，真不可想象，只有痛恨自己路线觉悟太低。

生猪怕壮终拖累　竹筒倒豆要自新

廿年来浪得虚名，终受其累。粉碎四人帮后，流言我是梁效头目，解放军查封时，我手按抽斗不许开，我家被包围，搜出黑材料若干箱云云，不一而足。因而不久有一自署“一个老朋友”者，寄来四个大字，“无耻之尤”。足见广大群众对四人帮及其党羽之深恶痛绝，而我亦有以曾告慰于季龙者，告慰于一切关心我以至于谴责我之老朋友耳。

有限余年无限劲　誓全晚节为人民

今年六十六，北京人所谓“不死掉块肉”之年也。余日无多，而想做、能做、应做之事却不少，当黾勉以赴，尽力而为。

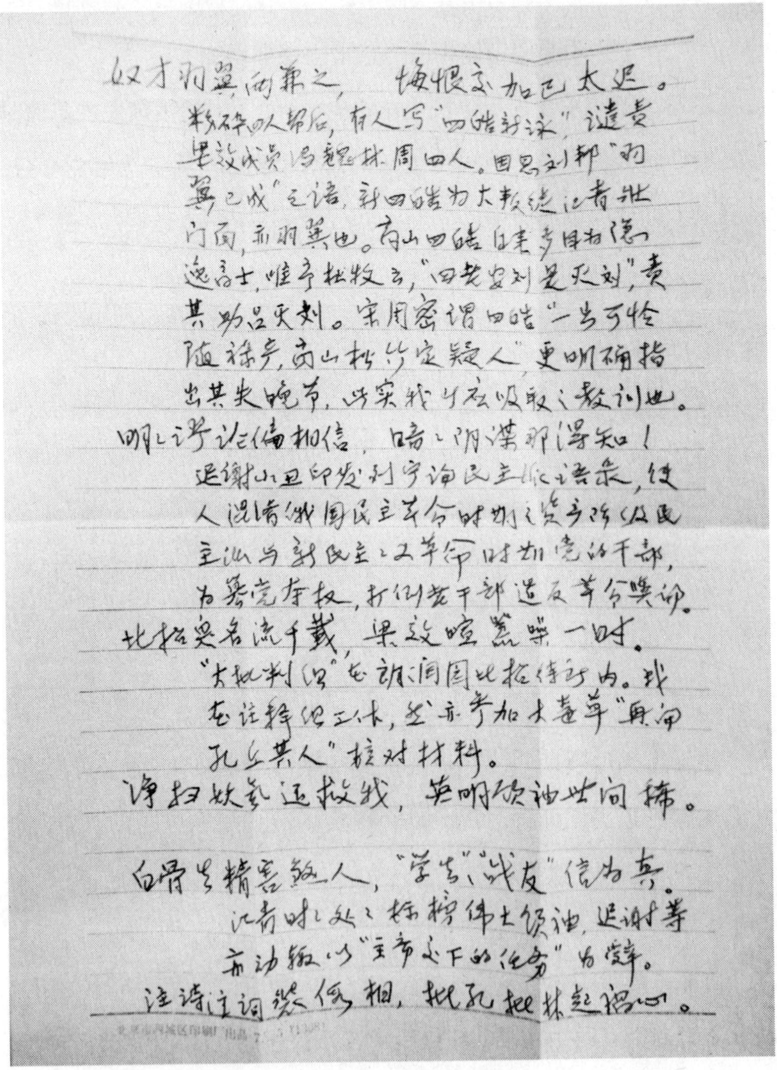
奴才羽翼两罪之，悔恨交加已太迟。
粉碎四人帮后，有人写“四皓新咏”谴责梁效成员冯魏林周四人。因思刘邦“羽翼已成”之语，新四皓为大叛徒江青壮门面，亦羽翼也。商山四皓自来多目为隐逸高士，唯有杜牧云，“四老安刘是灭刘”，责其助吕灭刘。宋周密谓四皓“一生可惜随禄秀，商山松竹定疑人”，更明确指出其失晚节，此实我与应吸取之教训也。
明明诬论偏相信，暗暗阴谋那得知！
迟谢以四印发列宁论民主派之语录，使人误认俄国民主革命时期之资产阶级民主派与新民主主义革命时期党的干部，为篡党夺权，打倒老干部造反革命舆论。
比拟臭名流千载，梁效喧嚣噪一时。
“大批判组”在动辄用国比拟侍诗内。我在注释组工作，然亦参加大毒草“再论孔丘其人”校对材料。
净扫妖氛还救我，英明领袖世间稀。
白骨为精害煞人，“学生”“战友”信为真。
江青时时处处标榜伟大领袖，迟谢等亦动辄以“主席交下的任务”为[illegible]。
注诗注词装假相，批孔批林起祸心。

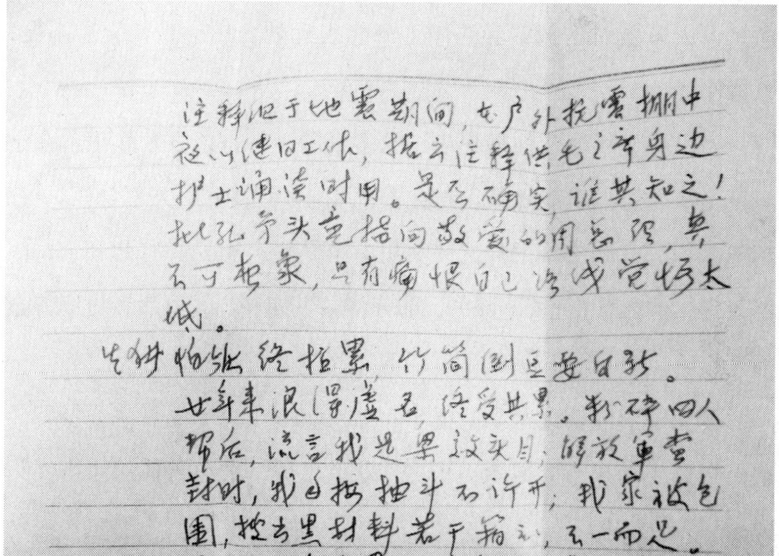

注释作于地震期间，在户外抗震棚中进行的工作，据云注释供毛主席身边护士诵读时用。是否确实，谁其知之！批孔矛头竟指向敬爱的周总理，真不可想象，只有痛恨自己识见觉悟太低。

笔耕帛纸终招罪，竹筒倒豆安自新。

廿年来浪得虚名，终受其累。粉碎四人帮后，流言我是罪该万死；解放军查封时，我自报抽斗不许开；我家被包围，搜去黑材料若干箱之，不一而足。因而不久有自署"一个老朋友"者，寄来四个大字："无耻之尤"。足见广大群众对四人帮及其党羽之深恶痛绝，而我亦唯有以罪告赎于李先生，告赎于一切关心我以至谴责我之老朋友耳。

有限余年无限勤，誓全晚节为人民！

今年六七，北京人所谓"不死掉块肉"之年也。余日无多，而想做、待做、应做之事却不少，当黾勉以赴，尽力而为。

致谭其骧（1980.11.13）

季龙我兄：

昨晤邓恭三兄，获悉尊夫人突患风疾，不知情况如何，至以为念。人大开会时本拟奉看嗣闻上海代表远处西山一带，交通不便，只得作罢。

寄呈小文，涉及地理户口，恐多纰漏，特寄请方家教正。在学习班受审期间，即重读书二史及《三国志》《晋书》，并草札记。《三国志》部分已刊中华书局之《文史》第九辑，想兄必有此刊物，故不再寄，然亦希指正。《晋书》部分将在下期刊出，以后各史则待全书完成后，一起出版也。

暑假中刁汝钧兄来京，五十年老友，三十年未通音息，畅叙极欢。渠亦为老兄历史地图不朽之作欢欣鼓舞，尤以尊体健康恢复为大慰！

不一一，即致

敬礼！并祝尊夫人早日康复！

一良

八〇、十一、十三

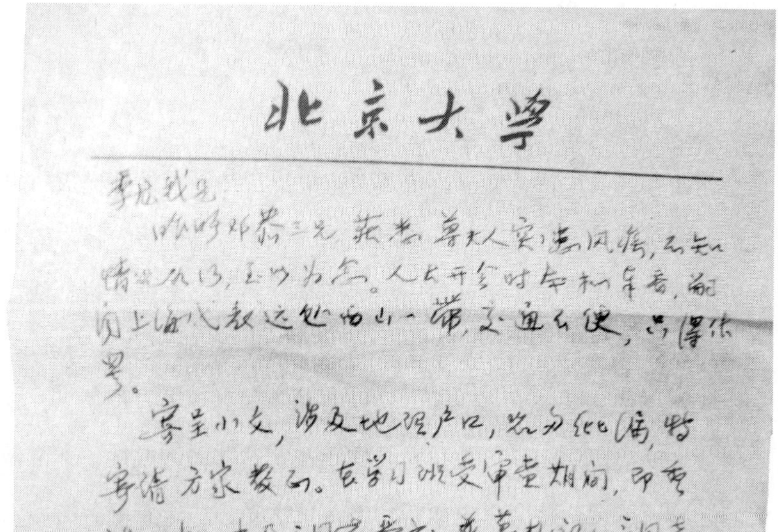

北京大学

季龙我兄：

昨晤邓恭三兄，获悉尊夫人突患风疾，不知情况如何，至以为念。人大开会时本拟奉看，前阅上海代表住处西山一带，交通不便，只得作罢。

寄呈小文，涉及地理户口，实为外行，特寄请方家教正。在学习班受审查期间，即专读八书二史及三国志晋书，并草札记。三国志部分已刊中华书局《文史》第九辑，想兄必有此刊物，故不再寄，尚乞赐指正。晋书部分将在下期刊出，以后各史拟待全书完成后一起出版也。

[illegible]约兄来京，五十年老友，三十年未通音息，畅叙极欢。甚以为老兄历史地图不朽；依欢欣鼓舞，尤以尊体健康恢复为大慰！

不一一。即颂

敬礼！并祝尊夫人早日康复！

一良 .10.十二.十五

致谭其骧（1983.1.29）

季龙我兄大鉴：

捧读大作，欢喜赞叹。前者偶读我兄自传，深感其悃愊无华，言之真切。近又见葛君文，始于阁下解放以后由沿革地理进入历史自然地理之途径，及近二三十年之学术成就有较深了解，科学的中国历史地理学之创建，确可与历史地图集并为不朽之盛业也！回忆五十年前，就学燕京时，同学中最所钦佩者，我兄与俞大纲兄也。离校以来，过从较密之友朋中，自愧弗如者仅有三人，邵循正、张政烺及留居美国之杨联陞也。俞公绝顶聪明，盖懒散成性，不愿做艰苦之脑力劳动，故舍唐史而趋京剧。此次在美，曾看到台湾旧剧录像，先由大纲评论，俨然高如山第二矣（渠夫人及子女皆在美，曾见其所写戏剧史序文，止慨叹“骨肉流离道路中”，于大陆无恶语）。在美晤邓庆曾兄，夫妇行医，景观甚好。邵公逝世过早，未尽其才，至为可惜，张杨两公著述皆不断有新意，非一般者跂及。然硕果累累，学成体系，其有利于国计民生者，非公莫属，文如先生“堪师两顾”之云，似犹未足以尽之也。一良来北大后，得识汪篯、田余庆，汪为寅老高足，田则出身北大，皆好学深思，能探赜索隐，钩深致远者。汪公文革中自杀，遗文一卷殊未尽其学。田公治秦汉魏晋南北朝史，北大从事于此行业者，近又有祝总斌，法律系出身，皆能深入，时有新著问世，为一良所钦服，不知我兄亦曾注意及之否？以上兴之所至，放言微论，未必有当。望勿为外人道也。一良夙昔服膺寅恪先生，在美习梵文学佛经，亦由于志在走寅老道路。但资质远非寅老之比，亦非上述诸公之比。故解放前虽努力而成就有限。解放后虽学马列，而学殖荒落（此四字名副其实）悟性本差，记性亦日坏。只是读书之习未废，总期不辜负自己之条件，有生之年，多少为历史学大厦添砖添瓦也。拉杂已极，尚希鉴

谅！即致

敬礼！

一良

八三、一、二九

王钟翰兄赴美，下月底谅可成行。又及

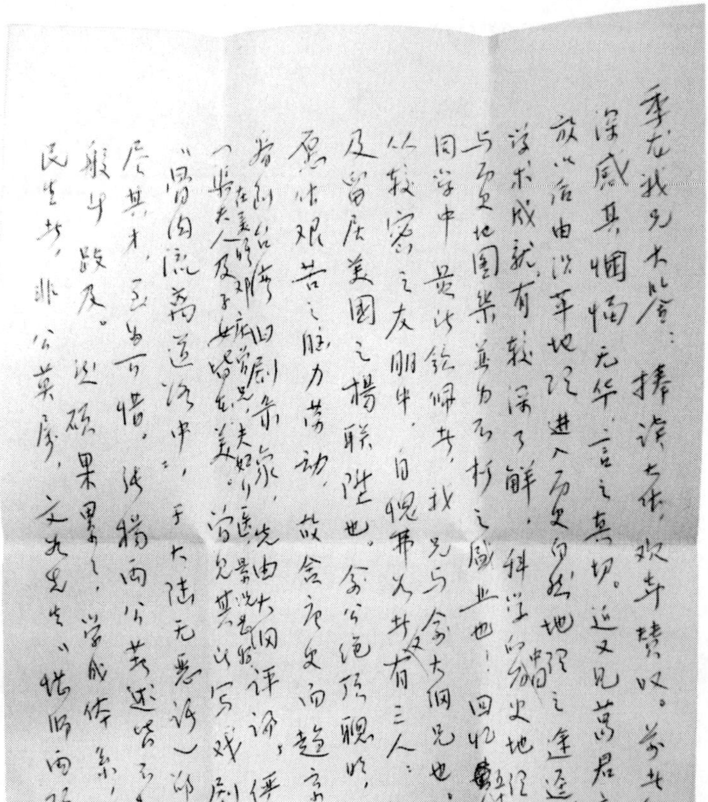

季龙我兄大鉴：捧读大作，欢喜赞叹。前年偶读我兄自传，深感其悃愊无华，言之真切。近又见葛君文，始于阅之解放以后由沿革地理进入历史自然地理之途径，及近二三十年之学术成就，有较深了解。科学的中国历史地理学之创建，确乃与历史地理集其大成而打之基础也！回忆五十年前新学志所同学中，最以钦佩者，我兄与今大侗兄也。嘉校以来，过从较密之友朋中，自愧弗如者又有三人：邓嗣禹、张政烺及留居美国之杨联陞也。今公绝顶聪明，兼擅数学，不愿作艰苦之脑力劳动，故舍历史而趋京剧。七八年在美，治者创台湾旧剧余家，先由大同评论，俾其为之第二矣。[illegible]及子女皆在美，曾见其以写戏剧史序文，亦慨叹以留内流离迁徙中（于大陆无恶评）郑公进步过早，未尽其才，亦为可惜。[illegible]著述皆已斟有[illegible]一般少能及。近顷果果之，学成体系，且有利于国计民生者，非公莫属。文九先生以临时函致之，云云，似犹未

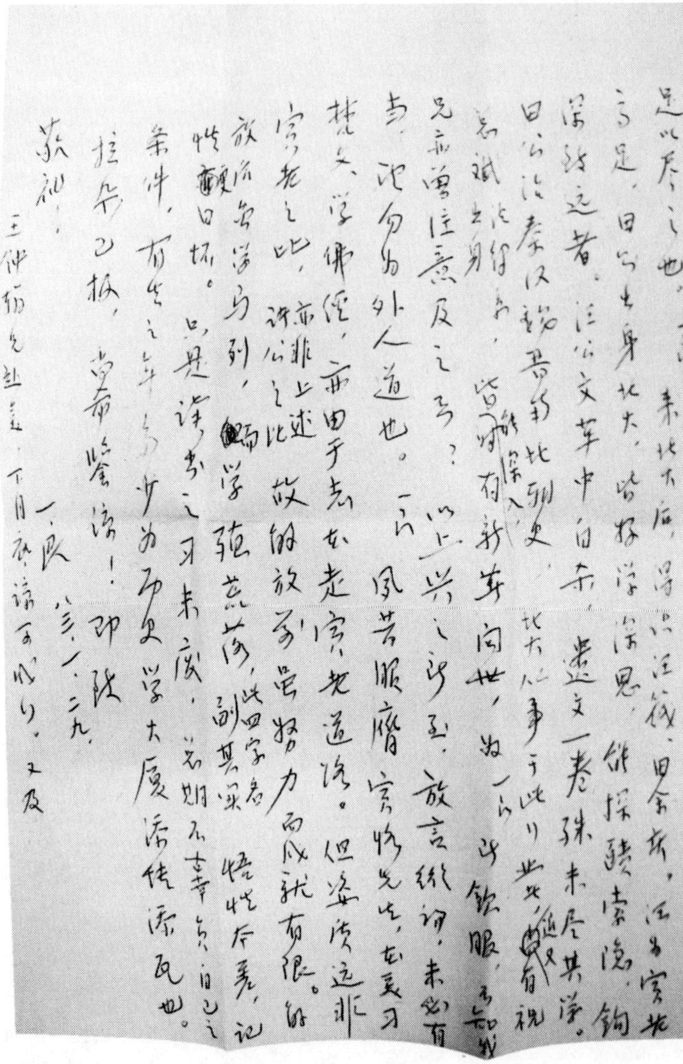

足以存之也，一以来北大后，学从汪钱，因余有，汪为实先之足，因为出身北大，皆称学深思，能探赜索隐，钩深致远者。汪公文革中自杀，遗文一卷，殊未尽其学。因公治秦汉魏晋南北朝史，北大公事于此门，尤[illegible]有视为赋之身，诸得者，皆能深入，有新著问世，为一以此钦服，不知兄亦曾注意及之否？以上兴之所至，放言纵论，未必有当，况勿为外人道也。一以风昔服膺实斋先生，如真习梵文，学佛经，而由于志在走实斋道路。但姿质过非实斋之比，亦非上述许公之比，故虽放弃努力而成就有限。虽欲治史学者与到，[illegible]学殖荒落，此四字为副其实者，悟性存羞，记性颇日坏。只是读书之习未废，亦聊不幸负自己之余年，有些之年为少，为历史学大厦添砖添瓦也。拉杂已极，尚希鉴谅！即致

苏祉！

一良 八三.一.二九.

王仲荦先生左右。下月起请写成以。文及

致谭其骧（1983.11.30）

季龙我兄同志：

日昨读《新华文摘》，喜悉我兄光荣入党，雀跃无已，特函道贺！五十年代末，夏作铭兄入党，弟亦曾致贺，并谓宜先以党员要求自己，再以专家要求。此语自今日观之，仍不为错误。……“四人帮”粉碎后，关于弟有不少谣言（如保险柜钥匙事等），事如属实，确为可鄙可恨。当时曾收一信，墨笔大书四字“无耻之尤”，下署“一个老朋友”。虽一笑置之，而保存至今（魏建功先生亦接类似之信）。一来，“老友”之义忿可以理解，二来虽不至“无耻”，然为“评法批儒”鼓噪，尽管不预闻阴谋，终亏科学良心，此一纸四字适足永远为戒也。商鸿逵先生溘逝，谅已得知。前者我兄询及渠近况，一良曾以转告。渠身体素健，每晨六时必在院中练太极拳，步履亦颇矫健，不意一跌遂未再甦醒。所可告慰者，教授职称事去年解决，幼子考北大清史研究生录取，即由其父指导，昏迷后曾□一切手段，包括开颅，亦可无憾矣。明清史流年不利，郑、谢二公之后又殁一个，老辈中清史当推钟翰兄为鲁殿灵光矣。宋人有太平老人者，撰小书曰《袖中锦》，书中称世间有四事不可恃：“春寒、秋暖、老健、君宠”也。一良常谓此八字真言确道出自然规律及人事规律，好为封建社会语，今天看来，仍可玩味也。余不一一，即致

敬礼！

一良谨上

八三、十一、卅

贵所惠赠历史地图二册，收到谢谢！

书

信

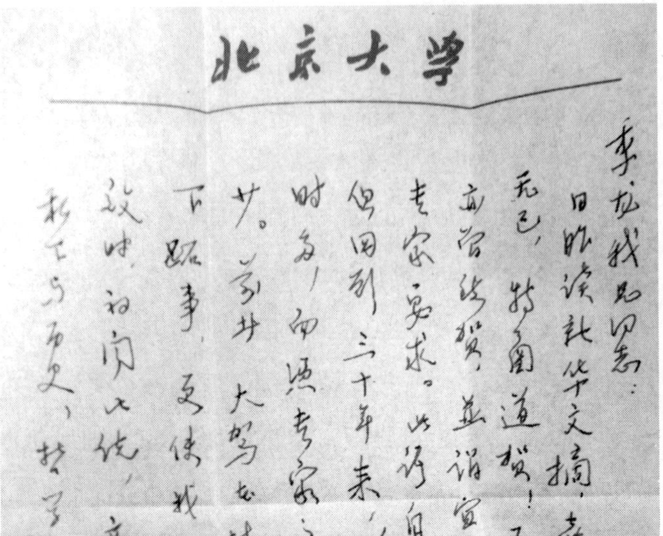

北京大学

季龙我兄同志：

日昨读新华文摘，喜悉我兄光荣入党，雀跃无已，特函道贺！五十年代末，夏作铭兄入党时，亦曾致贺，并谓宜先以党员要求自己，再以专家要求。此语自今观之，仍不为错误。但回到三十年来，自己作为"别眼三异"之党员，时为，而凭专家之科学良心力争时分辩。廿。前年大驾去北大演说，谈及廿五印柳下蹈事，更使我深有感慨。前年去景设时，曾闻以后，亦治烟不以为可，但亦称亡与不史，赞学与景族故果有些故

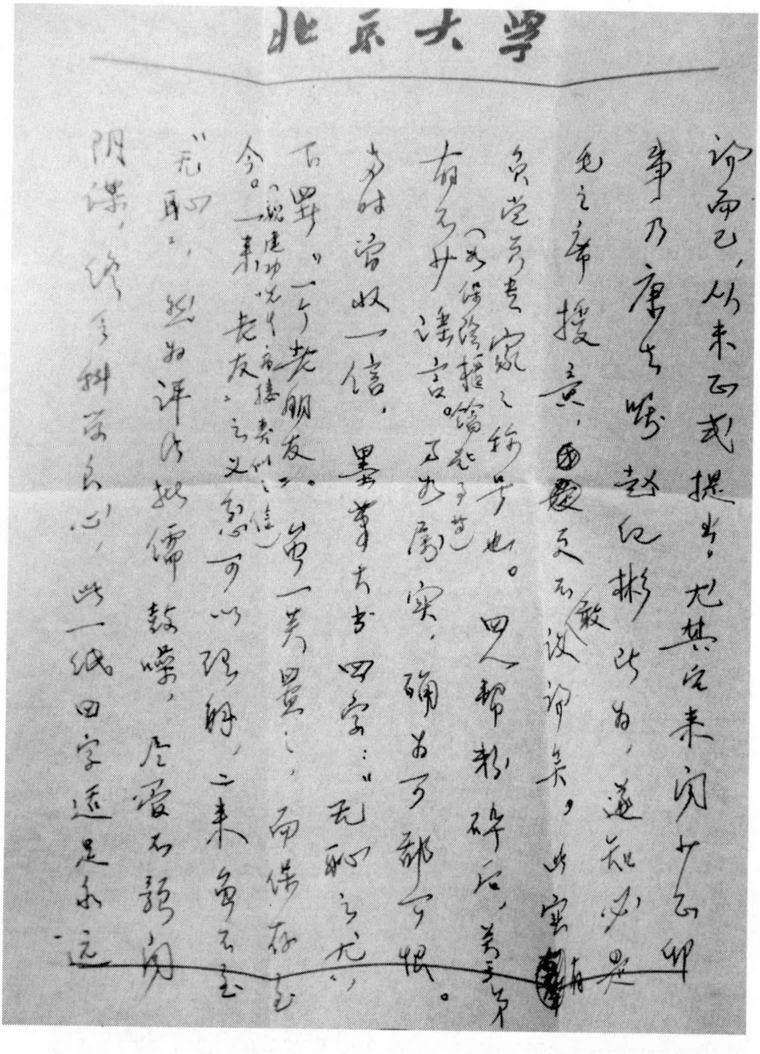
北京大學

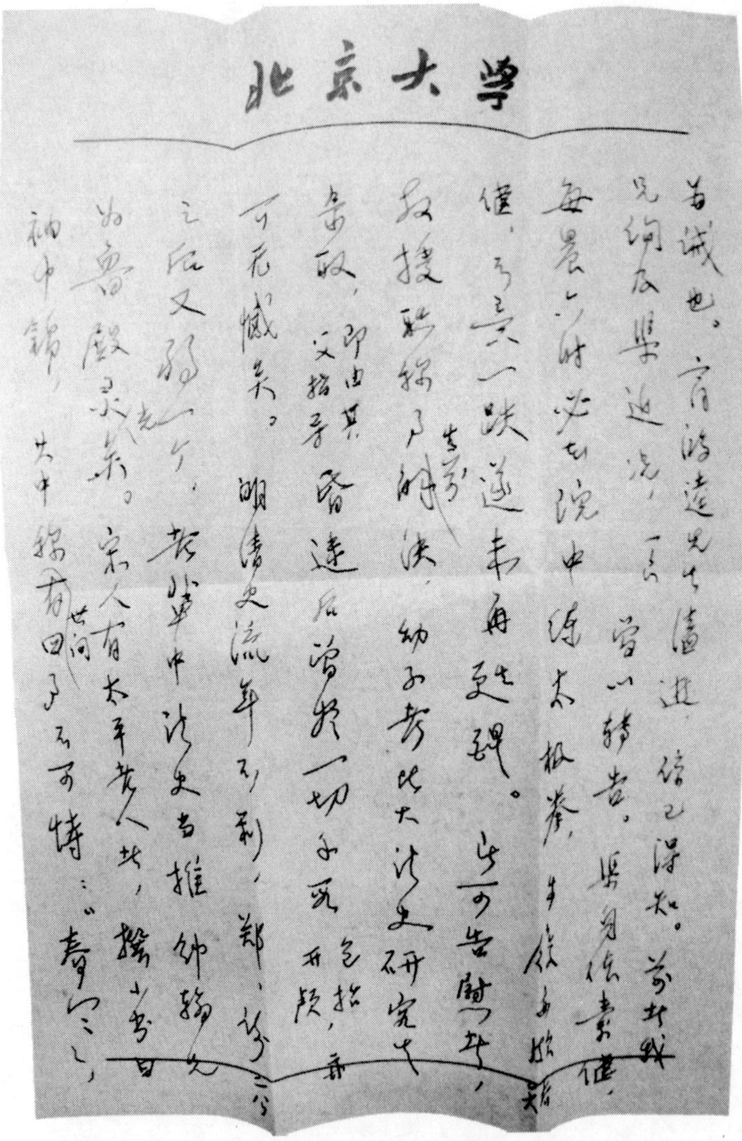

北京大学

皆识也。前游逵先生遗进，信已得知。前北戴
兄约及早返沪，一是 留心静养。望多保重健，
每晨以时入院中候太极拳，半[illegible]于北大
健，不意一跌，遂未再受理。此可告慰者，
故接聘后乃锐决，幼子[illegible]北大清史研究之
余暇，即由其文指导，[illegible]后曾[illegible]一切[illegible]急[illegible]
可见憾矣。明清史流年不利，郑、孟二公
之后又弱一个。若北华中清史当推[illegible]
为鲁殿灵光矣。宋人有太平老人者，撰
袖中锦，其中录有世间四不可恃：春寒[illegible]

北京大學

秋暖、老健，君宠之也。一云常谓七八字真言，确留封建社会之遗，道出自然规律及人事规律，今天看来，仍可玩味也。余不一一，

即祉

敬礼！

一良 谨上 八三.十一.卅

贵千惠赠历史地图二册，收到，谢谢！

致谭其骧（1984.9.5）

季龙同志：

葛同志推荐信打好寄呈，盼其能早日成行。陈庆华同志噩耗谅早已得悉。渠曾列我兄门，颇致钦挹。追悼会适系主任田公外出，弟以系学术委员会主任身份致悼词。我于庆华十年以长，真可谓反其道而行之。此公过于懒散，胜过其师邵公。身后竟无只字可供刊印纪念，殊可惜也。

敬礼！

一良

八四、九、五

和平按：葛同志指葛健雄，田公指田余庆，邵公指邵循正。

致谭其骧（1988.2.4）

季龙我兄左右：

奉到大著《长水集》上下册，欢喜赞叹，不能自已。回忆五十八年前旧燕大男宿舍初次相遇之际，如在目前，而五十年间，著述如此之丰且美，实深钦挹。并世学人中，一良最所心折者，邵心恒、张苑峰及阁下三人。惜乎邵公过于懒散，逝世又太早；张公之文多有新意，而惜墨如金。唯足下集体及个人研究锲而不舍，蔚为大观。昔年文如师曾以“释地正堪师两顾”联语奉赠，及今观之，早已越过沿革地理范围。开创科学的历史地理，既开风气又为师，老兄当之无愧矣！忝叨知己，与有荣焉，一笑！匆匆即颂

撰安！

一良谨上

一九八八、二、四

和平按：邵心恒即邵循正，张苑峰即张政烺，文如师即邓之诚。

致谭其骧（1988.2.10）

季龙我兄左右：

昨上一函，谅早达览。今奉邓恭三兄之命，向吾兄索债。此间拟编寅恪先生纪念文集，据云数年前已由复旦蒋天枢先生面陈。今届截稿之期，而蒋先生患病，未便烦他，故迳函阁下邓公并告，万一当年蒋先生忘却奉邀，即由他与弟正式约请，务望惠寄（长短不拘），并早日掷下为盼！原定八七年底截止，沪上尚有可约者（考虑水平及有存货之可能性者），祈便中示及，以便于与邓商量后再致函也。匆匆即请

著安！

一良谨上

八八、二、十

致谭其骧（1988.4.23）

季龙我兄左右：

今日辗转得到消息，邓持宇兄于本月五日因车祸在美逝世，闻之不胜惊愕悲悼，前数年纪念林则徐，政协邀其来京，曾获良晤。其时已逾八旬，而康强矍铄，朋辈咸谓百岁可期，不意竟遭此横祸，哀何可言！回忆五十年前，湖光塔影中同屋同窗，于其坚苦卓绝，

发奋有为极为钦挹，而耄耋之年犹勤学不倦，著述不辍，尤堪佩服。近者寄来纪念文如老师论文，其中于海峡两岸有关著述罗列甚备，亦足见披讨之勤，其人实富于湖南人拼命精神也。弟已电唁其夫人，同时致函询问车祸详情。美国及港台亦可能有悼念文字及论文著述目录之类发表，已函王伊同兄代为留意，覆制见寄。若有足够材料，当与钟翰兄共写小文纪念。我兄若有忆及轶事，并希见告为幸！持宇兄与翁独健、吴世昌为同班，此间纪念翁吴矣。近照一帧，寄呈作为拜读大作之纪念。

不一一，即致

敬礼！

一良谨上

八八、四、二三

致谭其骧（1990.4.24）

季龙我兄赐鉴：

来美已逾年，归期一再迁延，来此后即知台湾出版俞大纲兄全集，日昨始在哥伦比亚图书馆得读。与老兄讨论六镇文收入论述部分，而以论戏剧之文为多。闻渠到台后，为配合看戏，学习素描，实多才多艺也。寥音阁诗话论散原老人为主，其谓寅老再生缘文中诗作云“姻联中表，谊属师生，闻纮辨音，具知危苦”盖真知寅老者也。来后曾与邓庆曾兄联系，据称大纲一子二女皆在此，夫人晚年住老人院，已故去矣。知往喜以奉阅，即颂

撰安！

一良谨上

九〇、四、二四

致谭其骧（1990.8.31）

季龙我兄左右：

七月下旬返京，又匆有天津及乌鲁木齐之行。日昨晤钟翰兄，始悉我兄□旧疾复作。唯医治及时，已占勿药，闻之既惊且慰，谅目前天相吉人，已回家休养矣。闻钟翰兄言，贵校为老兄颂寿，征集论文在刊物分期发表。不审何时截止集稿？内容是否限于历史地理？便中祈嘱。健雄同志见告。弟论交六十年，自应参予祝嘏，但恐无像样文字耳。匆此即颂

痊安！

一良谨上

九〇、八、三十一

致缪钺（1984.12.8）

彦威先生赐鉴：成都盛会，备承款待，畅谈甚欢，欣慰无已！川大魏晋六朝文史研究方面济济多士，蔚为中心，皆先生之功也，钦佩钦佩！莲生兄通信时乞代问候。即请

著安！

一良谨上

八四、十二、八

内子附笔

恭贺新禧

Happy New Year !

彦威先生赐鉴：成都盛会，备承款待，畅谈甚惬，欣慰无已！川大魏晋六朝文史研究方面济济多士，蔚为中心，皆先生之功也，钦钦佩佩！莲生兄通信时乞代向候。即请

著安！

一良谨上 八四、十二、八、

内子附笔

致缪钺（1988.5.7）

彦威先生赐鉴：

今日奉到与叶嘉莹教授合撰之《灵谿词说》，欢喜赞叹，感谢无似。书中片段早在杂志中零星读过，今睹全豹，快何如之！尊著之体例及合作之精神，皆为文坛创举，尤堪传为佳话。与叶教授通讯时并乞代为致谢！一良亦曾从叶教授之本师苦水先生学诗词，愧无所成。每读叶教授以域外文心剖析禹域诗词，辄感意外收获。如其近作用接受美学阐释王静安先生三种境界说，使人昭若发矇，折服之至。莲生兄久无消息，足下有所闻否？不一一，即请

著安！

一良谨上

一九八八、五、七

北京大學

彦威先生赐鉴：今日奉到与叶嘉莹教授合撰之《灵谿词说》，欣喜赞叹，感谢无似。书中所载早在杂志中零星读过，今睹全豹，快何如之！尊著之体例及合作之精神，皆为文坛创举，尤堪传为佳话。与叶教授通讯时并乞代为致谢！良 亦曾从叶教授之本师若水先生学诗词，愧无所成。每读叶教授以域外文心剖析异域诗词，辄感意外收获。尤其近作用接受美学阐释王静安先生之释境界说，使人豁若发蒙，折服之至。莲生兄久无消息，足下有所闻否？ 即请

著安！

一良 谨上

一九八八、五、七、

致缪钺（1990.10.17）

彦威先生史席：

捧读惠书，敬知一是。承邀参加景君博士论文答辩，自当遵命，唯主任委员则愧不敢当也。又明年三月中可能有广州之行，答辩安排在下旬如何？弟去冬曾赴剑桥探视莲生兄伉俪，今夏离美之前又通电话，情况尚好，全赖令妹一人为之消息扶持，亦大不易耳。匆此奉复，即颂

撰安！

周一良

一九九〇、十、十七

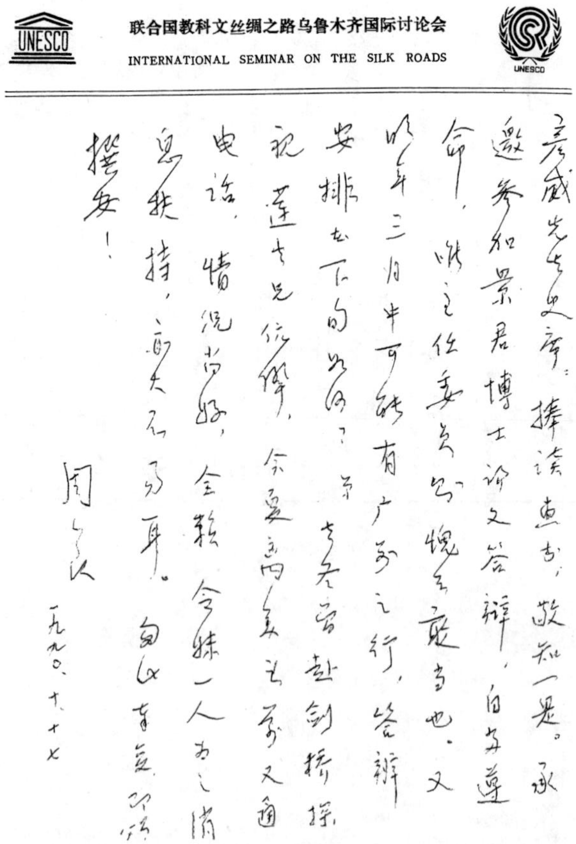
UNESCO 联合国教科文丝绸之路乌鲁木齐国际讨论会 INTERNATIONAL SEMINAR ON THE SILK ROADS UNESCO

彦威先生史席：捧读惠书，敬知一是。承邀参加景君博士论文答辩，自当遵命，唯主任委员则愧不敢当也。又明年三月中可能有广州之行，答辩安排在下旬如何？弟去冬曾赴剑桥探视莲生兄伉俪，今夏离美之前又通电话，情况尚好，全赖令妹一人为之消息扶持，亦大不易耳。匆此奉复，即颂

撰安！

周一良

一九九〇、十、十七

致缪钺（1990.11.2）

彦威先生史席：

惠书敬悉。弟四月初此间有事，故答辩会仍希安排在三月廿前后，至希亮詧！余不一一，即颂

撰安！

周一良

一九九〇、十一、二

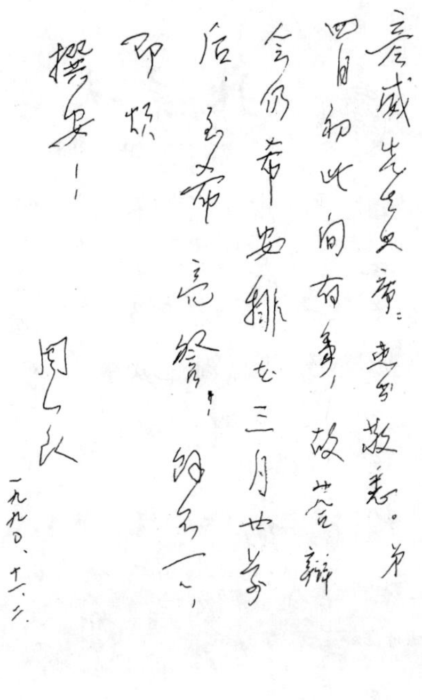
彦威先生史席：惠书敬悉。弟四月初此间有事，故答辩会仍希安排在三月廿前后，至希亮詧！余不一一，即颂

撰安！

周一良

一九九〇、十一、二

致缪钺（1991.1.31）

彦威先生史席：

奉到手翰及华章，感谢无量。拜读哀莲生兄小词，叙平生踪迹，不胜凄恻。弟去夏离美前，曾通电话，谈甚久而口齿艰涩，几乎一字不可辨。所幸者安然化去，了无痛苦耳。社科出版社承印杨公论

文，交稿数年，始终无消息。闻噩耗后函询其总编辑，并加催促，复书云决定开印，今秋可以见书。后死者为亡友不过尽此绵薄而已，可叹也。弟定三月廿日飞成都，机票先由此间代购，俟到贵校报销。唯回程飞机恐须早订（廿四日左右），另纸附上身份证材料，请交历史系办公室为盼！即请

著安！并贺春节大吉！

周一良

九一、一、三一

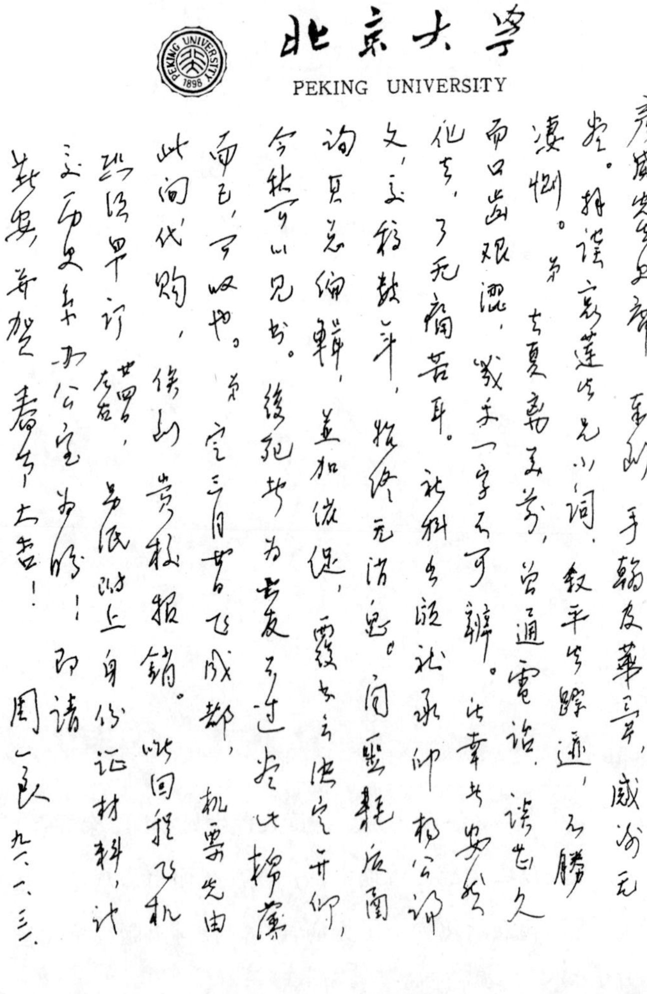
北京大学
PEKING UNIVERSITY

彦威先生史席：奉到手翰及华笺，感荷无量。拜读彦莲先生小词，叙平生踪迹，不胜凄恻。弟去夏与吾兄尝通电话，谈甚久，而口齿艰涩，几至一字不可辨。此番长者安然化去，了无痛苦耳。社科出版社承印杨公论文，交稿数年，始终无消息。闻噩耗后函询其总编辑，并加催促，复书云决定开印，今秋可以见书。后死者为亡友不过尽此绵薄而已，可叹也。弟定三月廿日飞成都，机票先由此间代购，俟到贵校报销。唯回程飞机恐须早订（廿四日左右），另纸附上身份证材料，请交历史系办公室为盼！即请

著安，并贺春节大吉！

周一良

九一、一、三一

致缪钺（1991.11.24）

彦威先生：

北辰同志来京，藉悉道履安吉，为颂为慰！蒙赐蒙山名茶，感何可言！一良有纪念莲生兄小文，为《中国文化》杂志索去，不知何时刊出。兹复制奉上，以供先睹。余不一一，谨申诗悃，并请

著安！

周一良谨上

九一、十一、廿四

元朗同志均此

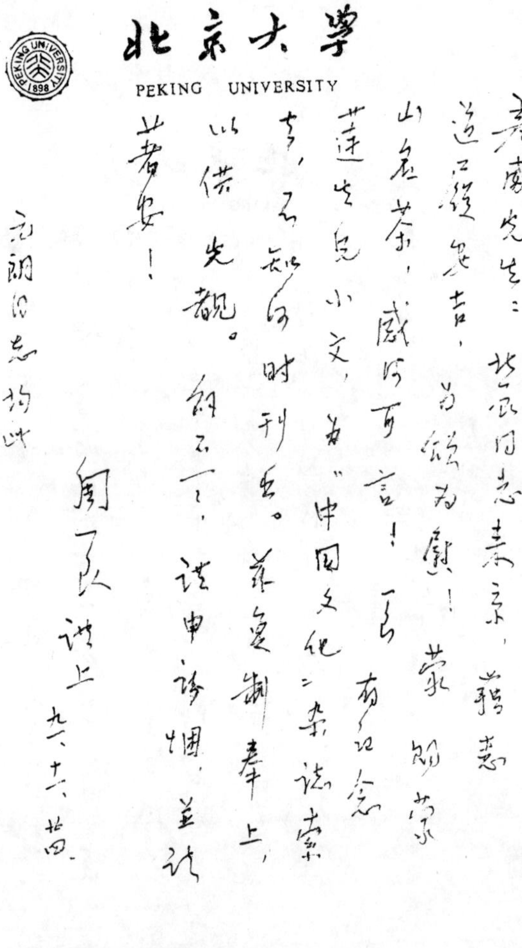
北京大學
PEKING UNIVERSITY

彦威先生：北辰同志来京，藉悉道履安吉，为颂为慰！蒙赐蒙山名茶，感何可言！一良有纪念莲生兄小文，为《中国文化》杂志索去，不知何时刊出。兹复制奉上，以供先觏。余不一一，谨申诗悃，并请

著安！

周一良谨上

九一、十一、廿四

元朗同志均此

致缪钺（1993.8.18）

彦威先生赐鉴：

久疏笺敬，谅兴居安善，眠食如恒，定符私颂。老友谭季龙兄溘逝，今有纪念小文，寄呈一阅。莲生之后继以季龙，今春又丧吴于廑兄，皆一良五六十年挚友也，痛何堪言！痛何堪言！我公纪念寿诞文集，一良勉献拙文，以附骥尾，至感惶悚，尚希进而教之！不一一，即颂

暑安！

一良谨上

九三、八、十八

元朗同志均此

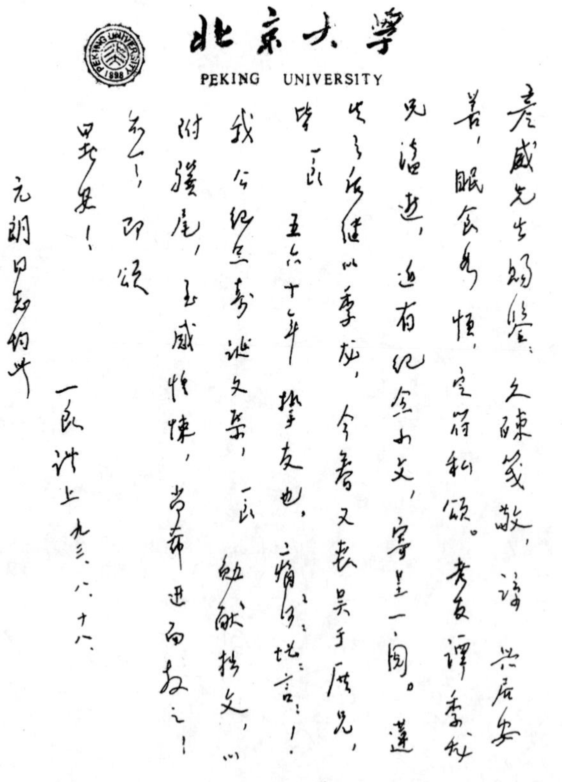

北京大學

PEKING UNIVERSITY

彦威先生赐鉴：久疏笺敬，谅兴居安善，眠食如恒，定符私颂。老友谭季龙兄溘逝，今有纪念小文，寄呈一阅。莲生之后继以季龙，今春又丧吴于廑兄，皆一良五六十年挚友也，痛何堪言！痛何堪言！我公纪念寿诞文集，一良勉献拙文，以附骥尾，至感惶悚，尚希进而教之！不一一，即颂
暑安！
一良谨上 九三、八、十八
元朗同志均此

致缪钺（1993.9.30）

彦威先生史席：

奉到大札并尊著，无任感谢！我公虽体弱乏力，而神明不衰，为之欣慰！最可怕者老年痴呆，乃我辈文人之大敌也！近写小文妄论寅恪先生，寄请诿证。我公亦深知寅老者，必将有以教我！匆此申谢，并祝

秋祺！

一良谨上

九三、九、三十

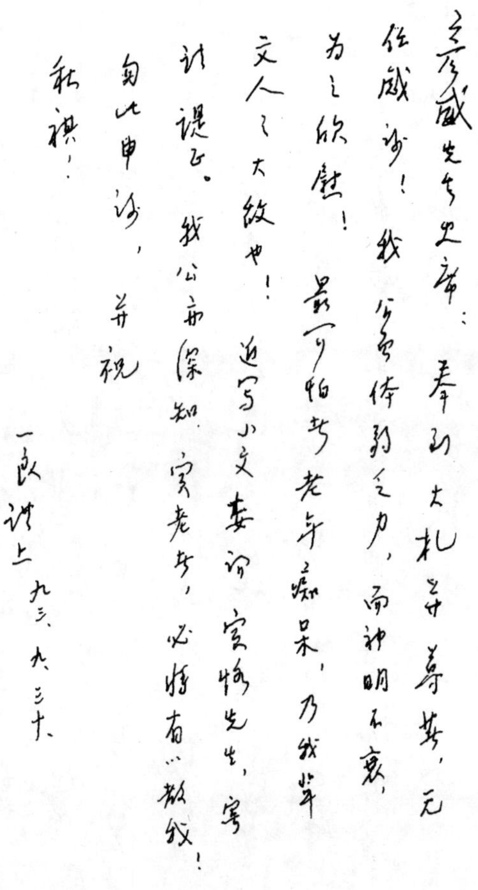
彦威先生史席：奉到大札并尊著，无任感谢！我公虽体弱乏力，而神明不衰，为之欣慰！最可怕者老年痴呆，乃我辈文人之大敌也！近写小文妄论寅恪先生，寄请诿证。我公亦深知寅老者，必将有以教我！匆此申谢，并祝
秋祺！
一良谨上 九三、九、三十

致缪元朗（1991.3.25）

元朗同志：

昨日飞机两小时即抵京。在贵校蒙缪老及诸同志殷勤接待，复承馈赠，感愧无既，请转达谢忱！缪老赐诗及大作，尤深感荷，惜时间过于仓促，未遑从容请益，为遗憾耳。尊著知识趣味并而有之，甚佩甚佩！机票附上，不一一，即致

敬礼！

周一良

九一、三、二五

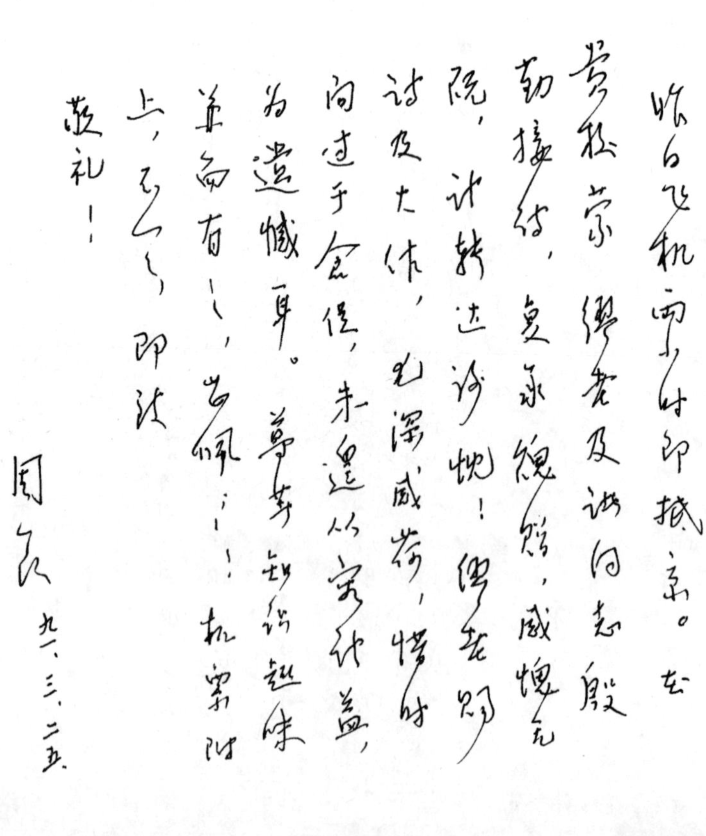
元朗同志：
昨日飞机两小时即抵京。在贵校蒙缪老及诸同志殷勤接待，复承馈赠，感愧无既，请转达谢忱！缪老赐诗及大作，尤深感荷，惜时间过于仓促，未遑从容请益，为遗憾耳。尊著知识趣味并而有之，甚佩甚佩！机票附上，不一一，即致
敬礼！
周一良
九一、三、二五

致缪元朗（1991.5.18）

元朗同志：

来信及相片皆收到，朱大渭同志处已转寄。此次来成都，得与你系诸同志晤谈，尤其令祖父不仅赏饭，且赐华章，堪为永久纪念，感何如之！我四月下旬赴欧开会，归途道出美洲，曾与令祖姑母通讯，仍在旧居未迁也。余不一一，即致

敬礼！

周一良

九一、五、十八

令祖前乞叱名请安

历史系诸同志均此申谢

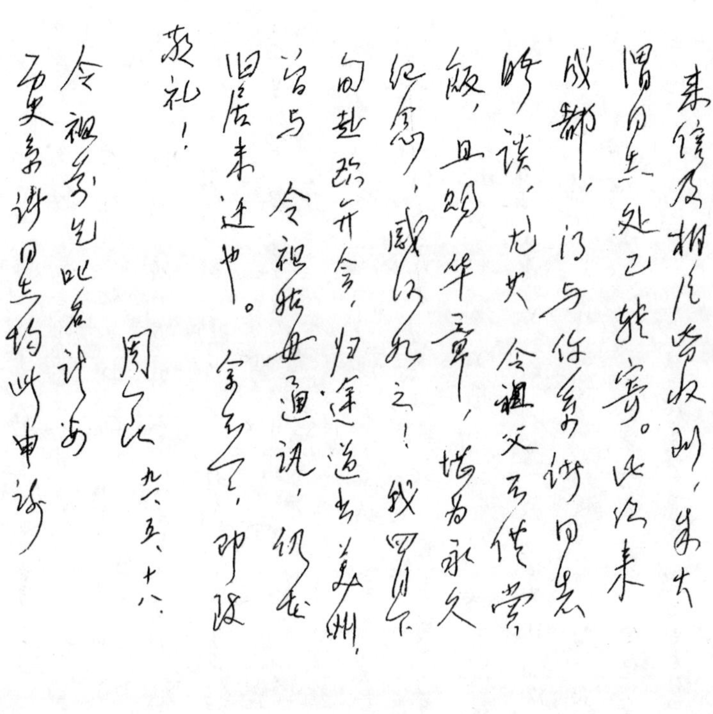

元朗同志：
来信及相片皆收到，朱大渭同志处已转寄。此次来成都，得与你系诸同志晤谈，尤其令祖父不仅赏饭，且赐华章，堪为永久纪念，感何如之！我四月下旬赴欧开会，归途道出美洲，曾与令祖姑母通讯，仍在旧居未迁也。余不一一，即致
敬礼！
周一良 九一、五、十八
令祖前乞叱名请安
历史系诸同志均此申谢

致缪元朗（1991.7.29）

元朗同志：

惠书敬悉。承寄莲生兄纪念文章及系中所赠徐先生纪念集皆已收到，汤大夫处亦已转送。因闻你带学生外出，故未及时作复。特此致谢，并希向历史系领导代达谢忱为盼！美国近又寄来纪念文章，我已悉数转寄另一哈佛老友武大吴于廑教授。俟全部收回后，加以综合，拟为莲生兄写一传记，交国内刊物，此亦后死者之责也。我与莲生兄虽相交五十余年，而归国后殊不了解情况，故须借助国外诸公回忆文章。令祖除悼诗外，不知亦有追忆文字否？不一一，即致

敬礼！

周一良

九一、七、二九

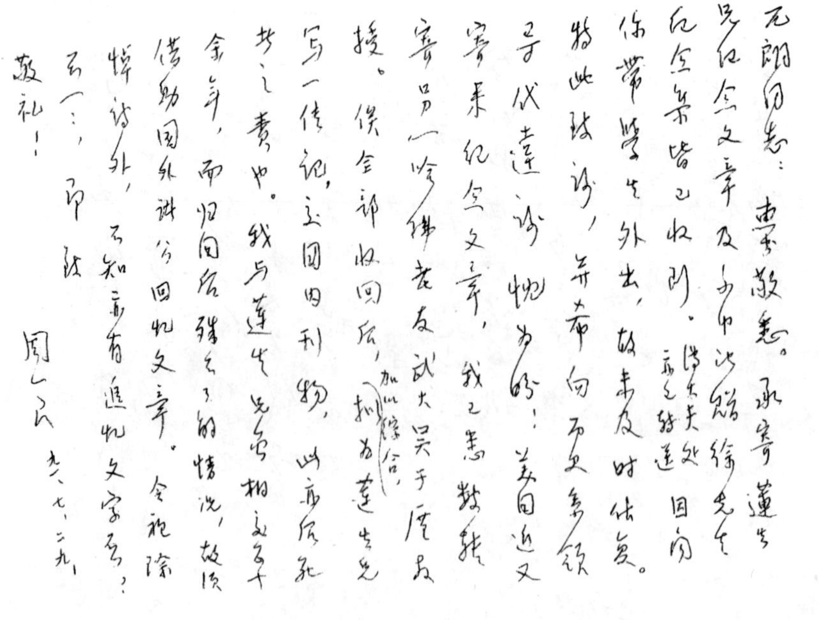
元朗同志：惠书敬悉。承寄莲生兄纪念文章及系中所赠徐先生纪念集皆已收到。汤大夫处亦已转送。因闻你带学生外出，故未及时作复。特此致谢，并希向历史系领导代达谢忱为盼！美国近又寄来纪念文章，我已悉数转寄另一哈佛老友武大吴于廑教授。俟全部收回后，加以综合，拟为莲生兄写一传记，交国内刊物，此亦后死者之责也。我与莲生兄虽相交五十余年，而归国后殊不了解情况，故须借助国外诸公回忆文章。令祖除悼诗外，不知亦有追忆文字否？不一一，即致
敬礼！
周一良 九一、七、二九

致缪元朗（1991.8.13）

元朗同志：

赐书及令祖文章均收到，谢谢！缪老大作情文并茂，感人至深，又蒙你手抄见贻，自当什袭藏之，永作纪念也。我写文忆杨莲生兄，主要为向国内学人介绍，因大陆了解杨公卓越成就者甚少，故不拟寄余英时先生处矣。匆匆敬谢，并颂

夏安！

周一良

九一、八、十三

令祖前乞代候

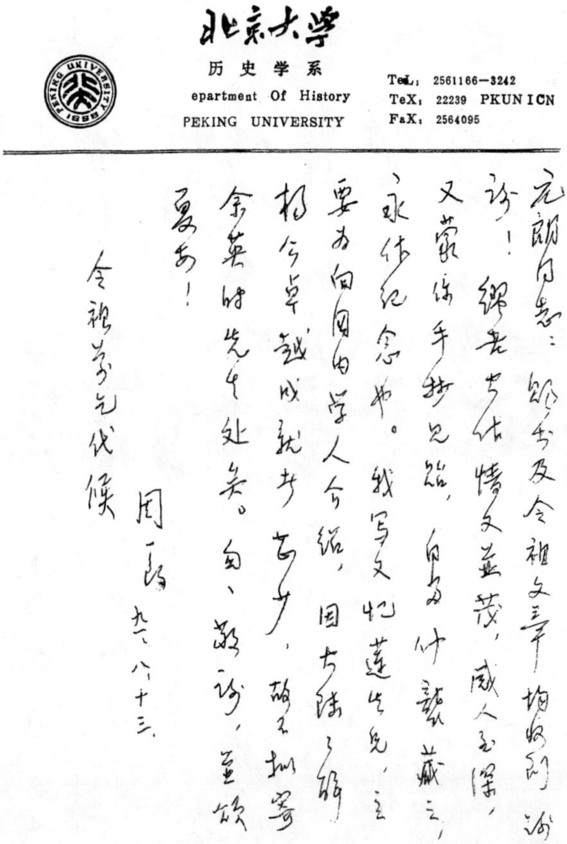
北京大学
历史学系
epartment Of History
PEKING UNIVERSITY
TeL: 2561166—3242
TeX: 22239 PKUNICN
FaX: 2564095

元朗同志：赐书及令祖文章均收到，谢谢！缪老大作情文并茂，感人至深，又蒙你手抄见贻，自当什袭藏之，永作纪念也。我写文忆莲生兄，主要为向国内学人介绍，因大陆了解杨公卓越成就者甚少，故不拟寄余英时先生处矣。匆匆，敬谢，并颂

夏安！

周一良

九一、八、十三、

令祖前乞代候

致缪元朗（1994.7.4）

元朗同志：

惠书敬悉。简历可用，附还。

缪老大见康复，欣慰无已！近见百岁老人刘海粟自道其长寿秘诀为四“得”，即“放得下，睡得着，吃得进，拉得出”也。我认为有至理，祈转告缪老一试！

敬礼！

周一良

九四、七、四

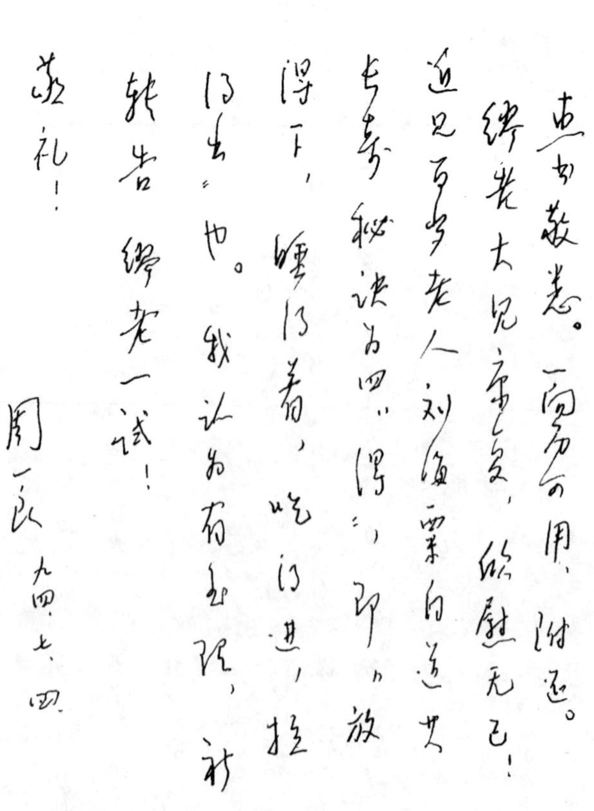
元朗同志：
惠书敬悉。简历可用，附还。
缪老大见康复，欣慰无已！近见百岁老人刘海粟自道其长寿秘诀为四“得”，即放得下，睡得着，吃得进，拉得出也。我认为有至理，祈转告缪老一试！
敬礼！
周一良 九四、七、四

致缪元朗（1995.1.23）

元朗同志：

从宛君大姐处惊悉缪老仙去，悲痛无已！老成凋谢，哲人其萎，因成挽联：

文史迴翔，绛帐春风，三千弟子

诗词并美，灵谿妙谛，一代宗师

芜词殊不足以表达哀悼钦挹之情于万一也。尚希节哀顺便，善自珍摄，绳其祖武，继承家学，光大发扬，有厚望焉。老人及门诸君，并乞致唁！即请

礼安！

周一良

一九九五、一、二三

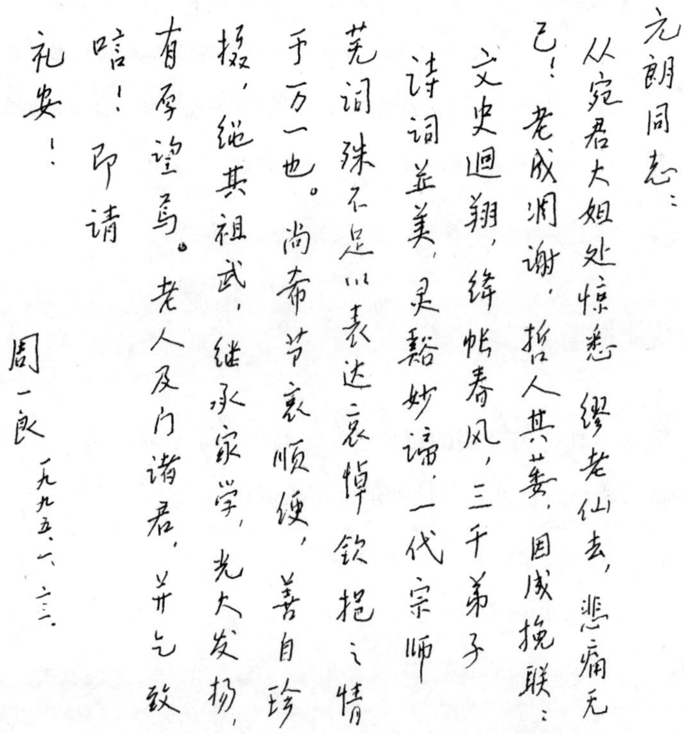

元朗同志：

从宛君大姐处惊悉缪老仙去，悲痛无已！老成凋谢，哲人其萎，因成挽联：

文史迴翔，绛帐春风，三千弟子

诗词并美，灵谿妙谛，一代宗师

芜词殊不足以表达哀悼钦挹之情于万一也。尚希节哀顺便，善自珍摄，绳其祖武，继承家学，光大发扬，有厚望焉。老人及门诸君，并乞致唁！即请

礼安！

周一良

一九九五、一、二三

致日知（林志纯）（1990.8.9）

日知先生赐鉴：

七月下旬返抵北京，又有天津之行，昨始归来。拜读先生主持编定之《世界古典文明丛书》，功德无量，大是好事，能与国外交流，尤目前所急需也，曷胜钦佩！陈连庆先生仙去，归来始获悉。弟去国十六个月，亲朋故旧中作古者达廿六人，真人生如梦也。匆匆敬谢，并叩撰安！

周一良

九〇、八、九

和平按：《中国社会科学报》2014年8月25日B03“学林”版，刊发张绪强《由一良先生致日知先生的一封信谈起》一文，文中刊发此信的手稿及张氏录文有五处六字识读有误，我们录文时迳改，不出注。此信是一良先生收到日知先生寄来的《世界古典文明丛书》后的复函；这套丛书由周谷城及周一良、日知等人主编，日知先生实主其事，而陈连庆先生即是丛书之一的作者。

致王永兴（1987.12.15）

王先生：

陈先生札记整理稿的覆核已完，写出几条建议，送请一阅。下一步寄古籍出版社或作其他处理，请决定！

一良

八七、十二、十五

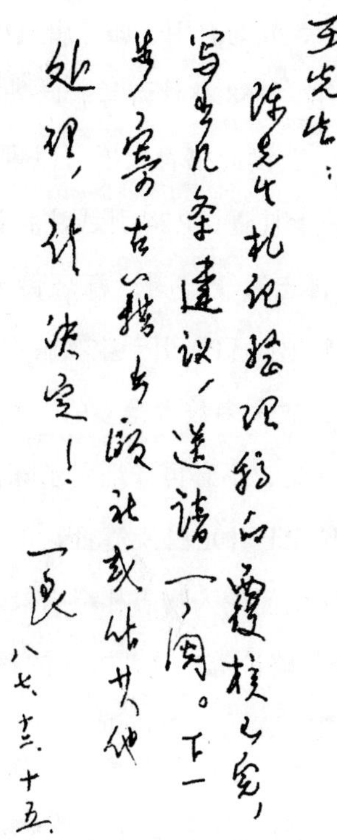
王先生：
陈先生札记整理稿已覆核完，写出几条建议，送请一阅。下一步需古籍出版社或你们处理，请决定！
一良
八七、十二、十五

覆核札记后的建议

周一良

一九八七、十二

一、

覆核读《史记》等札记后，感到古籍出版社的整理者确实花了极大功夫。原文多蝇头细字，密密麻麻，又无次序，辨认颇为费力，整理后条理井然，眉目清楚，便于利用。

二、

对于陈先生原文批文中所引用材料，为便于读者、整理者检出原文，附于札记之后，颇为有用。如《唐人小说》P.22补王锷传，P.26补杨赐传，鸿都客事，P.68补杜诗等。此外有两种情况，整理者似不必再加注补充。一、读此书者大抵可以理解，或易于检寻者，如《唐人小说》P.19关于杜暹，P.24引钱注杜诗，P.73补张鹫事，《后汉书》札记补《百官志》，P.11补《江表传》全文，后汉纪札记P.3关于三语掾，《晋书》札记P.1引干宝《晋纪》等。二、陈先生眉批即后来撰文之素材，故大多数批得多的，都已形成论文。此处只须指出参见某篇论文即足，不必再详细引录陈先生论著，以增加篇幅，如《唐人小说札记》P.1引元白诗笺证，P.4石鼎联句引笺证，P.22时世装引笺证，P.31引笺论人物志札记引录陈先生向郭义文，《唐律疏议》P.8引大段渊源略论等。这两方面的整理者注是否或删去，或只注参见陈先生某文。

三、

整理者仔细翻阅了各书，但仍偶有脱漏。《唐人小说》P.6及P.26，前《汉书·地理志》一条，李陵传一条《后汉书》空侯条，《刘宾客集》P.2皆有脱漏，已补入。《刘宾客集》尚有一句，只能辨出"……未能知其出处"数字，只好姑从盖阙了。

四、

沙州文录原来未经整理，今补作。

以上意见仅供上海古籍出版社参与整理的同志参考。

一、

霞绮楼札记后的建议　周一良

一九八七、十二、

一、霞绮楼读史记等札记后，感到古籍出版社的整理者确实花了极大功夫。原文多蝇头细字，密密麻麻，又无次序，辨认既为费力，整理后条理井然，眉目清楚，便于利用。

二、对于陈先生原批文中所引用材料，为便于读者，整理者检出原文，附于札记之后，既为有用，如唐人小说P.26补杨娼传（传天P.22钱补），P.68补杜诗等。此外有一两种情况，整理者似不必再加注补充。一、读此书者大抵可以理解，或易于检寻者，如唐人小说P.19关于杜暹（杜钱P.24诗注引），P.73补法藏事，后汉书札记P.9补百官志，P.11补江表传全文，后汉纪札记P.13关于三说按，晋书札记P.1引干宝晋纪等。二、陈先生眉批印证素材，故大多数批语为的，都已形成论文。此处只须指出参见某篇论文即足，不必再详细引录陈先生论著，以增加篇幅，如唐人小说札记P.1引元白诗笺证，

二、P.4石鼎联句引笺证，P.22时世妆引笺证，P.31引笺证，人物志札记引录陈先生向郭义文，唐律疏议P.8引大乘渊源略论等。这两方面的整理者注是否可删去，或只注参见陈先生某文。

三、整理者仍细致周到了多方，但仍偶有脱漏。唐人小说P.6及P.26，前汉地理志一条，李陵传一条，后汉书空侯条，刘宾客集P.2皆有脱漏，已补入。刘宾客集尚有一句，只经辨出"……"未经辨出处之数字，只好姑从盖阙了。

四、沙州文录原来未整理，今补作。

以上意见仅供上海古籍出版社并整理同志参考。

致王永兴（1994.6.19）

永兴同志：

欣逢八十荣庆，敬祝福如东海，寿比南山！

北大历史系唐史的教学、研究与人才培养，中古史中心敦煌吐鲁番研究的开展与刊物之出版，以至中心的开创，无一不与你的辛勤劳动密不可分。历史系为你执教五十年庆祝，实为深得人心的举措！我谨在此额手称庆，致以诚恳的祝贺！希望你作出更多突破性研究，培养出更多优秀人才，为我国唐史学界大放异彩！

敬礼！

周一良

九四、六、十九

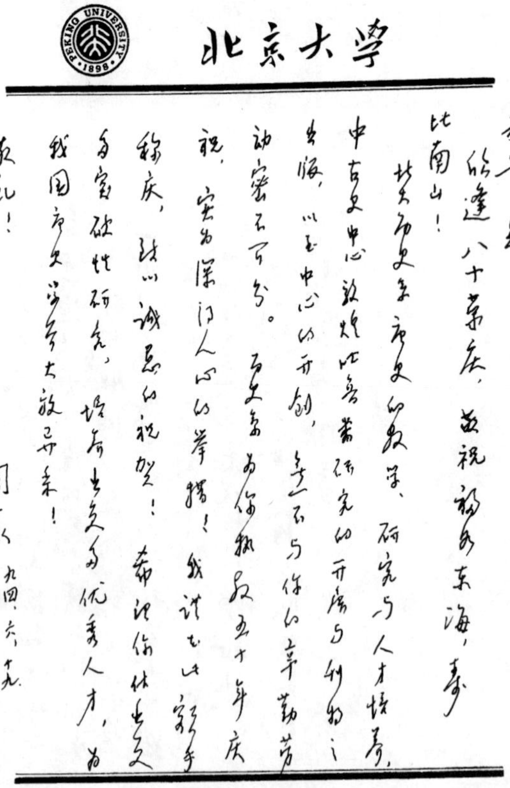
北京大学

永兴同志：欣逢八十荣庆，敬祝福如东海，寿比南山！北大历史系唐史的教学、研究与人才培养，中古史中心敦煌吐鲁番研究的开展与刊物之出版，以至中心的开创，无一不与你的辛勤劳动密不可分。历史系为你执教五十年庆祝，实为深得人心的举措！我谨在此额手称庆，致以诚恳的祝贺！希望你作出更多突破性研究，培养出更多优秀人才，为我国唐史学界大放异彩！敬礼！周一良 九四、六、十九

致王永兴、李锦绣（1995.8.20）

永兴、锦绣同志：

今早锦绣同志来舍下，失迎为谦！电话打不通，写信致谢！据推荐书所言，财政史当是体大思精，微观宏观俱有独到之作，充分体现马克思主义史学优越性，可喜可贺！两位皆有新书问世，在美时即拟一上联：“作新人、出新书，双新耀目”，今趁收到财政史写以奉贺，惜尚未得下联耳，一笑。我因恢复不理想，近又点滴，同时并服中西药，乱投医而已。幸每天尚能工作四小时（包括写信、看杂志等），不至荒废时光。不一一，即颂

著安！

周一良

九五、八、二十

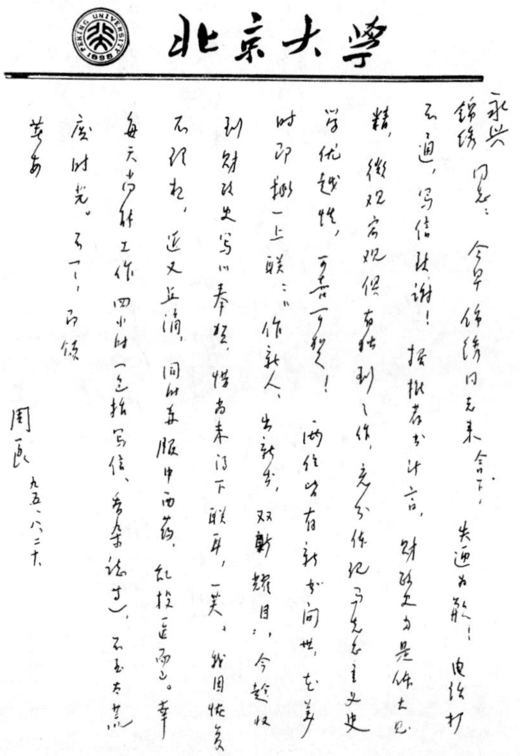

北京大學

永兴、锦绣同志：今早锦绣同志来舍下，失迎为歉！电话打不通，写信致谢！据推荐书所言，财政史当是体大思精，微观宏观俱有独到之作，充分体现马克思主义史学优越性，可喜可贺！两位皆有新书问世，在美时即拟一上联：“作新人，出新书，双新耀目”，今趁收到财政史写以奉贺，惜尚未得下联耳，一笑。我因恢复不理想，近又点滴，同时并服中西药，乱投医而已。幸每天尚能工作四小时（包括写信、看杂志等），不至荒废时光。不一一，即颂

著安

周一良 九五、八、二十

致王永兴（1995.10.13）

永兴同志：

我有致程应镠夫人函，因搬家忙乱，遗失地址，请你给加封转寄，多谢！

手指僵直，书不成字，乞谅！

敬礼！

一良上

九五、十、十三

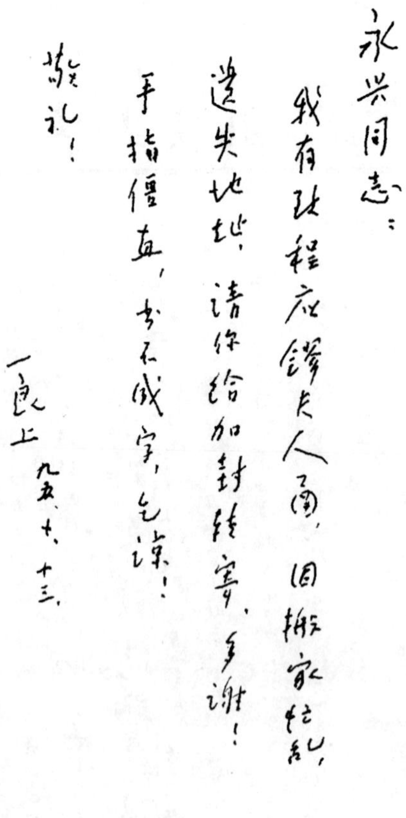

永兴同志：

我有致程应镠夫人函，因搬家忙乱，遗失地址，请你给加封转寄，多谢！

手指僵直，书不成字，乞谅！

敬礼！

一良上 九五、十、十三

张舜徽致周一良（1985.9.11）

一良教授左右：

久疏书问，近想起居康和，为颂无量。《中国历史文献研究集刊》第五辑近始刊出，即邮上册，内有拙文，敬承教正。此刊去年春交稿，至今秋方克印出，出版事业之不振，远近皆然。尊先大人手札遗稿寄到时，第五辑正在装订，故收入第六辑，大约须至明年方能见书也。届时当遵嘱多印单行本奉上，请纾存注并致

撰安！

弟舜徽再拜

九月十一日

敝院已由教育部改正校名，今用新称。

邓懿致叶崇德（1991.8.16）

崇德：

7月23日收到来信，又快一个月了，这一段时间又闷又热，真够受罪的，但我没回信不是因为热、懒得写，而是手里有份工作需要一气呵成。我母亲在世时常说我是“劳碌的命”，因为我最不会叉起手来“享福”。有活儿不干，心里难受，何况干起活来反而把热淡化一些。

我七月中旬给范炳桓写了一信，因为久久没他们的消息，7月28日收到老沈回信，才知道范炳桓五月（？）里闹了一次小中风，心肌梗塞，通过中西医的治疗，算是化险为夷，老沈写信的时候，她已经能自己写信了（沈说吴慈祥由台湾来看她，范给吴去信），看来治疗效果不错，我7月28日给她一信，至今没有下文，大概老沈实在忙得抽不出手来。

一良老父名周叔弢，天津解放后任副市长十多年，一生办实业，所以在工商业界也有不少关系，他是个可敬可爱的老人，给我印象很好。今天就写这些，祝

双安！

邓懿

8月16日

邓懿致叶崇德（1991.9.29）

崇德：

8月6日来信，三天就收到了。但我这个暑假七事八事的实在乱得很，所以今天提笔已是国庆前夕了。九月三日我这里最后的一个“客人”才离去，我总觉得又困又累，大概用两星期才缓过来。虽然没有病倒，也够老而无用的。

来信谈到你和赵君缺少共同语言，我阅后很感遗憾。我总觉得夫妻两个都是年过古稀的人，白头相守很不容易，应该是休戚与共、相依为命，欢欢喜喜地走完这最后一段旅程。特别是你，无儿无女，“老伴儿”就是唯一的亲人，还有什么过不去的？你说董毅生她们“调解尚难生效”，我希望你别太固执。用你的话说是房子搬得满意了，家和万事兴岂不更好？！两个人都退休无事，如果相对而无共同语言，不是自苦苦人吗？几十年的共同生活总可以有不少优点值得回忆的。

今天下午忽然沈琨来了，他是范炳桓的长子，他来北京开会，也给我带来一些他家二老的信息。他们身体都好，至少比去年此时为好。他有个堂妹要从台湾回来探亲，他们也想到北京来见面。……可见其心情还是很高昂的。

今年各路交通都很拥挤，听到一些人的经历，不得不把行路视为畏途。范炳桓跃跃欲试，大概他还以为一切都和几年前一样呢。我现在很怕出门，我认为人的素质下降，很多人没礼貌，也许是自己没好气，可以对你很不客气。即使没人给我气受，出门就看到不正之风，自己也生气。所以最好的办法是闭门家中坐，一动不如一静。

严仁英是忙人，我最近没再给她打电话打搅她。王宪钿更是不通音问，想来她也退休了。孙毓兰和你有联系吗？可能还住在原来的地方？偶然走过景山，我就想起她来了，可是我从未去找过她。我太闭塞了。

国庆在天安门广场上有些灯彩，是去年开始的。上海有什么庆祝活动？即祝

节日好！

邓懿

九月廿九日

致叶崇德（1991.10.10）

崇德同志：

你好！我问了我兄弟珏良（清华外语系毕业），他认为目前纪念作为教授的叶公超先生，人们不会有顾虑，但现在北京的老学生也不多了。他举出的计有他自己、王佐良、许国璋（皆在北京外语学院英语系）、李斌宁（北大英语系），你不妨把征稿信寄给他们。他又说，清华老人中，尚有陈岱孙（北大经济学院，家住北大燕南园）和周培源，都是公超先生熟人，你也可以写信去联系。周培源先生已不住在北大，寄机关当可收到。匆此奉复

即致

敬礼！

周一良

九一、十、十

和平按：此是复叶崇德询问函，叶崇德乃叶公超之胞妹，曾任上海文史馆馆员，与师母邓懿为大学同窗。

致王贵忱（1985.5.30）

贵忱同志：

大著及杂志二份六册俱收到，绍良处已转寄，多谢之至！社科战线社已写信去请求同意，谅已应允。遗札已寄《历史文献丛刊》，须明年始可刊出，届时当寄呈。

跋文两篇未收入遗札，因在《文献》杂志所刊之外，尚有一些未收者。拟再广为搜求，另编“弢翁书跋”，一并发表。谢谢您的支持。不一一，即致

敬礼！

周一良

八五、五、卅

北京大學

贵忱同志：

大著及杂志六册均收到，绍良处已转寄，多谢之至！社科战线社已写信去请求同意，谅已应允。遗札已寄《历史文献丛刊》，须明年始可刊出，届时当寄呈。

跋文二篇未收入遗札，因已《文献》杂志刊之外，尚有一些未收者。拟再广为搜求，当编《弢翁书跋》，一并发表。请多继续支持！

不一一，即候

敬礼！

周一良

八五、五、卅

致王贵忱（1987.3.25）

贵忱同志：

因事出国，日昨返京，始奉读赐书及《广州史志》，不胜感谢！（南海志残本尚未收到）先父遗札蒙允诸付印，铭感极深。望即归邺架保存，以作纪念，不必寄还矣！近与舍弟珏良商量，老人晚年收集活字本不少，天津图书馆曾为编目。已嘱舍弟设法从胜丛之遗稿小笔记本中，转录有关活字本者，连同书目一起付印，庶对今后有兴趣于活字本图书者不无小补，不知您意见如何？专此再次申谢，并颂

撰安！

周一良

八七、三、二五

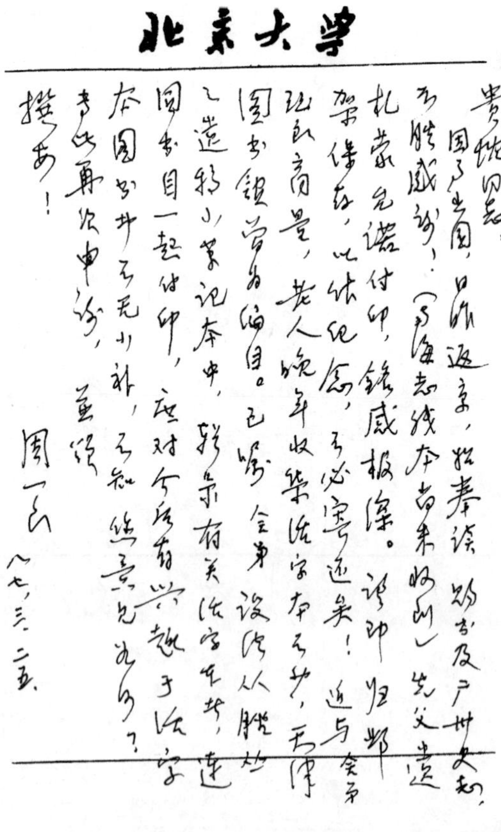

北京大学

贵忱同志：

因事出国，日昨返京，始奉读赐书及广州史志，不胜感谢！（南海志残本尚未收到）先父遗札蒙允诸付印，铭感极深。望即归邺架保存，以作纪念，不必寄还矣！近与舍弟珏良商量，老人晚年收集活字本不少，天津图书馆曾为编目。已嘱舍弟设法从胜丛之遗稿小笔记本中，转录有关活字本者，连同书目一起付印，庶对今后有兴趣于活字本图书者不无小补，不知您意见如何？专此再次申谢，并颂

撰安！

周一良

八七，三，二五

致王贵忱（1993.9.4）

贵忱同志：

近检弢翁遗箧，发现古钱藏家方地山先生所书扇面（当年捐献时未接受者），其中有论古泉者若干条。考虑您可能有兴趣，请人录出寄奉，不知有用处否？抄件即留尊处，不必退还。原扇已分为十份，分散各地，因争取在分配之前匆匆录出，故文字可能有误，匆匆即致

敬礼！

周一良

九三、九、四

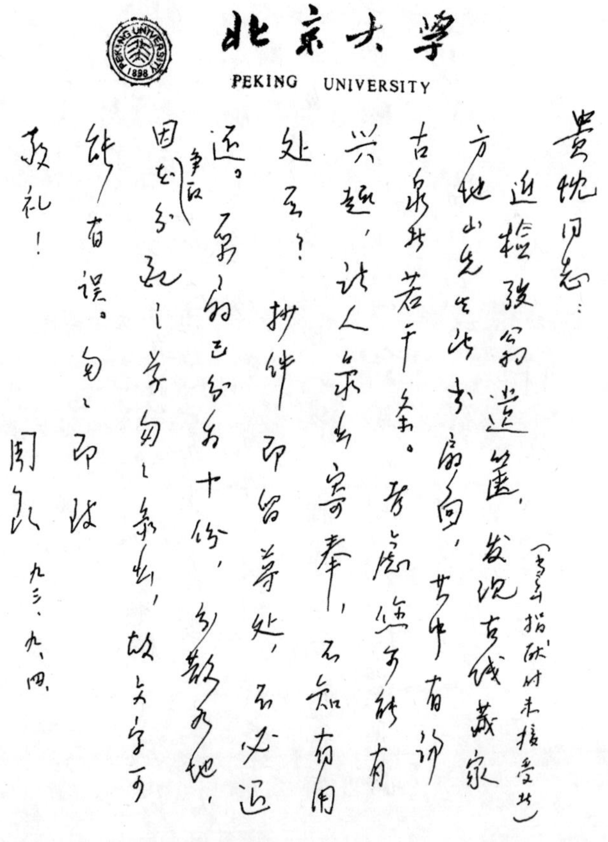
北京大学
PEKING UNIVERSITY

贵忱同志：

近检弢翁遗箧，发现古钱藏家方地山先生所书扇面，（当年捐献时未接受者）其中有论古泉者若干条。考虑您可能有兴趣，请人录出寄奉，不知有用处否？抄件即留尊处，不必退还。原扇已分为十份，分散各地，因争取在分配之前匆匆录出，故文字可能有误。匆匆即致

敬礼！

周一良

九三、九、四

致王贵忱（1993.10.22）

贵忱先生：

惠书敬悉，大方泉话能供采摭，至感欣慰！舍弟杲良（医学教授）近从美返国，知渠处亦有大方书扇，亟嘱抄录，日昨寄到，谨奉上，盼能及时收入也。孙师匡为我表兄，亦有舅氏之风，颇好古玩，不知其亦藏泉也。匆此即颂

著安！

周一良

九三、十、二二

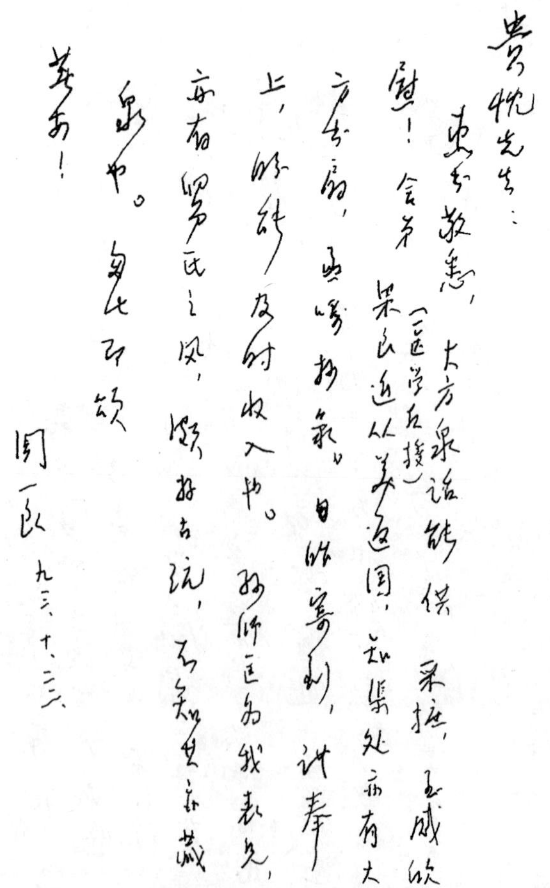
贵忱先生：

惠书敬悉，大方泉话能供采摭，至感欣慰！舍弟杲良（医学教授）近从美返国，知渠处亦有大方书扇，亟嘱抄录，日昨寄到，谨奉上，盼能及时收入也。孙师匡为我表兄，亦有舅氏之风，颇好古玩，不知其亦藏泉也。匆此即颂

著安！

周一良

九三、十、二二

致王贵忱（1993.11.21）

贵忱先生史席：

赐书及惠寄大作，俱已拜收。先生于泉史资料搜罗之周备，对前贤表彰之殷勤，实感钦佩，非真好此道者不办也！尊著题跋二册，前者由中大姜伯勤先生带京，又转托人赐下，当时亦未说明由来，竟不知出先生之赐，未及申谢，谦何如之！（绍良一份或亦转去）然拜读之下极为欣悦，不仅内容，装帧纸张皆古朴可喜。一良曾给舍弟景良传观，共相艳羡嗟叹，以为弢翁善本书目当年如得此待遇，老人之欣赏可知也！题跋第二册如有存书，感乞题赐杲良、景良各一册，即由一良代转。景良为幼弟，亦已退休，受先人濡染，亦有好古之癖也。谬承嘱为尊著题签，一良去年十月右手粉碎性骨折，今虽勉强执笔握筷，只能用硬笔，不能用毛笔，题签事方命之处尚希鉴原！且后生小子，亦不敢为大作涂鸦也。大方先生号称联圣，中华书局所出《学林漫录》初集及第十集载刘叶秋先生及一良小文谈其联语，近拟续写小文，俟成当寄呈一阅也。特此再次致谢，并颂

著安！

一良顿首

九三、十一、廿一

近有堂弟为弢翁写小传，争取出版，书成后当呈政。又天津图书馆李国庆君搜集老人藏书活动，编辑成书，拟明年老人逝世十周年时印出，并以奉阅。又及

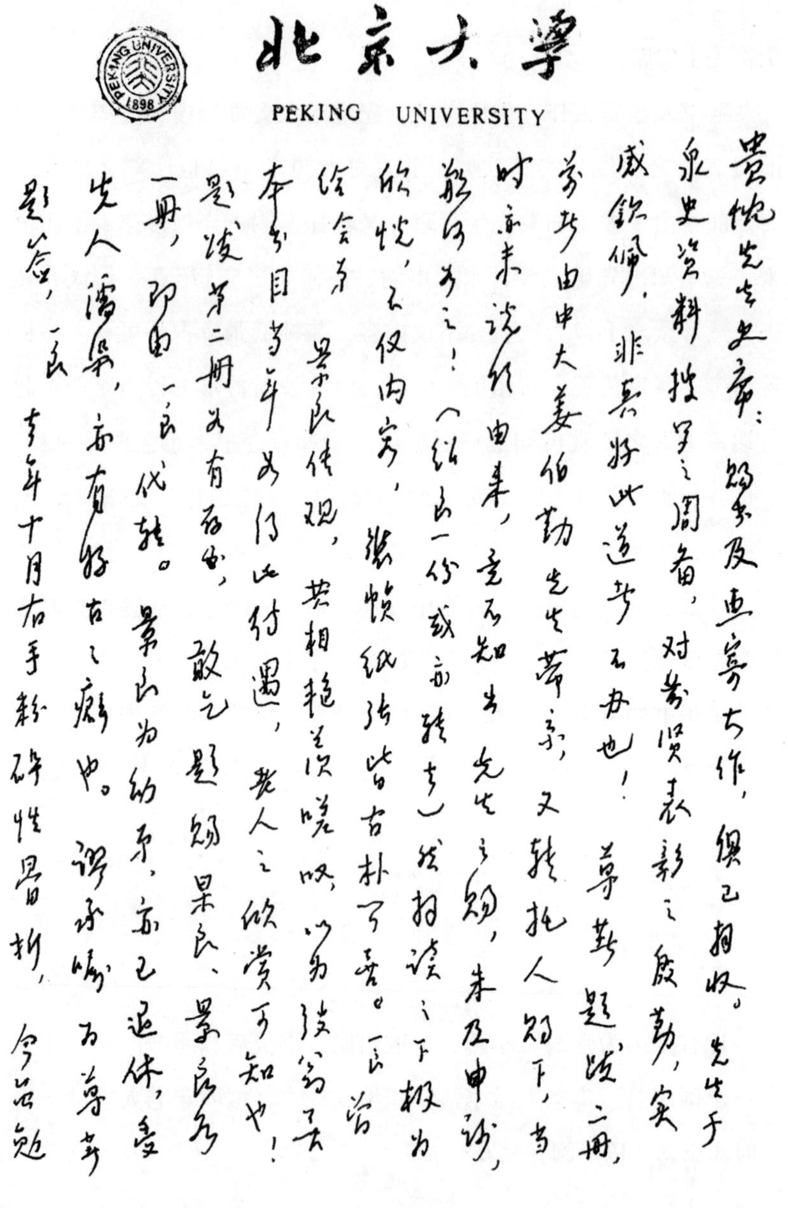

北京大學
PEKING UNIVERSITY

贵忱先生史席：惠示及惠寄大作，俱已拜收。先生于泉史资料搜罗之周备，对学界贡献之殷勤，实咸钦佩，非专好此道者不办也！尊著题跋二册，前岁由中大姜伯勤先生带京，又转托人送下，当时亦未说明由来，竟不知出先生之赐，未及申谢，歉何如之！（纸上一行或亦转告）然拜读之下极为欣悦，不仅内容，装帧纸张皆古朴可喜。一良尝给舍弟景良传观，共相艳羡嗟叹，以为弢翁善本书目当年如何得此待遇，老人之欣赏可知也！题跋第二册如有存书，敢乞题赐杲良、景良各一册，即由一良代转。景良为纺专，亦已退休，受先人濡染，亦有好古之癖也。谨承嘱为尊著题签，一良去年十月右手粉碎性骨折，今尚勉

北京大學

PEKING UNIVERSITY

从执笔握拱，只能用硬笔，不能用毛笔，题签事方命之处，尚乞大师鉴原之。且后生小子，亦不敢为大作涂鸦也。大方先生号笏斋，中华书局所出学林漫录初集及第十集载刘叶秋先生及一良小文谈其联语，近拟续写小文，俟成当寄呈一阅也。特此再次致谢，并颂

著安！

一良 顿首 九三．十一．廿八

近有学者为张翁写小传，争取出版，书出后当呈政。又天津图书馆李国庆君拟集老人藏书活动，编辑成书，拟明年老人逝世十周年时印出，并以奉闻。又及

致王贵忱（1993.12.12）

贵忱先生史席：

奉到惠书及题跋三册，杲良、景良已分别寄送，谨代达谢忱。另一册代公赠孙师白，乃师匡之兄，为一良表兄又是季木先叔女婿，即昔年印季木藏匋者也。师白为著名硫酸工艺专家，住上海，年已八十有九矣。我公好古而念旧，拟影印弢翁手迹，实一良兄弟企盼而力所未能，闻之欢喜无量。谨请代为加印三十册，书价及邮资共若干希速示及，以便及时汇上。此间出版社拟为一良出一册自选集，要求附一简短自传，近先付报刊发表，附呈一份，聊资谈助云尔。堂弟骏良成弢翁传记，约七万言，天津图书馆李国庆同志编《弢翁藏书活动四录》，皆争取明年逝世十周年印成，当寄请指正。余不一一，即颂

撰安！

周一良

九三、十二、十二

北京大學
PEKING UNIVERSITY

贵忱先生史席：奉到惠寄及题跋三册，杲良、景良已分别寄送，请代达谢忱。另一册代公转致师白，乃师达之兄，为一良表兄又是季木先叔女婿，即当年印季木藏陶者也。师白为著名硫酸工艺专家，住上海，年已八十有九矣。我公校古而念旧，拟影印弢翁手迹，实一良兄弟企盼而力不能，闻之欢喜无量。谨请代为加印三十册，书价及邮资共若干，希速示及，以便及时汇上。此间出版社拟为一良出一册自选集，不知可否附一篇短自传，遂先付报刊发表，附呈一份，聊资谈助云尔。学弢已成弢翁传记约七万言，天津图书馆李国庆同志编写藏书活动回忆，皆争取明年逝世十周年印成，为寄请指正。余不一一，即颂

撰安！

周一良 九三、十二、十六

致王贵忱（1994.6.14）

贵忱先生史席：

吴荣曾兄带来惠书及弢翁书简，多谢之至！此书印刷装订皆雅致可喜，为先父遗墨增添光彩，实子女所求之不得者。我公功德无量，弟阖家皆当额首称谢也！肖像似用红色更好，设想亦极别致。五十五册书款及邮费若干便祈示及。于先生书简中有题识，当系误寄，一并奉上。弢翁传记已看校样，下半年谅可见书，定当奉呈。手僵不能成字，乞谅！即请

著安！

周一良

九四、六、十四

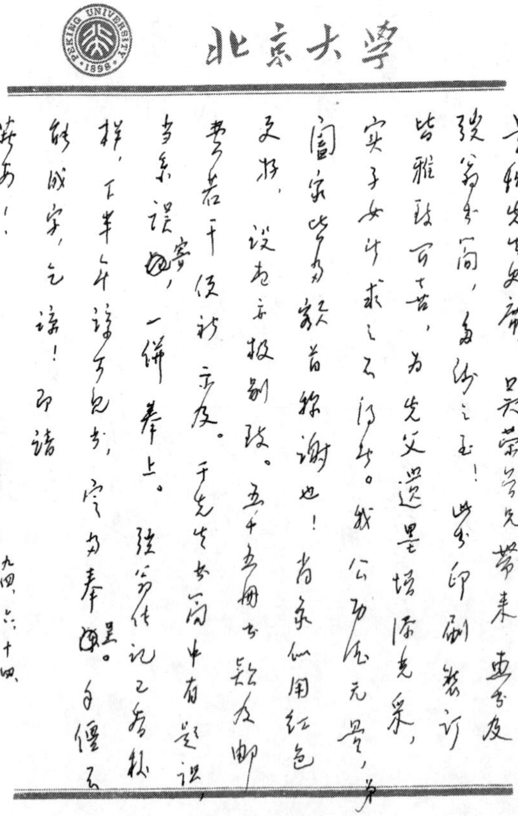
北京大學

贵忱先生史席：吴荣曾兄带来惠书及弢翁书简，多谢之至！此书印刷装订皆雅致可喜，为先父遗墨增添光彩，实子女所求之不得者。我公功德无量，弟阖家皆当额首称谢也！肖像似用红色更好，设想亦极别致。五十五册书款及邮费若干便祈示及。于先生书简中有题识，当系误寄，一并奉上。弢翁传记已看校样，下半年谅可见书，定当奉呈。手僵不能成字，乞谅！即请
著安！
周一良 九四、六、十四

致王贵忱（1994.7.14）

贵忱先生史席：

两奉惠书，敬悉一切。赐寄弢翁书简及于先生书简，俱已如数收到。我公筹划印成，复手自裁截装订，高情厚谊，感何可言，而不收成本，更不知如何图报也！唯有替先人先致衷心谢忱耳。杨坚水先生绘画装帧，鼎力襄助，至为感铭！兹寄呈生日纪念文集一册，希先生转交，以表区区谢意，并为纪念。弢翁传记交北师大出版社，作者已看校样。因出版社奉命整顿，（但未停止）恐有影响，一时未必能出书矣。北京自六月以来奇热难耐，购得《郑孝胥日记》五厚册，溽暑中以为消遣。观其人始末，起初亦从事新政，固非生就即是汉奸也，专此奉伸谢悃，并颂

暑安！

周一良

九四、七、十四

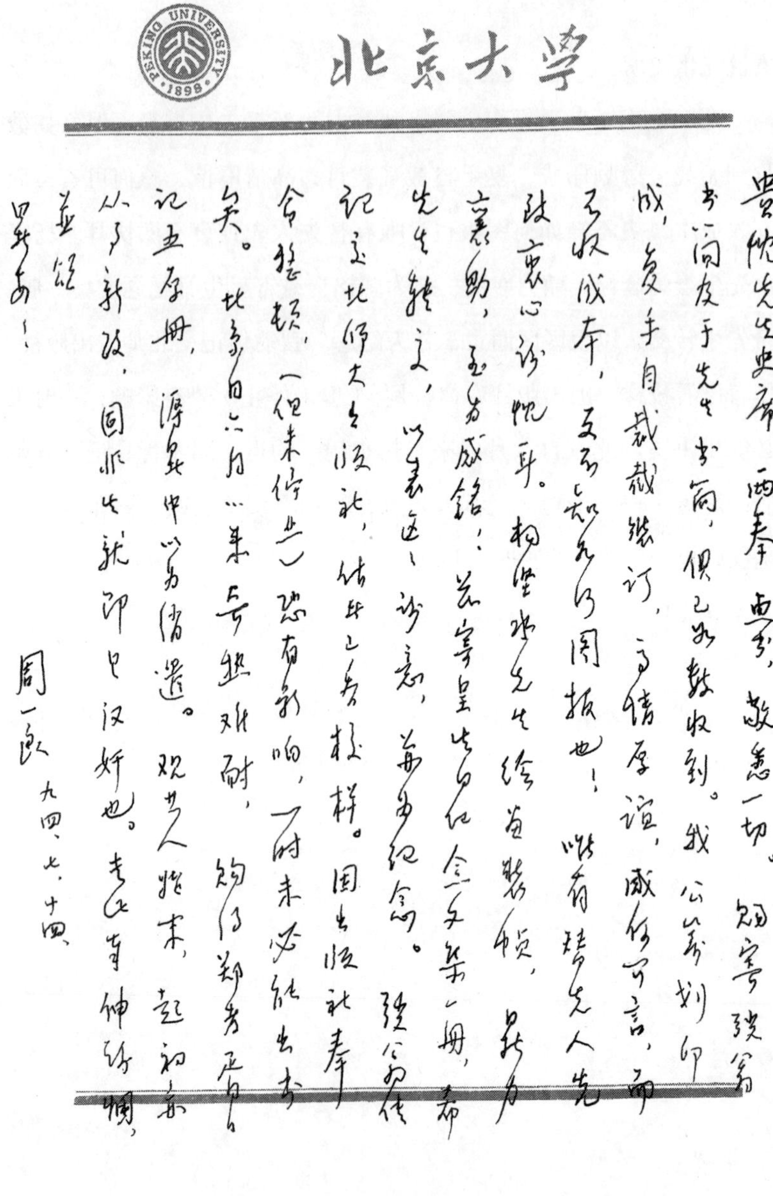

北京大学

PEKING UNIVERSITY 1898

贵忱先生史席：两奉 惠书，敬悉一切。知寄弢翁书简及手先生书简，俱已如数收到。我公以家刻印成，复手自裁装订，盛情厚谊，感何可言，而不收成本，更不知何以图报也！惟有替先人先致衷心谢忱耳。柳堂张先生绘画装帧，最为赏励，至为感铭；前寄呈先父纪念文集一册，希先生转交，以表达谢意，并为纪念。弢公所传记交北师大出版社，估计已有校样。因出版社奉命校对（但未停止）恐有影响，一时未必能出书矣。北京自六月以来，暑热难耐，读得郑孝胥日记五本册，深觉中以为借鉴。观其人始末，起初亦从了新政，固非生就即是汉奸也。专此奉伸谢悃，并颂

暑安！

周一良 九四、七、十四

致王贵忱（1994.10.6）

贵忱先生史席：

在穗承盛馔相待，感何可言！归后两奉手教，知糖尿病犹未痊可，甚以为念。据云如能自己打针，每日饭前各一次，即可遏制，不知我公曾一试否也。坚水先生印谱亦收到，乞代致谢！承二公不弃，嘱题书签，然我自九二年冬右手粉碎性骨折后，勉强用硬笔作书，不能写毛笔字，恨难应命也。弢翁传记内容尚称翔实，唯校对不精，误字颇多。其中谓季沧苇为乾嘉时人，盖舍弟珏良原文之误，慰曾未察而迳录其文耳。知大驾今冬可能来京，惜我将于月末赴美国到小女处探亲，明年三四月归京，不克迎候晤谈为怅！纪念弢翁文字，亟盼早日命笔，老人身后可谓不寂寞矣！

即颂

痊安！

周一良

九四、十、六

北京大学

PEKING UNIVERSITY

崇悦先生史席：在穗承盛馔相待，感何可言！归后两奉手教，知尊府病状未痊可，甚以为念。据云能自己打针，每日须若多一次，即可遏制，不知我公曾一试否也。望水先生印谱已收到，乞代致谢！承二公之意，嘱题书签，然我自九二年冬右手粉碎性骨折后，勉强用硬笔作书，不能写毛笔字，恨难应命也。张篇传记内容甚为翔实，此校对不精，错字颇多。先生记季洪事尤能动人，盖会亲历，足原文之误，愿一言未窥而遽杂其文耳。知先生今冬可能来京，惜我将于月末赴美国加州处探亲，明年三四月归京，不克迎候聆谈为恨！纪念陈公文字，至盼早日合成，老人身后可稍不寂寞矣！即颂

痊安！

周一良 九四、十、六

致王贵忱（1995.10.2）

贵忱先生史席：

兹奉赐函及大卷，昨又收到续寄五册，定当代为转致。题跋极有情趣，钱币之学对治史也大有裨益也。承询先父遗文，老人一生谨慎，所写文字，只有藏书题跋，具载善本书目中，别无存稿。我公编印选集之设想极感愿意，惜遗文太少，未能成书也。一良春间患小中风，幸不严重。近又罹帕金森综合症，影响行动。所幸者尚能读书写字，于愿已足矣。手指僵直，书不成字，乞谅！专此即颂

撰安！

周一良

九五、十、二

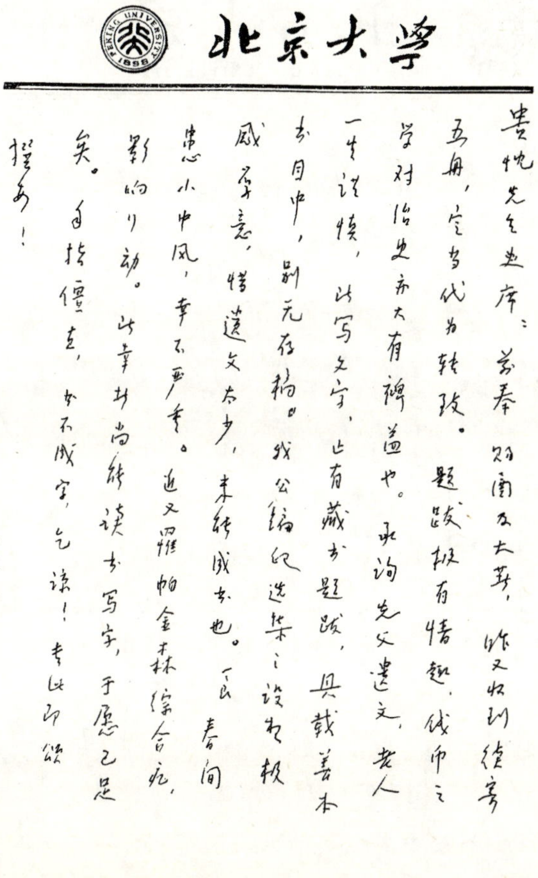
北京大学

贵忱先生史席：兹奉赐函及大卷，昨又收到续寄五册，定当代为转致。题跋极有情趣，钱币之学对治史也大有裨益也。承询先父遗文，老人一生谨慎，所写文字，只有藏书题跋，具载善本书目中，别无存稿。我公编印选集之设想极感愿意，惜遗文太少，未能成书也。一良春间患小中风，幸不严重。近又罹帕金森综合症，影响行动。所幸者尚能读书写字，于愿已足矣。手指僵直，书不成字，乞谅！专此即颂
撰安！
周一良 九五、十、二

致王贵忱（1996.9.3）

贵忱先生史席：

奉到学土（？）第一辑，拜读大作，甚感兴趣。附刊先父信札，尤见我公怀旧情怀，至为难得！刊物内容与印刷皆极精美，堪称艺术品，刊物品位随之提高矣。我公研究张孟劬先生，遯厂文集即以奉赠，以便随时参考，且作纪念。便中祈复制集中涉及陈寅老一文见寄，琐琐奉渎，谦甚谦甚。不一一，即颂

著安！

周一良

九六、九、三

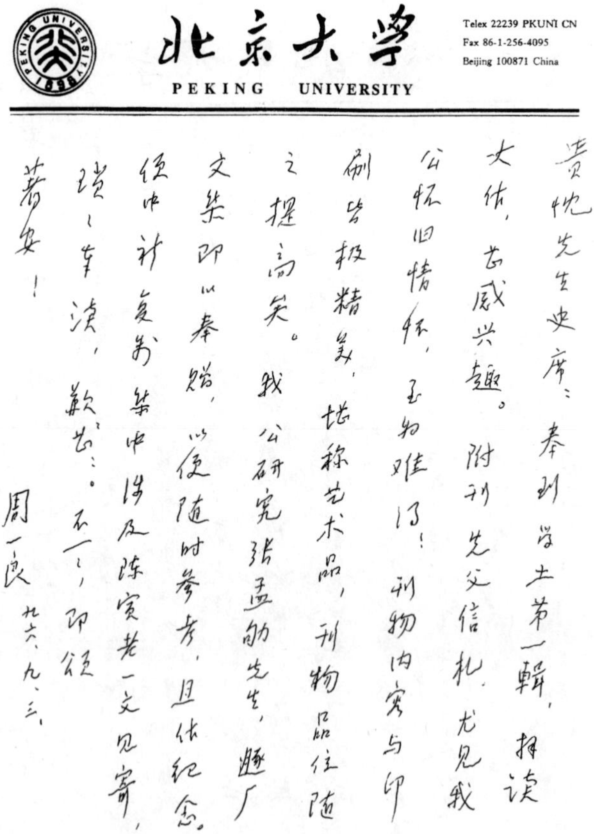
北京大學 PEKING UNIVERSITY

Telex 22239 PKUNI CN
Fax 86-1-256-4095
Beijing 100871 China

贵忱先生史席：奉到学土第一辑，拜读大作，甚感兴趣。附刊先父信札，尤见我公怀旧情怀，至为难得！刊物内容与印刷皆极精美，堪称艺术品，刊物品位随之提高矣。我公研究张孟劬先生，遯厂文集即以奉赠，以便随时参考，且作纪念。便中祈复制集中涉及陈寅老一文见寄，琐琐奉渎，歉甚歉甚。不一一，即颂

著安！

周一良 九六、九、三

致王贵忱（1997.1.6）

贵忱先生赐鉴：

奉到手书知糖尿病又犯，甚以为念。此病如应付得法，可以带病延年。中山大学历史系何肇发教授即患此病，每次饭前自己注射胰岛素，健康情况基本良好，能正常工作。弟之帕金森症有药控制，96年以后又患骨折（股骨胫），住院50天，现仍在休养中。花旗参弟处尚有存货，阁下盛情可感，千万不必再寄。余不一一，即祝

冬安！

周一良

元月六日

和平按：此信应是1997年元月6日写，乃由师母邓懿老师手书而成。

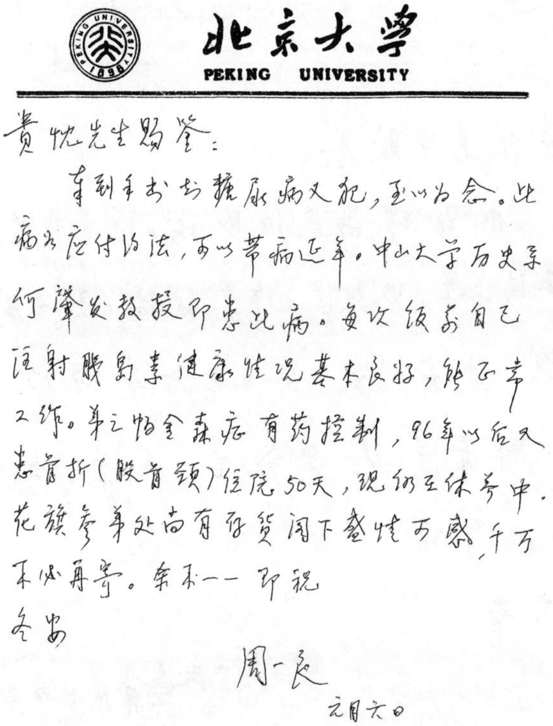

北京大学
PEKING UNIVERSITY

贵忱先生赐鉴：

奉到手书知糖尿病又犯，甚以为念。此病如应付得法，可以带病延年。中山大学历史系何肇发教授即患此病。每次饭前自己注射胰岛素健康情况基本良好，能正常工作。弟之帕金森症有药控制，96年以后又患骨折（股骨颈）住院50天，现仍在休养中。花旗参弟处尚有存货阁下盛情可感，千万不必再寄。余不一一 即祝

冬安

周一良

元月六日

致王贵忱（1997.2.27）

贵忱先生赐鉴：

承赐珍品无任感谢。近来我右手不能写字，以致迟迟作复致谢，至以为歉。弢翁传记一册及单行本两份，另邮寄呈，迟迟至今，甚以为愧。余不一一，即请

大安！

周一良

二月廿七日

和平按：此信当作于1997年2月27日。

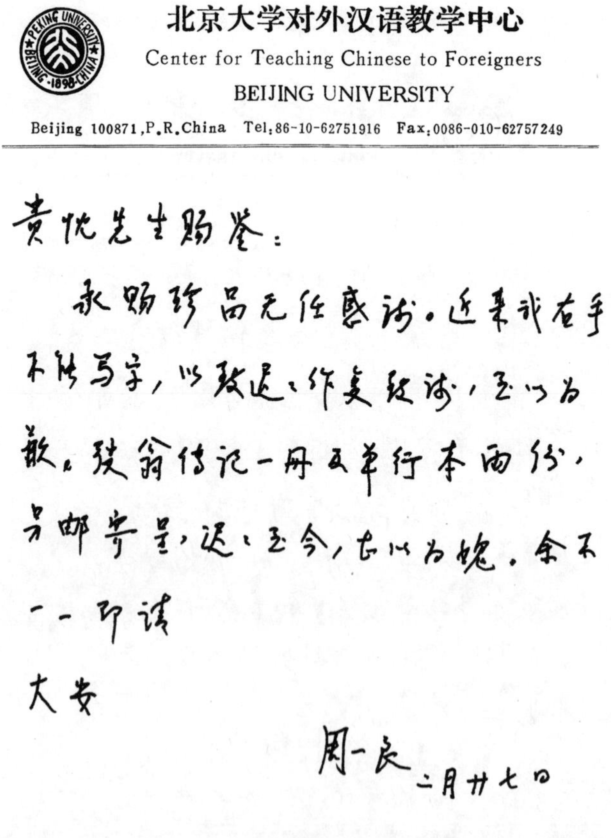
北京大学对外汉语教学中心
Center for Teaching Chinese to Foreigners
BEIJING UNIVERSITY
Beijing 100871,P.R.China Tel:86-10-62751916 Fax:0086-010-62757249

贵忱先生赐鉴：

承赐珍品无任感谢。近来我右手不能写字，以致迟迟作复致谢，至以为歉。弢翁传记一册及单行本两份，另邮寄呈，迟迟至今，甚以为愧。余不一一即请

大安

周一良 二月廿七日

致王贵忱［1997（？）.10.21］

贵忱先生：

相片数张寄呈，聊为来访之纪念。又检得先父遗札一封，谨寄呈。如书简杂志选登一二，即可从一良所藏中选用，如欲成专册，则当再广为网罗也。

如能合周氏诸家信札为一集，亦别开生面也。此请　文安！

周一良

十月廿一日

和平按：此信或为1997年所写。

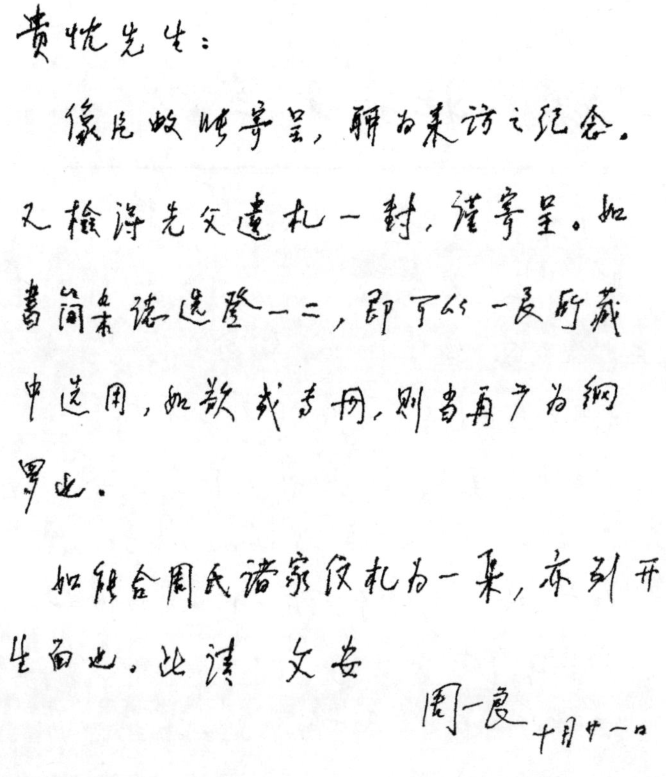
贵忱先生：

像片数张寄呈，聊为来访之纪念。又检得先父遗札一封，谨寄呈。如書简杂志选登一二，即可从一良所藏中选用，如欲成专册，则当再广为网罗也。

如能合周氏诸家信札为一集，亦别开生面也。此请　文安

周一良　十月廿一日

致王贵忱［1997（？）.11.15］

贵忱先生：

大驾光临，晤谈甚畅。承赠人参，至为感谢。蒙介绍杨、戚二位先生并见招南游，盛情可感。弢翁年谱与舍弟景良商量。草一简谱，困难当不大。

先生熟悉明清文化人，有孟金醇者，遍查各工具书，俱不见其人，不知先生知否。给先生附寄照片一张，阅后仍乞赐还。即请

著安！

周一良

十一月十五日

和平按：此信或为1997年所写。

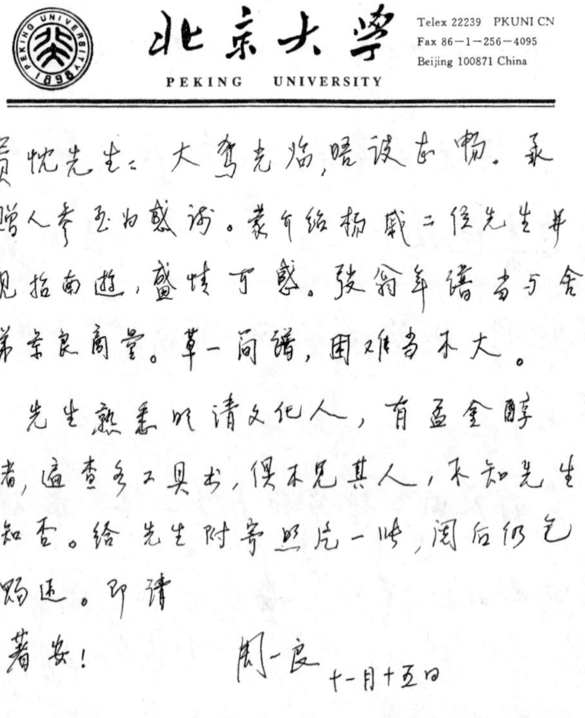
北京大学 PEKING UNIVERSITY
Telex 22239 PKUNI CN
Fax 86－1－256－4095
Beijing 100871 China

贵忱先生：大驾光临，晤谈甚畅。承赠人参至为感谢。蒙介绍杨戚二位先生并见招南游，盛情可感。弢翁年谱当与舍弟景良商量。草一简谱，困难当不大。

先生熟悉明清文化人，有孟金醇者，遍查各工具书，俱不见其人，不知先生知否。给先生附寄照片一张，阅后仍乞赐还。即请

著安！ 周一良 十一月十五日

致王贵忱（1999.1.22）

贵忱同志：

谢谢你送给我的《屈大均全集》，这是一部校订精审、印刷精美的好书，我一定加以珍藏，抽空阅读。

朋友告诉我，天津的《北洋画报》（张学良的夫人赵四小姐的大姐夫冯武越主编，在华北一带很有影响）一九三六年十二月份有关于大方先生事迹的详细报道，你不妨查查看。又，南京大学卞孝萱主编的《民国人物碑传集》中，收有邓之诚先生所写《张尔田先生传》，不知道你参考过没有。

因全家流感，取书和复信都耽误了时间，非常抱歉，请原谅。

此致　敬礼

周一良

九九年一月二十二日

孙儿代笔。

和平按：此信为一良师口授，由周启锐之子周展代笔。

致王贵忱（1999.2.2）

贵忱先生：

前上一函，谅已收到。

前蒙先生及令友邀请，春节后到广东休养，极为感谢。但近者又有新情况发现，故而急写此信。我的帕金森病近日有所“进步”，两足踯躅不前，步履艰难，经医生诊断，增加药量，勉强克服。医生告诫不宜远行。内子因患脑痿缩及血管硬化，终日头晕，站立不稳，入院医治已近三周。虽略见好转，而何时出院尚遥遥无期。似此情况春节后南行实难实现。虽广东温泉向往已久，先生及令友之高情厚谊尤为可感，然而终恐不能成行，故急写此信通知，感谢先生及令友，虽十分懊丧，亦无可奈何也。

书札刊物筹备如何？陈寅老信件复制事进行如何？俱在念中。先生办事自来雷厉风行，谅不久必见成果也。春节将到，敬祝先生全家吉祥如意，并请著安。

周一良

九九年二月二日

和平按：此信由周启锐之子周展代笔。

致王贵忱（1999.2.7）

贵忱先生：

七弟景良少我十六岁，今已古稀矣。虽习理科，而性好古，有先父遗风，我常戏称之为周家斧季。今用电脑印成《弢翁诗词存稿》，手自装订，古雅可喜。嘱呈一册，以表谢忱，并资纪念，即希哂纳。顺颂

新春大吉！

周一良（孙儿代笔）

九九年二月七日

和平按：此信由周启锐之子周展代笔。

致王贵忱（1999.9.29）

贵忱先生：

久不通信，近况想必安善。

我弟兄近年来编辑自庄严堪书影，蒙北图大力支持，现图版已全部拍毕。每部书拍首页、末页及跋全部，除原藏715种外，并附早期捐献之《经典释文》《左传》以及40年代售出之明板书109种。共计2 330图已完全拍毕。并请冀淑英先生作序，请北图同仁对每部书作简短说明。现尚不知哪处出版社肯出版。不知您处有无此种关系，便中请代为联络。

前次所云信札不知已出版否。原拟影印陈寅老手迹闻已作罢，但愿将来有机会能印出。

此请

著安！

周一良

1999年9月29日

和平按：此信由周景良代笔，一良师在信左侧用左手书加一行“大夫坚阻远行，定作书面发言也”。指在广州中山大学召开的纪念陈寅恪国际学术研讨会上之发言“向陈先生请罪”。

北京大學
PEKING UNIVERSITY
Telex 22239 PKUNI CN
Fax 86 - 1 - 256 - 4095
Beijing 100871 China

贵忱先生：久不通信，近况想必安善。

我弟兄近来编辑自庄严堪书影，蒙北图大力支持，现图版已全部拍毕。每部书拍首页末页及跋全部，除原藏715种外，并附早期捐献之经典释文、左传以及40年代售出之明板书109种。共计2330图已完全拍毕。并请冀叔英先生作序，请北图同仁对每部书作简短说明。现尚不知哪处出版社肯出版。不知您处有无此种关系，便中请代为联络。

前次所云信札不知已出版否。原拟影印陈寅老手迹，闻已作罢，但愿将来有机会能印出。

大表[illegible]隐[illegible]行定作何[illegible]来言也

此请

著安！

周一良 1999年9月29日

致王贵忱（1999.10.28）

贵忱先生：

收到来信，非常感谢！

我已与舍弟景良商定，他把材料整理好以后，直接函广州与宋先生联系。

我们已请冀淑英先生为书影写序，论述先父藏书的特征。我与景良不揣冒昧，想请先生也赐以序言，先生谅不推辞。内容及长短皆不拘。先生对弢翁之为人及收藏皆知之甚深，此序必将与冀序同为此书生色不少（冀序日内复制寄呈）。即请

著安！

周一良

99.10.28

和平按：此信由北京大学历史系教授祝总斌代笔。

北京大学
PEKING UNIVERSITY
Telex 22239 PKUNI CN
Fax 86 - 1 - 256 - 4095
Beijing 100871 China

贵忱先生：

收到来信，非常感谢！

我已与舍弟景良商定，他把材料整理好以后，直接函广州与宋先生联系。

我们已请冀淑英先生为书影写序，论述先父藏书的特征。我与景良不揣冒昧，想请先生也赐以序言，先生谅不推辞。内容及长短皆不拘。先生对弢翁之为人及收藏皆知之甚深，此序必将与冀序同为此书生色不少（冀序日内複制寄呈）。即请

著安

周一良

99.10.28

致王贵忱（2000.5.8）

贵忱先生：

两次大札及修订稿、张氏日记皆收到，多谢之至！尊稿已转交无误，日记太重要，而我公付出之劳神亦是以副之也！

近完成长文《钻石婚杂忆》，着手编《大方之联语辑存》，然先生手中赠妓诸长联拟仍听其作为遗珠也。

二〇〇〇年、五、八

一良上

和平按：此信为一良师左手手书，信末钤“一良左手”。

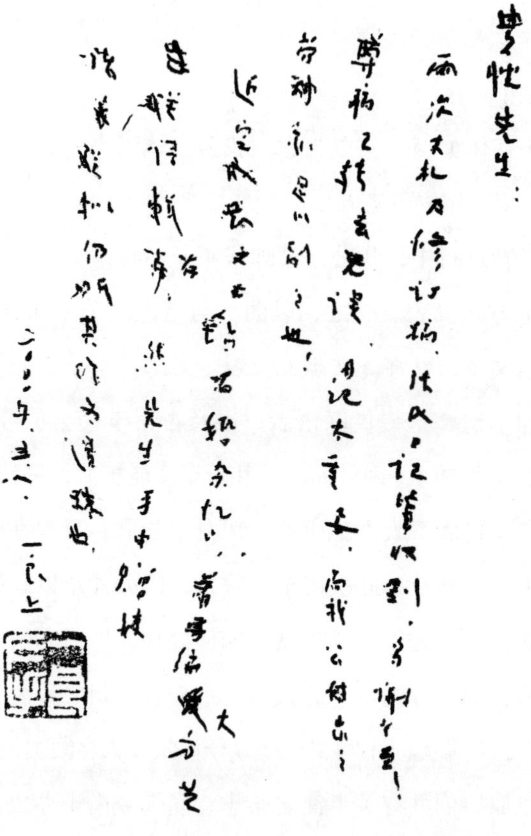
贵忱先生：
两次大札及修订稿、张氏日记皆收到，多谢之至！尊稿已转交无误，日记太重要，而我公付出之劳神亦是以副之也！
近完成长文《钻石婚杂忆》，着手编《大方之联语辑存》，然先生手中赠妓诸长联拟仍听其作为遗珠也。
二〇〇〇年、五、八
一良上

致王贵忱（2000.6.20）

赐书先后收到，感谢之至，尚希继续搜求，共襄盛举。大方先生地下有知，当亦掀髯大笑也。小文一篇乞教正！不一一，即请

贵忱先生硕安！

一良上

二千年、六、廿

和平按：这是一良师将《毕竟是书生》一书中的误排、误记和误会一文寄给王贵忱先生时，所附一信，信用左手手书，谈辑方地山先生联语事。

致王贵忱（2001.3.10）

贵忱先生：

近来病体如何？甚以为念。我公身体素来强壮，因而过劳，尚希善自珍摄，年岁不饶人也。

书影在进行中，我公序文如来不及，将来书出以后，仍可以书评或其他方式发表。总之，以阁下与老人之关系而言总须表态也。大方联语文章，已在《文献》发表。另邮寄奉杂志一册，抽印本十册，抽印本请赠送提供联语者，以及古币学会会员等。目前为止，提供联语线索的另一两处而已，甚盼小文能扩散，集腋成裘也。

前者交付阁下大方先生有关风月诸长联，我曾在“再谈联圣大方”文中略一涉及，此次已全为收录，因分寸难以掌握也。然归于湮没亦属可惜，先生经验丰富，如何处理，以后悉听尊便。我近来深有感慨，如大方先生，北大历史系来自扬州之研究生竟不知有方地山其人，我辈此时不写文记述，今后将无人会写矣。

先生原拟创办有关书简之杂志，闻迄今尚未办成，不知今后有

希望否？记得曾将先叔志辅先生年九十九岁时来信投寄先生在第一期刊载。近者李经国先生编印“当代名人书札”，我意先生之杂志如一时不能发刊，周志辅之信札可否移交李经国先生发表，此事尚未与李商量，拟先听取我公意见。我今年米寿，办任何事皆以只争朝夕之精神处理，我公当能谅解也。余不一一，即请

痊安！

周一良

2001 年 3 月 10 日

（研究生姚宏杰代笔）

书简

周一良

和平按：此是一良师为王贵忱先生拟办之《书简》刊物题签。钤“一良左手”印。

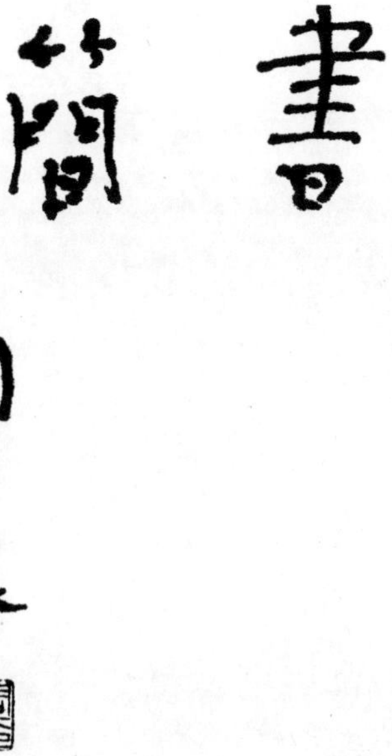

致王贵忱（2001.9.20）

贵忱先生：

前者来信说暑假将来北京，而迄今未见踪影，不知马来之行成行否？

书影序文来不及写，亦无关系，将来书出之后仍然可以写文评论也。现有冀淑英序文一篇及黄裳序文，估计最近可以出版。

前者来信谈到弢翁家书一封在杂志发表，未知已刊否。

“大方联语辑存”去年在《文献》发表后，颇有反响，现已收得近200副，改题为“大方联语集”，在近日将出版之小小论文集中发表，月底印成将寄奉一册。昔年奉赠之大方书扇数幅，其中用联语叙述其绮闻情事颇不易懂，因而此次联语集中未收。但如埋没亦属可惜。尚希阁下暇时加以考虑，如何发表，如何加以注解，等等，统希便中多加考虑。如无适当刊物发表，可否在阁下所撰大方传记或有关钱币书中发表？总之以设法刊布不使埋没为幸。

又闻江苏文联正在收集方氏弟兄作品，以全省之人力从事于此，当必有成也。

此请

著安！

周一良

2001.9.20

（儿子代笔）

致唐耕耦（1979.3.12）

耕耦同志：

前承见访畅〔谈〕，至为高兴，也至为感谢！

日本那位研究茶叶的桥本实教授最近来信，谈到宋代日本和尚荣西把茶叶传到日本事。历来都说荣西带回茶种，但他说荣西回国在七月，这时不应当有茶的种子，恐怕是茶的幼苗。《人民中国》（78 年 12 月号日文版）讲荣西介绍茶叶到日本，也说带回茶种，恐不可靠，云云。你来自江南，又在研究唐代茶叶问题，不知对七月带回茶种这件事的可靠性如何看法？如曾注意到茶叶种植方面这个问题，盼能见示一二，因我完全不了解也。多谢多谢！即致

敬礼！

一良

七九、三、十二

和平按：唐耕耦教授 2013 年 9 月 25 日将一良师给他的 11 封信复制寄给周启锐，启锐兄又将一良师的信转给我，同时将唐耕耦所附“一良师几封来信的情况说明”长信同时转来，这里将唐教授来函择要抄录：

我虽是北大历史系本科毕业，但 1965 年山东大学研究生毕业分配到历史所后，很少到北大看望周老师等，因为历史所尹达与北大翦伯赞矛盾，以免牵涉其中。打倒“四人帮”后，得知周老师受审查，我了解周老师为人为学，是忠于人民的爱国书生，才特地去探望，以后才有了书信来往和多次见面，今将保存的几封来信奉上，并作些说明。

一、1979 年 3 月 12 日来信是老师下问日本学者提出的一个

问题，我作了回答。此信第一句话是指打倒“四人帮”后，老师受审查期间，我特去探望，老师很惊讶，怎么此时去拜望他。我说我还不了解老师？“四人帮”搞阴谋能让你知道？上面调你去，你能不去？周老师说，江青其人，一见面就了解其情况，我是相信毛主席呀！我是调干生出身，有多年党政工作经验，谈了许多情况，让老师宽心。从此以后多有来往谈学术问题。

二、1980年4月22日信指我赠老师郭沫若主编《中国史稿》第三册（魏晋南北朝史部分），我是撰写者之一。

三、1981年5月4日；1981年5月27日；1981年7月1日三封信是我在历史所编《魏晋南北朝史论文集》，向老师约稿，以借老师名声，增加论文集脸面，从三信可见老师给了我脸面及为学之认真。

四、1981年9月8日一信乃周老师邀我为大百科（中国历史卷）撰写词条。

五、1985年5月30日一信是周老师发表的书仪研究一文，其中录文有误，写信告知老师，并又告知老师台湾（应为旅法华人）陈祚龙也有批评文章。老师来信回复。

六、1984年7月2日，1984年7月25日，1984年11月22日，1986年12月2日等四封信及1985年5月30日一信共五封信都是涉及我被诬陷蒙冤的事。

唐耕耦教授因1982年在《历史研究》上发表的一篇文章被人诬为剽窃，一良师因历史所领导之邀审读此文也牵涉其中，这里一良师的五封信已经把情况的来龙去脉及事情的性质讲得很清楚，故编者不加任何注释，且唐耕耦将有相关论著发表，读者可参看。

请 开煌同志带去 唐耕耦同志

耕耦同志：

前承见访中华，[谈]至为高兴，也至为感谢！

日本那位研究茶叶的桥本实教授最近来信，谈到宋代日本和尚荣西把茶叶传到日本事。历来都说荣西带回茶种，但他说荣西回国是七月，这时不应当有茶的种子，恐怕是茶树幼苗。人民中国（78年12月号日文版）讲荣西介绍茶叶到日本，也说带回茶种，恐不可靠，云云。你来自江南，又长研究古代茶叶问题，不知对七月带回茶种这件事的可靠性有何看法？如曾注意到茶叶种植方面这个问题，盼能见示一二，因我完全不了解也。多谢多谢！即颂

敬礼！

一良

七九．三．十二．

唐耕耦答周一良（1979.3.15）

一良先生：

昨晚〔楼〕开炤同志带来一函，蒙下问关于宋代日本荣西带回去的是茶的种子还是茶树幼苗问题，学生缺乏研究，未能提供好的意见。但桥本实教授仅从荣西回国在七月，不应当有茶的种子，而说恐怕是茶树幼苗，似可商榷。

茶下种在二月，七月确实还没有新的茶种（即当年的），但这决不能排除荣西带回去是上一年的茶种（二月下种的也是上一年的）。

茶子，保存不好，发芽生长率低，因此须要好好保存。《四时纂要》记载："收茶子，熟时收取子，和湿沙土拌，筐笼盛之，穰草盖，不尔，即冻不生，至二月出种之。"（这点桥本一定知道）在我国二月下种，带回日本迟至七月种，未尝不可。

退一步说，荣西带回去的种子，是上年的，如果保存得法，保存好，照样可以下种；也有保存不好，会严重影响发芽生长率。中国科学院自然科学史研究所张秉伦与我一起合作写文章时讲过，他家在皖南泾县，那里种植茶，有一年他爱人学校里买茶种，上了当，买的茶种是上一年的（二月下种，种子本来是上一年的，严格讲是前一年的），结果生长出来的很少。可见，茶的种子由于难保存，时间越长，生长率越低，但也不是不生长，如果保存好，生长率会大得多。我想荣西既然从中国带往日本，宝贵得很，当会精心保存，以维护好种子，保证尽量高的发芽生长率。

七月带回幼苗，固然有可能，大树的种、移植，一般都在春天（春初），七月是很不宜于移植的，而且茶树移植比之一般树更不易活，长途跋涉，远渡重洋，比之茶种，更不方便了，更困难。

因此，我对桥木实的新说，抱怀疑态度。

仅供参考。

学生唐耕耦

1979.3.15

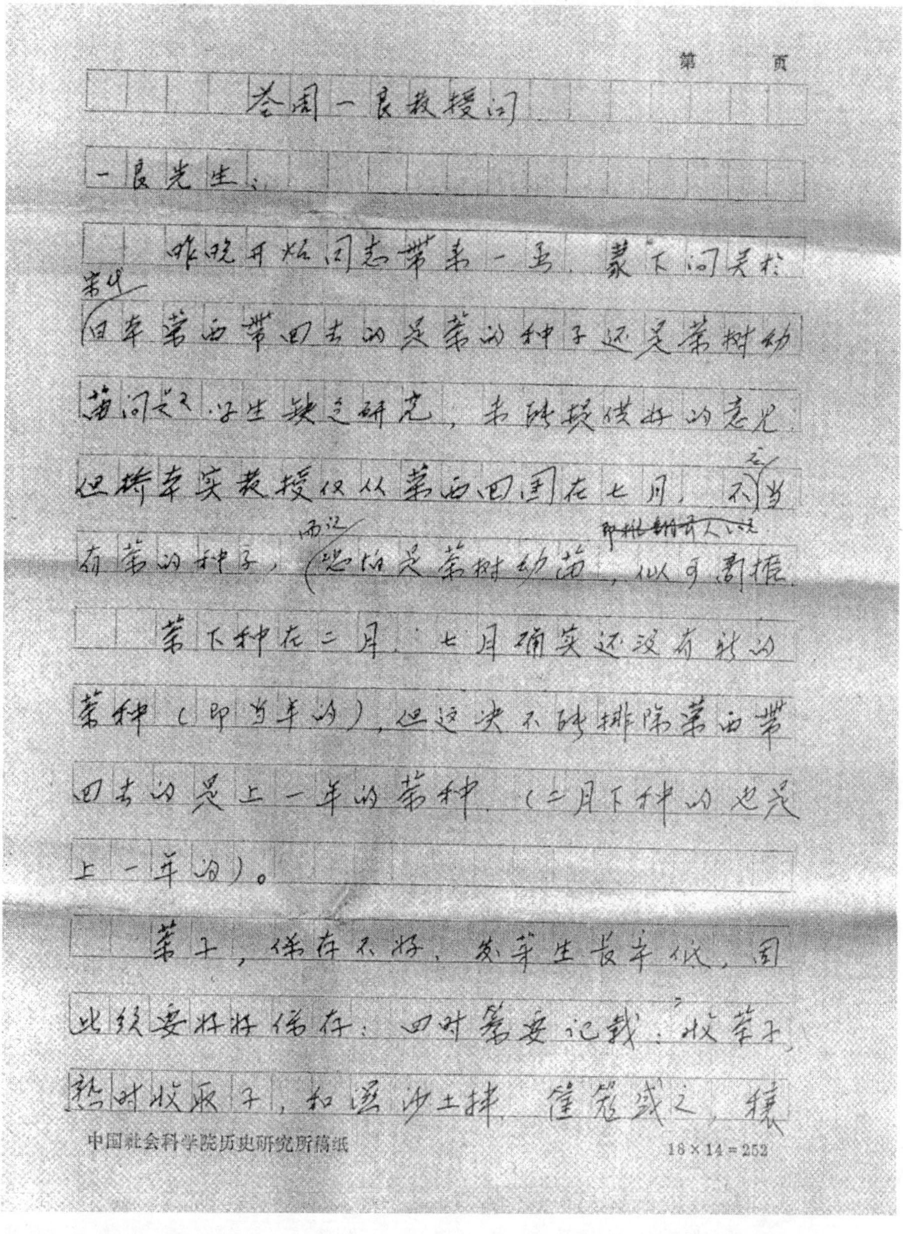

第　页

答周一良教授问

一良先生：

昨晚开炤同志带来一函，蒙下问关于宋代日本荣西带回去的是茶的种子还是茶树幼苗问题。学生缺乏研究，未能提供好的意见。但据桥本实教授仅从荣西回国在七月，不应当有茶的种子，而认恐怕是茶树幼苗，似可商榷。

茶下种在二月，七月确实还没有新的茶种（即当年的），但这决不能排除荣西带回去的是上一年的茶种（二月下种的也是上一年的）。

茶子，保存不好，发芽生长率低，因此就要好好保存：四时纂要记载：“收茶子熟时收取子，和湿沙土拌，筐笼盛之，穰

中国社会科学院历史研究所稿纸　　18×14=252

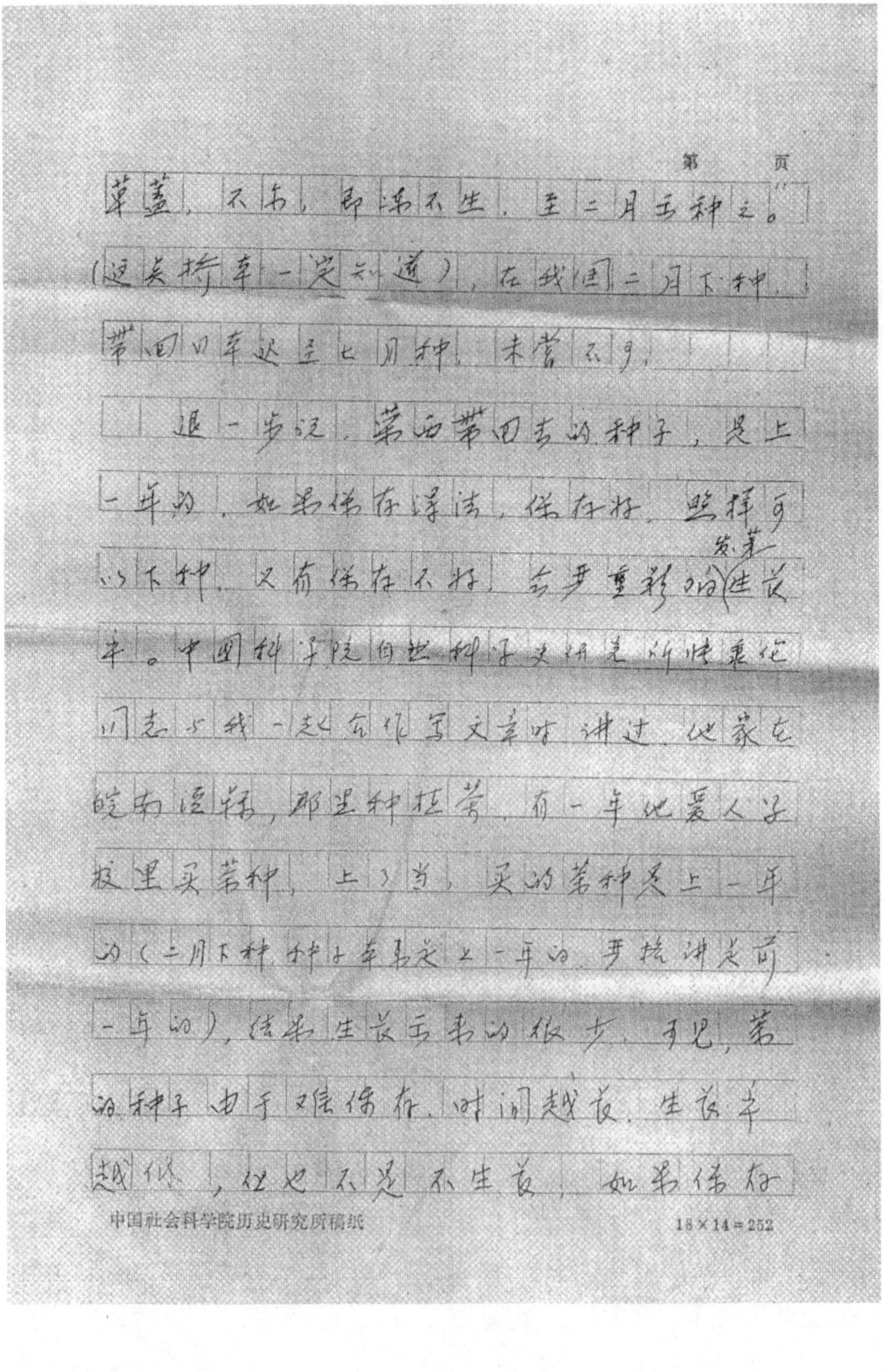

第　　页

草盖，不出，即涝不生，至二月亦种之。”（这点梓本一定知道），在我国二月下种，带回日本，延至七月种，未尝不可。

退一步说，第西带回去的种子，是上一年的，如果保存得法，保存好，照样可以下种。又有保存不好，会要重新培发芽进良来。中国科学院自然科学史研究所陈泰伦同志与我一起合作写文章时讲过，他家在皖南泾县，那里种植茶，有一年他爱人学校里买茶种，上了当，买的茶种是上一年的（二月下种，种子本来是上一年的，再往讲是前一年的），结果生长出来的很少。可见，茶的种子由于难保存，时间越长，生长率越低，但也不是不生长，如果保存

中国社会科学院历史研究所稿纸　　18×14=252

第　页

好，生长亦会大得多。我意果西既然从中国带往日本，就应该很好地精心保存，以维护好种子，保证尽量多的发芽生长来。

七月带回幼苗，虽然有了时，但树的种、移植，一般都在春天（春初），七月是很不宜于移植的，（而且果树移植比之一般树更不容易成活。故远道跋涉，远渡重洋，）比之菜种，更不容易保了，更困难。

因此，我对将来实的移运，抱怀疑态度。

仅供参考

杨　唐耕耦

1979.3.15

中国社会科学院历史研究所稿纸　　18×14=252

致唐耕耦（1980.4.22）

耕耦同志：

承赠〔中国〕《史稿》至为感谢！我目前正在草一小文,《从户口数看三长制》，因即翻阅书中有关三长制部分。书中讲魏初租赋采九品混通制，极确，而南开的古代史未提此点，就像每户都纳帛二匹……了。北魏均田制处说，身死及年满七十岁归田，而《魏书·食货志》只说“老毫及身没者还田”。翦编《中国史纲要》也说是七十，或是根据志文“年踰七十者不还所受”这句话推断而来？南开古代史作六十还田，似无依据，北齐制据隋志也是六十六岁退田，不知他们根据什么史料也。以后读时如有意见，当再奉告。看来郭、翦两老之书得诸君协功执笔，终与一般材料有所不同也。谨此致谢，并祝

健康！

一良

八〇、四、廿二

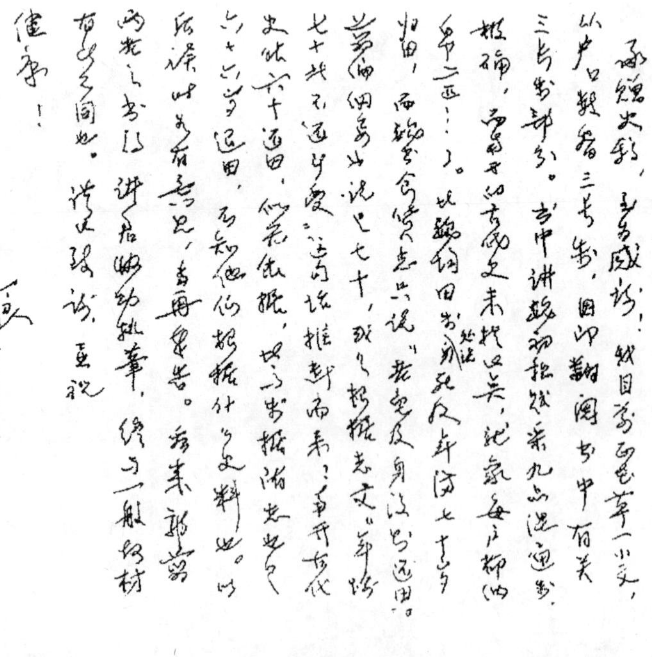

致唐耕耦（1981.5.20）

耕耦同志：

五月以来杂事较多，先是接待外宾，后又因大百科中国历史卷编委会赴沪，归来始得见来信。论文集的稿子，拟暂定为“关于清议”，完成后可能略有变动，谨先奉告。即致

敬礼！

周一良

八一、五、廿

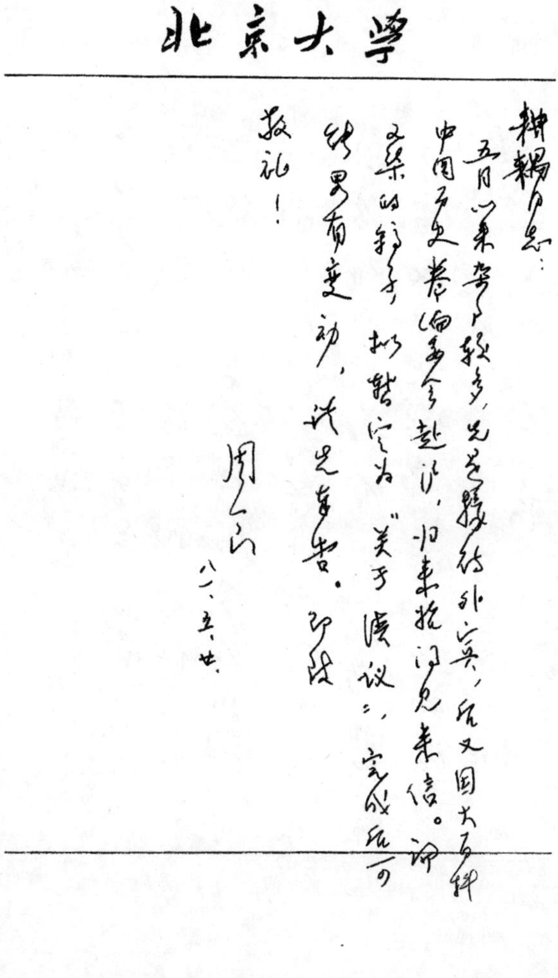

北京大學

耕耦同志：

五月以来杂事较多，先是接待外宾，后又因大百科中国历史卷编委会赴沪，归来始得见来信。论文集的稿子，拟暂定为“关于清议”，完成后可能略有变动，谨先奉告。即致

敬礼！

周一良

八一、五、廿

致唐耕耦（1981.5.27）

耕耦同志：

从札记中抽出清议一条，增订成小文，寄请教正。如有不妥，可即修改，勿客气！如蒙采用，将来盼能让我看一次校样，最好把原稿随同掷还。近来刊物往往不给作者看校样，或让看而不寄还原稿，作者手中常未留底，就颇为困难了。即致

敬礼！

一良

一九八一、五、廿七

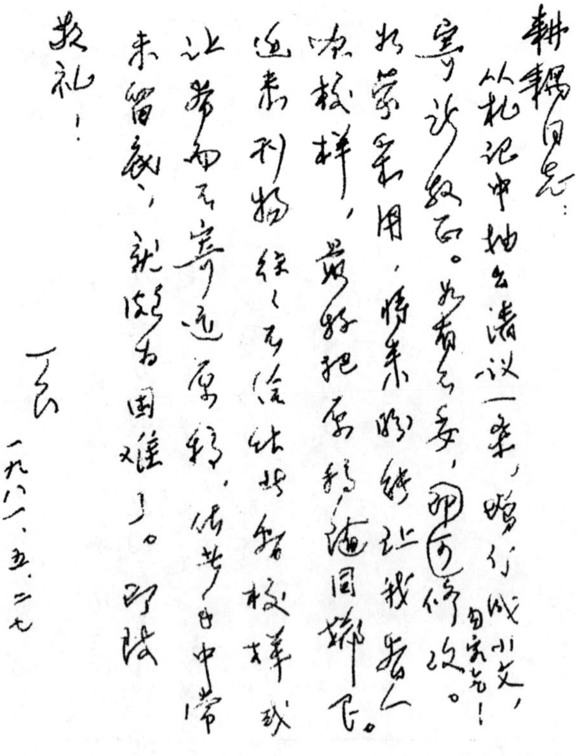
耕耦同志：
从札记中抽出清议一条，增订成小文，寄请教正。如有不妥，可即修改，勿客气！如蒙采用，将来盼能让我看一次校样，最好把原稿随同掷还。近来刊物往往不给作者看校样，或让看而不寄还原稿，作者手中常未留底，就颇为困难了。即致
敬礼！
一良
一九八一、五、二七

致唐耕耦（1981.7.1）

耕耦同志：

近发现前寄小文中，关于南齐张绪为吏部尚书时拒绝长沙王晃荐人事不确切，当时张绪已非吏部尚书，只是以中正身份拒绝，不能作为中正完全无权之证据，请将这一段改为：

齐长沙王晃属扬州大中正张绪吴郡闻人邕为州议曹，“绪以资笈不当，执不许。晃遣书佐固请之，绪正色谓晃信曰，此是身家州乡，殿下何得见逼？”（《南齐书》三三）看来中正在任用州的僚属时，尚非全无发言权。

如已发稿，则请在看校样时改正为盼！琐琐奉渎，即致

敬礼！

周一良

八一、七、一

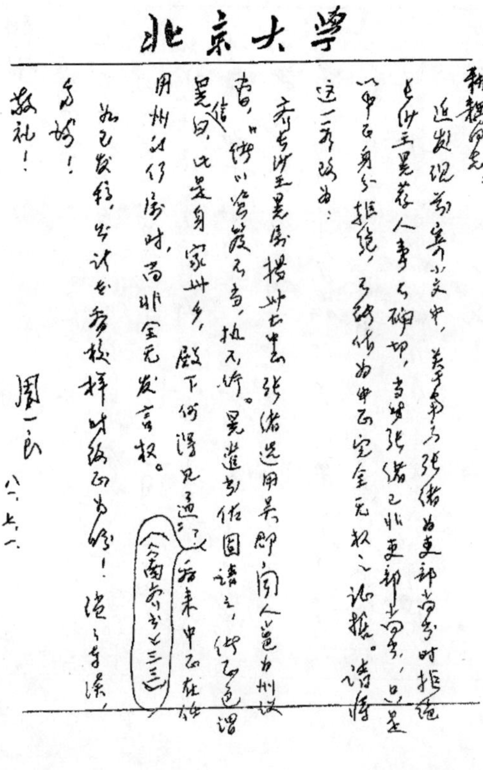

北京大學

耕耦同志：

近发现前寄小文中，关于南齐张绪为吏部尚书时拒绝长沙王晃荐人事不确切，当时张绪已非吏部尚书，只是以中正身份拒绝，不能作为中正完全无权之证据。请将这一段改为：

齐长沙王晃属扬州大中正张绪选用吴郡闻人邕为州议曹，“绪以资笈不当，执不许。晃遣书佐固请之，绪正色谓晃信曰，此是身家州乡，殿下何得见逼？”（《南齐书》三三）看来中正在任用州的僚属时，尚非全无发言权。

如已发稿，则请在看校样时改正为盼！琐琐奉渎，

敬礼！

周一良

八一、七、一

致唐耕耦（1981.9.8）

耕耦同志：

连续在《文史哲》等杂志上读到你的论文，甚佩甚佩！大百科全书约我任魏晋南北朝部分编写组长，近与唐长孺、田余庆诸同志会商，有两个条目想请你执笔。一是“均田制”，贯穿南北朝隋唐来写，为长条，即2 000~5 000字。希望把中外各家说法都能以简明扼要的文字吸收进去。一是“谱牒”，中条，500~2 000字。大家说你正研究氏族志，写这条最为合适了。如蒙惠允，乞便中函示！百科全书编辑部的杨川同志当再去专访，面谈一切。不一一，即致

敬礼！

一良

八一、九、八

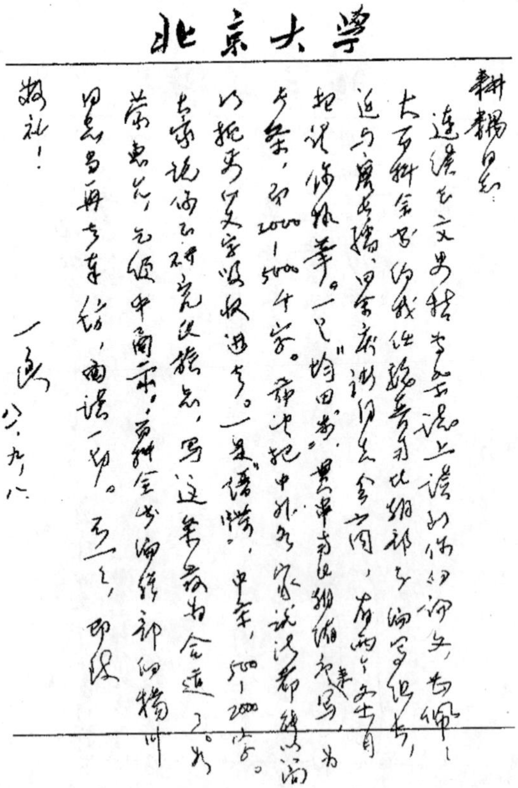
北京大学
耕耦同志：
连续在文史哲等杂志上读到你的论文，甚佩甚佩！大百科全书约我任魏晋南北朝部分编写组长，近与唐长孺、田余庆诸同志会商，有两个条目想请你执笔。一是“均田制”，贯穿南北朝隋唐来写，为长条，即2000~5000字。希望把中外各家说法都能以简明扼要的文字吸收进去。一是“谱牒”，中条，500~2000字。大家说你正研究氏族志，写这条最为合适了。如蒙惠允，乞便中函示！百科全书编辑部的杨川同志当再去专访，面谈一切。不一一，即致
敬礼！
一良
八一、九、八

致唐耕耦（1984.7.2）

耕耦同志：

那天校友返校匆匆未及详谈。今天下午〔楼〕开炤同志给我谈了一些你的情况，我才了解你们所里采取的行动。我感到很意外，觉得太不应该。因为此事也与我有关，所以写这封信。最早是郦家驹同志来找我，给我看一份揭发材料，据他说是所外同志送来的（我当时怀疑是所内同志写的），让我与原文核对。我当时觉得很突然，告以我对你的印象：从你为人讲不可能剽窃；从你学术造诣讲，不必要剽窃。他当时也对我的看法表示同意，我同时答应核对一下看。我对照看了以后，确实觉得揭发出的部分与日野书完全相同，连引文错误都一样。老实说，我心里很难过，为你惋惜，思想上斗争很激烈，但第二天我还是把这个看法写信告知家驹同志。同时，也提出希望他妥善处理，从你政治、学术各方面考虑，最好审慎行事（并请他务将处理结果告我）。以后不久几天，你从外地归来，拿日野书那一段请教我翻译，未谈其他（我还记得是个下雨天）。你可能还记得，我当时对你是比较冷漠的。以后，你又来找过我一次，没有说所里措施（所里也始终未告我），但将写文章详细经过告我（也许把你的文章与日野书都带来了？）总之，我这次听了以后，得出的结论是：你根据日野论证的结果，进一步论证了另一个问题，这是你的新意。但引用日野论证时，未著（注）明原文作者，虽然此书大家都能见到，但完全不提，终属不妥。然而，这不能作为剽窃，因为你有论证的问题，而且不少表格被《历史研究》删去。我不便对你讲所里找我核对事，但我觉得我应对你负责，作为一个党员，对党负责，应该把我现在的看法赶快告诉家驹同志，以免他们根据我上次意见进行处理。（我不知道这时是否已在会上不点名批过）所以第二天我即用挂号信详细告知家驹同志，仍然盼望他们把结果告我。但直到今天下午，我才从小楼口里得知一切。这就是此次我牵入其中的经过。我写此信目的，是想劝劝你，这件事确实使人不愉快，但姑且不管它背后有些什么，“为人不做亏心事，半夜不怕鬼叫门”。不是剽窃，这顶帽子就安不到你头上去。副研事此次挫折，不能永远挫折下去，公道自在人心。“文革”应当彻底否定，但“文革”中老说的那两句话，“相信群众，相信党”，我看还是站得住的。你为人老实、正直、爽快，作学问勤勤恳恳，卓有成就，我想这也是有目共睹，任何人无法抹煞的。所以你千万不要因此郁闷成疾，对自己不利，对学术、对党的事业都是不利的！我这些话可能是老生之长谈，但也是我在“文革”中遭受种种欺侮、诬蔑、迫害时坚信不移（疑）的教条。你目前处境，远非我在“文革”中之比，又有什么理由不振作精神，奋发有为，搞你自己的学问呢？

就写这些吧！祝

精神愉快，身体健康！

周一良

八四、七、二

北京大学

耕耦同志：

那天校友返校匆匆未及详谈。今天下午开始阅点给我谈了一些你的情况，我才了解你们所里采取的行动。我感到很意外，觉得太不应该。因为此事与我有关，所以写这封信。最早是郑家驹同志来找我，给我看一份揭发材料，据他说是北外同志送来的（我当时的印象是北外的同志写的），让我与原文核对。我当时觉得很突然，告以我对你的印象：从你为人讲，不可能剽窃；从你学术造诣讲，不必要剽窃。他当时也对我的看法表示同意，我同时答应核对一下看。我核对过了以后，确实觉得（揭发者的题目）与大纲书完全合拍同，连引文错误都一样。老实说，我心里很难过，为你惋惜，为把上斗争很激烈，但第二天（我还记得是个下雨天）我还是把这个想法写信告知郑家驹同志，同时也提出希望他妥善处理，从你的学术发展前途考虑，最报审情人了（并请他务必将处理的结果告诉我）。以后不久几天，你从外地归来，拿白纸来那一页让我翻译，未谈其他。你可能还记得，我当时对你是

北京大學

比较冷淡的。以后，你又来找过我一次，（此是也经常来告我）没有谈具体措施，但将写文章详细经过告我。（也许把你的文章与白好些都带来了）总之，我这次听了以后，得出的结论是：你根据的辩论的结果，进一步辩论另一个问题，这是你的新论点。但引用的辩论时，未著明原文作者。当然此事大家都猜到了，但完全不提，总像不妥。然而，这不能作为剽窃，因为你并没有批评他的问题，而且已表示修改，更完全删去。我不便对你讲此事找我检讨对事，但我觉得我应对你负责，作为一个党员，对党负责，应把我现在的意见述快告诉宗翰同志，以免他们根据我上次意见进行处理。我不知道这些是否已在会上不点名批过）此以第二天我即用挂号信详细告知宗翰同志，仍然盼他们把结果告我。他直到今天下午，我才从少安口里得知一切。这就是此次我卷入其中的经过。我写此信目的，是想劝劝你。这件事确实使人不愉快，但姑且不管它背后有什么，从为人不

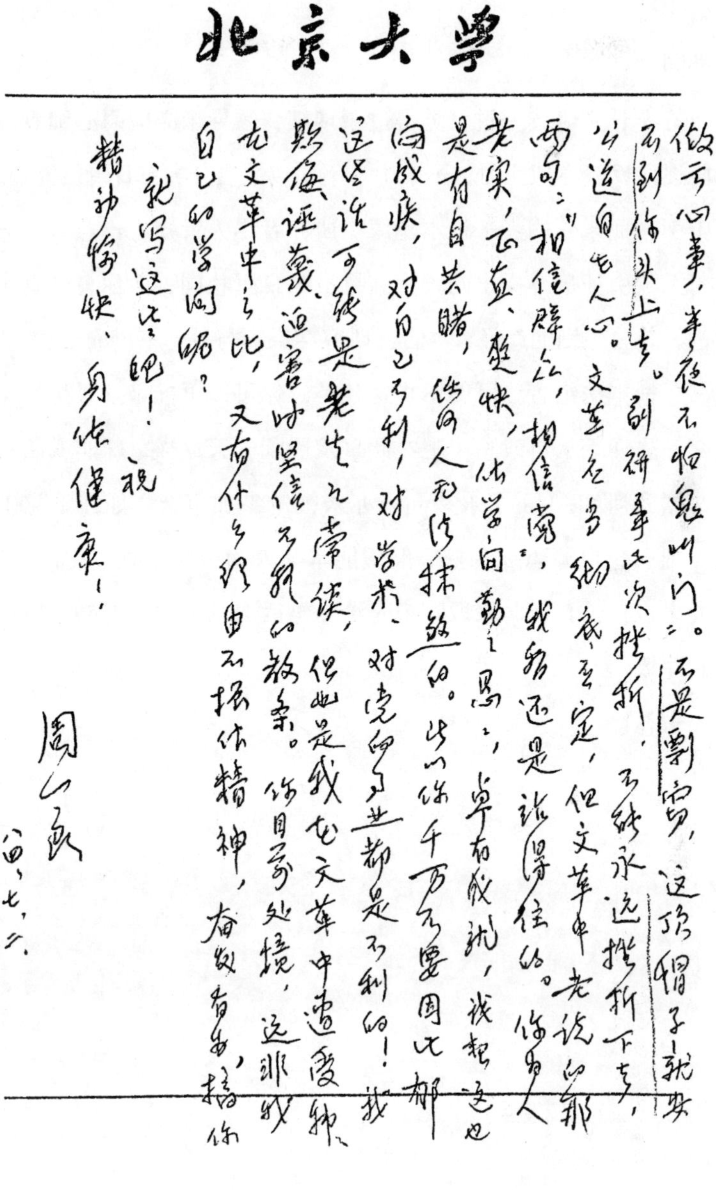

北京大學

做亏心事，半夜不怕鬼叫门。不是剽窃，这顶帽子就安不到你头上去。剽窃事此次挫折，不能永远挫折下去，公道自在人心。文革已经彻底否定，但文革中老说的那两句话相信群众，相信党，我看还是站得住的。你为人老实，正直、爽快，你学问勤勤恳恳，卓有成就，我想这也是有目共睹，任何人无法抹煞的。所以你千万不要因此郁闷成疾，对自己不利，对学术、对党和事业都是不利的！我这些话可能是老生之常谈，但也是我在文革中遭受种种欺侮、诬蔑、迫害时坚信不移的教条。你目前处境，远非我在文革中之比，又有什么理由不振作精神，奋发有为，搞你自己的学问呢？

就写这些吧！祝

精神愉快，身体健康！

周一良

八四、七、二

致唐耕耦（1984.7.25）

耕耦同志：

答辩长文略读一过，觉得过于琐细，领导未必能耐心细看。按廿段逐段反驳亦似无力，不集中。不如按性质分类：日野研究成果，文中引用而未注明者，根本是唐史研究者尽人皆知之论点，已成定论，无须引证最早提出的人；结果虽与日野相同，而你自己确实思考过，曾另想别的途径者；自己研究结果，与日野不谋而合者；“判决书”根本搞错者。可能不止这几类，你可以再推敲。只是长文已上交，恐亦无从再改写了吧？此事发展到今天这样，殊非我始料未及。据我所知，〔王〕永兴同志亦未被邀参加审查。如在整党中解决，则思想根源恐须深挖。但望能本与人为善精神处理你的问题，是大幸也！长文何时来取？望先给一电话28—2471、3557，以免扑空，即致

敬礼！

周一良

八四、七、二五

北京大學

耕耦同志：

答辩书文略读一过，觉得过于琐细，领导未必能耐心细看。拟出的逐项反驳亦似无力，不集中。不如按性质分类：目録研究成果，文中引用而未注明者；根本是前史研究者常人皆知之论点，已成定评，无须引证最早提出的人；结果虽与目録相同，而系自己确思考过，曾另有别的途径达到者；自己研究结果，与目録不谋而合者；以判决书之根本指错者。可能不止这几类，你可以再推敲。只是书文已上交，恐亦无从再改写了吧？此事发展到今天这样，殊

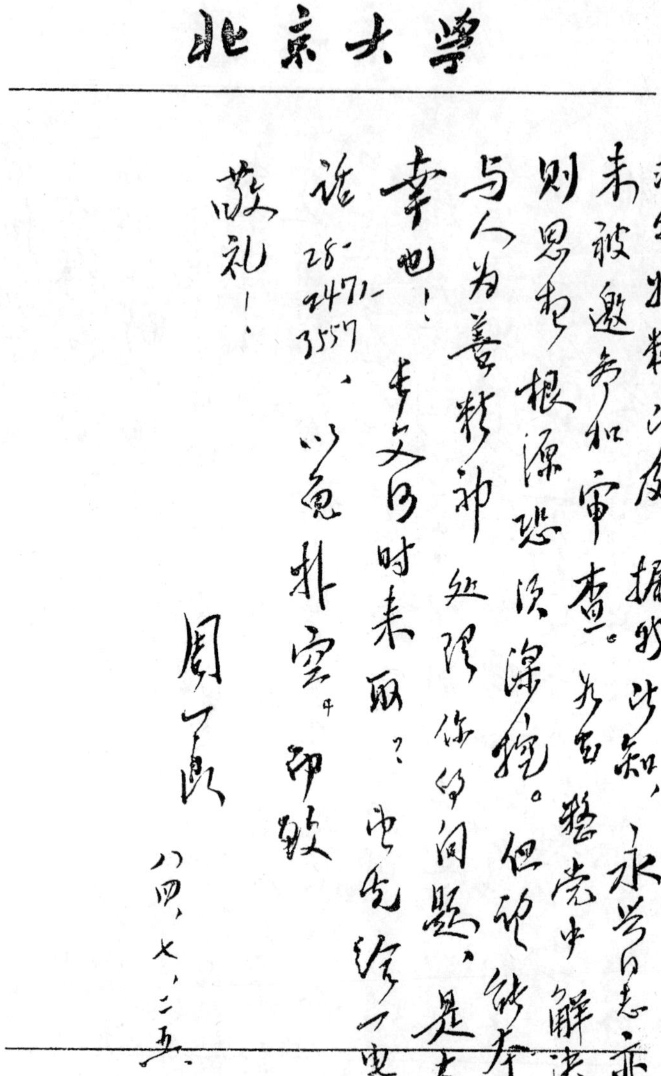

北京大學

非我始料所及。据我所知，永芳同志亦未被邀参加审查。如由整党中解决，则思想根源恐须深挖。但能否与人为善精神处理领导问题，是大幸也！未知何时来取？先电告丁电话28·2471·3557，以免扑空。即致

敬礼！

周一良

八四，七，二五

致唐耕耦（1984.11.12）

耕耦同志：

今天下午看到楼开炤同志带来的信。我对自己所说的话和所做的事完全负责，现申明几点如下。

一、我第一次与郦家驹同志谈话和第二次给历史所写信的事，根本没有告诉你，更谈不上你来我这里“活动”。

二、我第二次写信，是了解事情全貌以后，出于对党对历史所对同志负责的心情，感到非写不可而执笔的。信的具体措词已记不清，但主要之点（亦即写信的目的所在）记得清楚：你利用了日本学者的论证，而不注明，是错误的；但在此基础上你有新意，论证了另一问题，这就不能定为剽窃抄袭。这和七月间我给你写信所表示的态度完全一致。

三、我和郦家驹同志谈话结束时，和以后我的信中，都再三表示，希望历史所慎重处理你这问题，并把结果一定告诉我。郦家驹同志也口头上答应了。既然历史所找我征求意见，你又是北大毕业生，我想这个要求不为过分。但时隔半年多，到七月间我才从小楼口中得知你的情况，而历史所对我的信始终没有反响，更没有告诉我处理的结果。直到今天，已经一年多，也没有任何人口头或书面向我通报过任何有关信息。

四、历史所如何处理此事，我无权干涉，也不想干涉。我不要求我信中表达的意见定受尊重，但我也不容许它被肆意歪曲。而且，既然我的信不被理睬，那又有什么理由非要根据我是否说你抄袭剽窃而决定如何处理呢？

五、我深信，咱们二十多年的师生和同志关系，你决不会认为我对你耍两面派！

希望你有机会把我七月间给你的信和此信一起出示给任何有关

方面，同时，也希望你一定亲自看到我给历史所的原信。此致

敬礼！

周一良

八四年十一月十二日夜

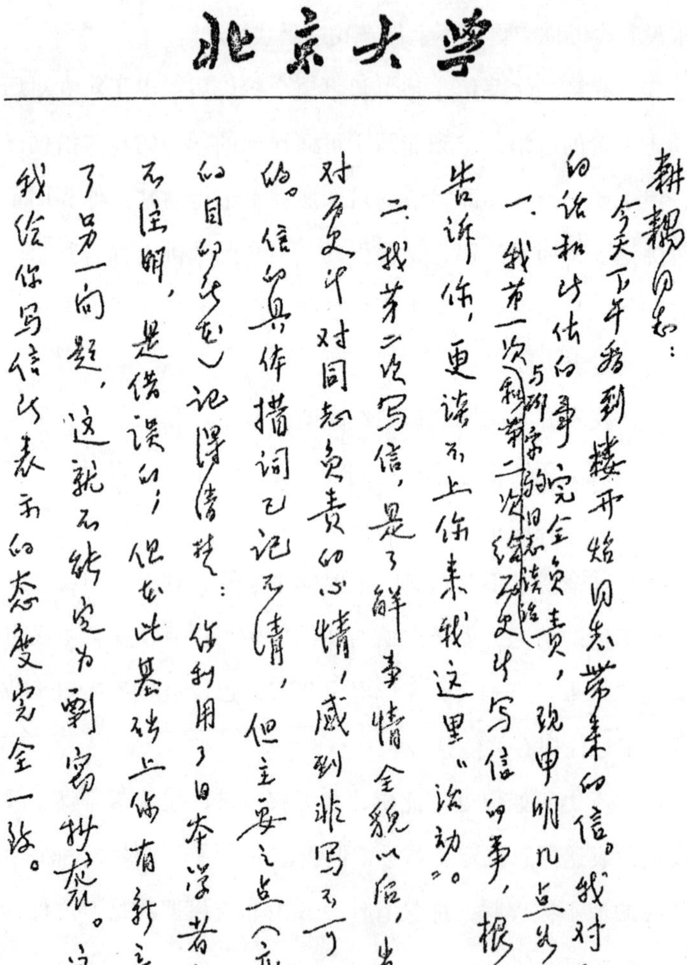

北京大学

耕耦同志：

今天下午收到楼开炤同志带来的信。我对自己所说的话和所做的事完全负责，现申明几点如下。

一、我第一次与研究所的同志谈话和第二次给历史所写信的事，根本没有告诉你，更谈不上你来我这里"活动"。

二、我第二次写信，是了解事情全貌以后，出于对党对历史所对同志负责的心情，感到非写不可而拟草的。信的具体措词已记不清，但主要之点（亦即写信的目的所在）记得清楚：你利用了日本学者的论证，而不注明，是错误的；但在此基础上你有新意，论证了另一问题，这就不能定为剽窃抄袭。这和七月间我给你写信所表示的态度完全一致。

北京大學

三、我和郭宗驹同志谈话结束时，我以给我的[redacted]信中，都再三表示，希望历史系慎重处理你这问题，并把结果一定告诉我。郭宗驹同志也口头上答应了。既然历史系找我征求意见，你又是北大毕业生，我想这个要求不为过分。但时隔半年多，到七月间我才从小楼口中得知你的情况，而历史系对我的信始终没有反响，更没有告诉我处理的结果。直到今天，已经一年多，也还没有任何人口头或书面向我通报过任何有关信息。

四、历史系如何处理此事，我无权干涉，也不想干涉。我不要求我信中表达的意见完全受尊重，但我

北京大学

也不容许它被肆意歪曲。而且，既然我的信不被理睬，那又有什么理由非要根据我是否说你抄袭剽窃而决定怎样处理呢？

五、我深信，咱们二十多年的师生和同志关系，你决不会认为我对你要两面派！

希望你有机会把我七月间给你的信和此信一起出示给你的有关方面，同时，也希望你一定亲自要回我给历史所的两信。此致

敬礼！

周一良

八四年十一月十二日夜

致唐耕耦（1985.5.30）

耕耦同志：

接来信及录文刊物，极为感谢！当初录文由一位同学代劳，我未仔细校阅，致出问题。以后书仪辑成单册时，自当照你所改订者重行订正也。

听〔楼〕开炤同志说，你登记成问题，为之扼腕！希望不要气馁，保重身体，努力学问，事情总会水落石出也！即致敬礼！

一良

85.5.30

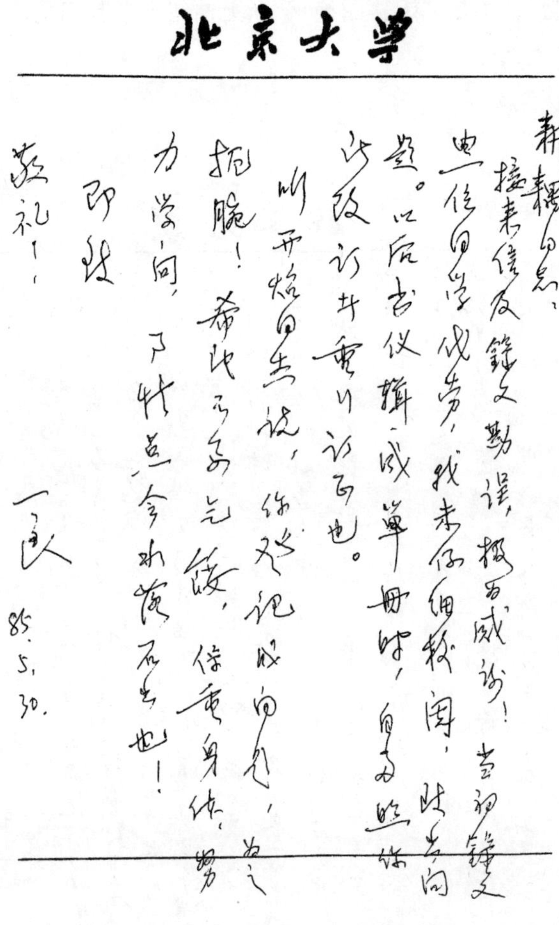
北京大学

耕耦同志：

接来信及録文刊物，极为感谢！当初録文由一位同学代劳，我未仔细校阅，致出问题。以后书仪辑成单册时，自当照你所改订者重行订正也。

听开炤同志说，你登记成问题，为之扼腕！希望不要气馁，保重身体，努力学问，事情总会水落石出也！即致

敬礼！

一良

85.5.30.

致唐耕耦（1986.12.2）

耕耦同志：

来信收到。课□文注文无问题，我看送给日本学者合适，只是注意改正错字，如抱歉误为嫌。唐太宗文我认为很有说服力，所举隋唐诸例颠扑不破，且与南北朝以来惯例相符。只是关于太宗本身各战役，反似证据不充足，属于推论性质较多，这可能由于当日史家未曾直笔之故。我看文章似可发表，但关于太宗诸例口气说得再活些，表示根据文章前半诸例推断，而这种推断我看是能成立的。

退休乃中外古今之惯例，我并未感到任何“不平”。有人说我拒绝“返聘”，实是“婉言谢绝”，断无情绪夹杂其间也。望得机会代为辟谣，一笑！

一良

八六、十二、二

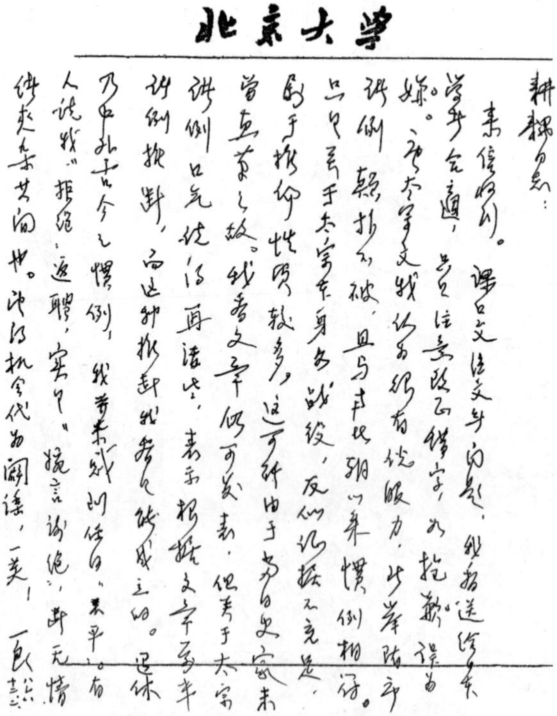
北京大学

耕耦同志：
来信收到。课口文注文无问题，我看送给日本学者合适，只是注意改正错字，如抱歉误为嫌。唐太宗文我认为很有说服力，所举隋唐诸例颠扑不破，且与南北朝以来惯例相符。只是关于太宗本身各战役，反似证据不充足，属于推论性质较多，这可能由于当日史家未曾直笔之故。我看文章似可发表，但关于太宗诸例口气说得再活些，表示根据文章前半诸例推断，而这种推断我看是能成立的。退休乃中外古今之惯例，我并未感到任何“不平”。有人说我“拒绝”返聘，实是“婉言谢绝”，断无情绪夹杂其间也。望得机会代为辟谣，一笑！
一良 十二、二

致齐世荣（1983.1.29）

世荣同志：

来信及书皆收到，至为感谢！听说你在美讲学效果很好，使人高兴！我们搞外国史的同志，以往出国只是谈一些国内对拿破仑看法之类。你这次堂而皇之，正经八百地对外国人讲世界史问题，亮出我们的观点与水平，在某种意义上，与打球同样是为国争光也，可贺可贺！将来有机会，当再仔细聆教。即致

敬礼！

一良

八三、一、二九

齐世荣先生加按：世荣于1982年应纽约州立大学（布法罗）之邀，赴美讲学。其间作过几次有关外国史的报告，例如，"'论不干涉'政策的创始者及其动机"；"论1939年3月英国对波兰保证的原因及其破产"。归国后向一良师报告，蒙师赐函勉励。

致齐世荣（1989.2.12）

世荣同志：

大著读过。所提四点极是，从二陈小文论证考据作用、意义，甚有理据。而文中征引马克思主义经典作家言论，并驳斥时下一些怪论，可谓切中时弊。我前者也有小文，想为考据讲几句公道话，与尊著有相似处，附上乞指正！

不一一，即致

敬礼!

周一良

八九、二、十二

齐世荣先生加按：世荣曾于1989年初草撰《〈杨妃入道之年考〉读后——兼论考据在史学研究中的作用和地位》一文，发表前呈一良师指正。一良师阅后赐函奖励，并示以他撰有《日本推理小说与清朝考据之学——一种文化比较》一文。周师的大作会通中西，实非浅学如我这样的弟子所能写出的。

致夏应元（1984.5.16）

应元同志：

教育部文科教材办公室委托我主编一部《中外文化交流史》，计划按国别或地区分章，在政治经济关系的背景上，突出谈文化交流。下限到49年，解放后略带一下，以后另编专书。日本一章想请你执笔，暂定三万字（最高限，中章、小章各为二万、一万）。希望在明年九月份交稿，即使你有东瀛之行，亦不妨碍也。如蒙俯允，教育部将直接函你所，纳入规划。详细要求，俟拟好当一并寄奉。此前曾与马雍同志谈过，当时他答应写伊朗、阿富汗两章。我现拟函历史所再和他敲定。晤面时，亦乞一询。盼复！即致

敬礼!

周一良

八四、五、十六

希　先生补入为幸！再次诚恳申谢，并请

撰安！

周一良谨上

八五、四、四

夏应元自注：此信是周先生写给池田温（东京大学教授、唐史专家）先生的。那时是东京大学与北大缔结校际交流协定不久，周先生被邀访问东京大学。在东京大学的演讲中，讲了“书仪”问题（当天是池田先生主持会议）。后来，周先生回国之后，向池田先生写信表示感谢。那时我正在东京大学东洋文化研究所作访问学者，由池田先生接待。周先生访问及演讲等情况我都亲身在场。

周先生写给池田先生的信，是用半文言语气写的，字体秀丽，遣词造句彬彬有礼，又十分得体，令人十分钦敬。大概池田先生已经看出我对先生的手迹一副爱不释手的神情，于是当场复印一份赠我，以为纪念。

信中提到陈祚龙先生的事，大概情况是这样。在先生初到东京那一天，我也到机场迎接，一同到了宾馆之后，先生嘱我到东大图书馆找一本香港杂志给他，我立即照办，但并未在意。到后来，在东京大学作学术演讲时，池田作过介绍，先生登台，用日文客气两句之后，在刚刚进入书仪正题不久，先生就对听众说，“昨天我才看到某香港学者对我在书仪问题的批评。虽然他语气刻薄，但他对我的看法的批评是对的，我虚心接受……”我对他这一开场白的表态，大吃一惊。在散会后的车中，我对先生说：“我对您到东大第一场演讲，在硕学云集、大庭广众的情况下，居然以‘接受批评，承认错误’为‘开场白’，我感到十分意外……”先生听了我的话，笑着说：“我叫他们也看看我们泱泱大国学者的度量。有了错就虚心改正嘛……”此事虽然至今已经近三十年了，我至今不忘先生的谦虚谨慎、从善如流的美德，堪称我国学者的楷模。我当时并不知陈祚龙其人，今天整理先生的信件，才重温此事，旧话重提，而先生已离我们而去十余年矣。

另外，在演讲完了之后，池田温先生将他珍藏的内藤湖南手书的墨宝（原件）赠给周先生，当时我亲侍在侧。

《中外文化交流史前言》（略）

和平按：夏应元教授提供了《中外文化交流史前言》的手稿，他说：“这是周先生在1986年7月写给所有参加《中外文化交流史》写作的作者看的。先生把自己写的‘前言’寄给大家，请提意见，反映先生一贯非常虚心、谦逊。”这篇文章已收入本丛书第4卷中。

致贵志辰夫（1984.10.3）

敬启者，现在按照贵会与中国社会科学院间学者交流协定，中国社会科学院历史研究所的夏应元先生从今年七月起，在东京大学东洋文化研究所从事中日关系史的研究。与此同时，夏先生为了担任由敝人主编的《中外文化交流史》中的日本部分的撰写工作，需要在贵国收集有关的资料。因而他的研究领域颇为广泛（既有经济，也有文化），时代也比较长（经济方面是从古代到清末，文化方面由古代到1949）。因而他目前规定的五个月时间，过于短促，难以如期完成，如能将其研究时间适当延长（譬如到明年七月底），对于他的研究实属必要。如果贵会能惠于援助，则无论对于中日文化交流，乃至于夏先生的研究工作，都将大有裨益。敬请关照。

日本学术振兴会人物交流课

贵志辰夫先生 机下

周一良

北京大学历史系

一九八四、十、三

和平按：1984 年 7 月，夏应元教授按日本学术振兴会与中国社会科学院交流协定，去东京大学东洋文化研究所从事中日关系史研究。10 月 3 日，周一良先生给日本学术振兴会人物交流课贵志辰夫去函，希望延长夏应元在日工作到 1985 年 7 月。日方同意了周先生建议。此信复印件由夏应元先生提供，中译文也是由夏先生迻译。

附：夏应元晋升研究员推荐意见（1988.12.1）

夏应元同志日语能“四会”，研究及讲授亚洲各国史及日本史，教学效果良好。早年从事近代中朝日三国关系史研究，颇多新意，惜文稿在“文革”中被毁。在中日关系史方面，近年做了不少工作。基础方面，如中国史书中基本史料的整理、日本中日关系方面论著总目的编纂等，都极为有益。在系统论著方面，收于《中外文化交流史》及《海上丝绸之路》丛书中的两篇可为代表，看出夏应元同志在本学科根柢深厚，故能发挥自如。所写专题论文，如关于成寻等篇，皆能自出机杼，不落旧套，持之有故，言之成理，对中日关系史领域作出新的贡献。建议提升为研究员。

周一良

1988 年 12 月 1 日

致张广达（1986.7.18）

广达同志：

尽一日之力读完大作，材料丰富，论证扎实，具见功力，甚佩甚佩。我在这方面涉猎少，自昔年读桑原氏书以来，似未读过如此翔实之中国阿拉伯关系的文章。因此虽人物往来及贸易部分超出文化交流部分（其实仍有关系，如我在前言所指出），仍愿保留阁下之研究成果也。读后无所改动，不拟再送还给你。以下几处小有改动，望考虑妥否？

P.10 Talas 译名前后不一，我在其他章中皆采玄奘西域记译法——呾逻私，妥否？

P.12 第一二版本用词不太合适，因当时无“版”可言，我删去了“第一版本”四字，“第二版本”改为“修订本”，符原意否？

P.30、34、53“编纂家”皆改“学者”。

P.45“马格里布（北非）”加个字作“西北非”。

P.80、94“塞尔詹特”，按原读音改“萨詹特”。

P.88 Alberunis India 译作“又论印度”似较好。

P.74“以及马坚……”改为先提马坚，再及两纳先生。

又前言读后有何意见，盼早见告！

这部文化交流史共十余位作者，“八仙过海，各显其能”。水平固不齐，但现在已读完全部来稿，觉得总的讲来还是很不错的。不一一，祝旅途愉快！

一良

八六、七、十八

和平按：此信是从孔夫子网上看到的，信确为一良师手书。这是张广达师为《中外文化交流史》所撰写的“海舶来天方，丝路通大食——中国

与阿拉伯世界的历史联系的回顾”成稿后寄呈一良师审读后周师回信。广达师文章刊于《中外文化交流史》(河南人民出版社 1987 年版)之第 743~802 页。

致徐庭云(1988.5.7)

庭云同志：

勘误表及小文一篇，请代交广达同志。教科文文化史第三卷编委会改在下半年，原以为可与你们在巴黎晤面，现在不行了。祝你一路顺风！

周一良

八八、五、七

和平按：此信从孔夫子网上见到，是张广达先生在法国讲学时，其夫人徐庭云教授将去巴黎前，一良师给徐老师的信。

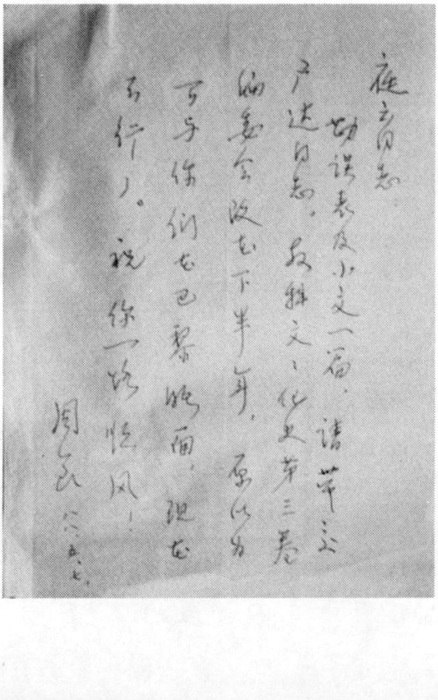

庭云同志

勘误表及小文一篇，请带交广达同志。教科文文化史第三卷编委会改在下半年，原以为可与你们在巴黎晤面，现在不行了。祝你一路顺风！

周一良 八八、五、七

致邓经元（？.11.17）

经元同志：

许久不见，近况想必佳胜。

兹有一事想麻烦你，听说邓广铭先生所编宋代文集索引你局有一份清样，不知尚在北京或已借给上海标点“宋史”的同志？如尚在京，请代查一下以下两人是否有传记或墓志铭之类！

窦从周（此人见《京口耆旧传》）

钟唐杰（此人燕京引得中找不到）

如已寄沪，请告是在上海师院或历史所，当再设法打听，我因写一有关中日文化交流小文，涉及这两人，所以想查一下。

即致

敬礼！

周一良

十一、十七

复信请寄北大燕东园24号

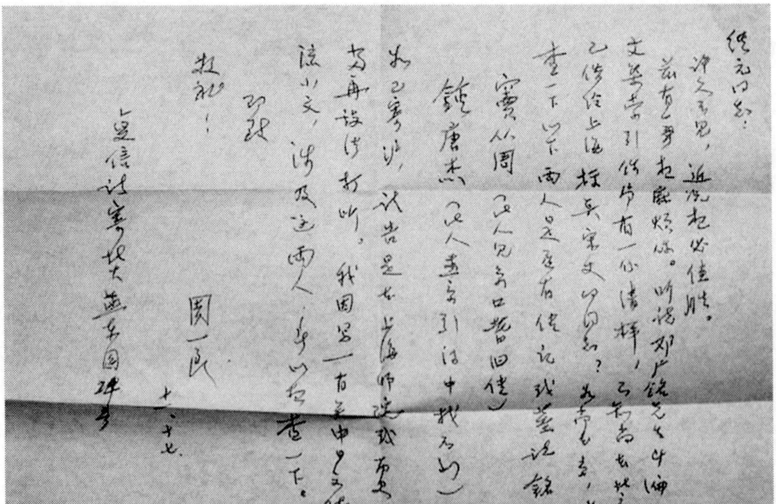

经元同志：

许久不见，近况想必佳胜。兹有一事想麻烦你。听说邓广铭先生所编宋代文集索引你局有一份清样，不知尚在北京或已借给上海标点宋史的同志？如尚在京，请代查一下以下两人是否有传记或墓志铭之类！

窦从周（此人见京口耆旧传）

钟唐杰（此人燕京引得中找不到）

如已寄沪，请告是在上海师院或历史所，当再设法打听。我因写一有关中日文化交流小文，涉及这两人，所以想查一下。

即致

敬礼！

周一良

十一、十七

复信请寄北大燕东园24号

致夏麦陵（1973.6.2）

麦陵同志：

接到来信，因回京后总结工作较忙，迟复为歉！

北大今年招生，办法仍是自愿报名，群众推荐，本单位领导批准。据说更大权力下放地方，考试将由县里组织。我校面向全国，江西定然在内，但是否到德安（或到德安，而历史系无名额），我就不清楚了。希望你不断与德安县的有关部门取得联系，如德安有名额，争取推荐上来，可能困难不大。如无名额，北大招生同志亦无法去过问。不一一，即致

敬礼！

周一良

七三、六、二

致夏麦陵（1974.4.14）

麦陵同志：

来信及大作都收到。我对于“辨奸论”没有什么研究，提一点意见，供参考。

我觉得这篇文章涉及对林贼“五·一八讲话”如何批判的问题。我想，这篇文章反动讲话应和他的反动纲领“克己复礼”联系起来。他要搞复辟，要抢班夺权，因而从历代反动统治阶级的政变活动中去寻求反革命策略，念念不忘，津津乐道，实际是“夫子自道”。所以，我觉得“五·一八讲话”与“辨奸论”关系似不太明显。你所列举的三点，当然都有联系，但还不能说是丝丝入扣。例如“月晕而风，础润而雨”，这是老百姓通常讲的自然常识，似与“天人感应”说以及天才论，有很大距离。见微知著的思想，也不一定是“五·一八

讲话”中反动思想的中心。这些意见不一定正确，望批评！

即致

敬礼！

周一良

七四、四、十四

致夏麦陵（1975.5.31）

［信用铅笔写在《王韶与熙河之役》（三稿）末尾］

大作已读，提不出什么意见。只是以礼治兵和以德治兵的问题，我有点疑问。司马光在通鉴和给皇帝的奏折中，都提到过以礼治兵，意思是要严格推荐军队中上级指挥下级的秩序，与先秦儒家所谓礼治不一定即等同起来。大作中关于此点似可删去。意见不一定对，仅供参考。

周一良

七五、五、三十一

致夏麦陵（1985.1.8）

麦陵同志：

非常遗憾，那天因事外出，未获瞩谈。承赠景德镇精美瓷器多品，无功受禄，尤深惭愧。请此致谢！你终于走上所喜爱的学术道路，全由锲而不舍，有所成就，可喜可贺！本性同志是我系毕业生，工作很有成绩，你在他那里，定能飞速发展。便中请代向他问好！

令甥拟考北大日本史研究生，当然欢迎。只是教育部规定考“综合”一门，包括历史专业四年课程全部，日语专业毕业学生，恐怕一时准备不及，会吃点亏。

条幅定当应命，但盼能假以时日。不一一，即致

敬礼！

周一良

八五、一、八

致夏麦陵（1985.6.2）

麦陵同志：

您好！前后承赠大作，至以为感。前嘱写条幅，迟迟未能应命。甚歉！今日勉强写就，隶书手颤不成字，楷书更是歪歪扭扭。古稀之年，已逾三岁，书法一道终难有成就矣。奉上聊作纪念。万勿张之壁上为人笑也！不一一，即致

敬礼！

周一良

八五、六、二

致夏麦陵（1985.10.29）

麦陵同志：

接读来信，知道您一些情况。我考虑就近解决工作问题，不至涉及户口等，较为方便。我已写信（与此函同时发出）给郑州大学历史所所长高敏同志（高敏同志秦汉魏晋南北朝史造诣颇深），介绍您的专长和近年经历，推荐你到他们所里。假如他们那里没有搞夏商周这段的人，或者即使有而不一定具备考古、古文字知识，也许会有可能延揽。望你接信后三天拿我的介绍信去看高敏同志，面谈

一下，如何？

事不一定能成，先联系再说。即致

敬礼！

周一良

八五、十、二十九

附：周一良先生给高敏先生信

高敏同志：

您好！谨介绍河南省文物研究所夏麦陵同志来见，乞便中予以接待，感同身受。即致

敬礼！

周一良

八五、十、二十九

致夏麦陵（1986.1.18）

麦陵同志：

谢谢您的贺年片！信亦收到，今日致函郑大历史系戴可来同志，并转去了你的自传，是否有望不可知。我告诉他，你将去面见，或者你收此信后一周去拜访一下？地方单位人事关系如此复杂，你作为新来的人自然最好坚持不介入。如果因而受到怀疑，就未免太冤枉了。不一一。即致

敬礼！

周一良

八六、一、十八

致陈熙中（1985.9.7）

熙中同志：

你好！兹有一事求教。近重读《南齐书》，其中卷五二《文学传》末论的是文学批评性质，不知搞文艺理论的同志们有研究它的没有？文章骈四体六，颇难捉摸。说“总而为论，略有三体”，但三体的区别究属何在？萧子显似对三体都不太满意，所以末尾说“三体之外，请试妄谈”，但我也弄不懂他主张为何？你能否为我这外行人试作解释？因近拟搞魏晋南北朝史学特点，从“史臣曰”里试作挖掘。这篇“史臣曰”与史学关系不大，但亦是当时一种做法——在“史臣曰”部分谈综论及看法。

敬礼！

周一良

85.9.7

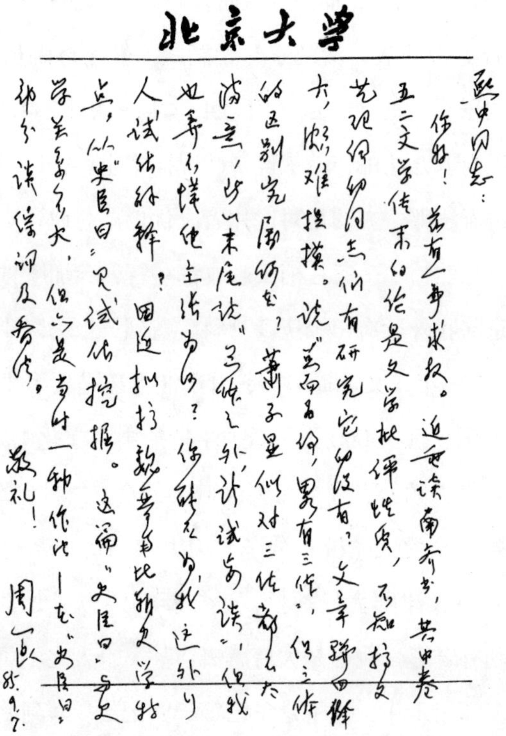

致陈熙中（1987.4.20）

熙中同志：

别来无恙？去冬接信后一直瞎忙，而又觉实在乏善足陈，因而未曾动笔。首先，来函“师”字不敢当，谨奉璧。如果说审查期间对你的外语还有所帮助的话，至多是师友之间耳，一笑。现在四月，你已讲学一学期，反映良好，自在意料之中，于东瀛学界及风土人情观感如何，甚盼告及。九州大学有退休老教授目加田诚先生，主持翻译《世说新语》，极见功力，不知有机会晤及否？又有越智重明教授，专治魏晋南北朝史，亦弟所识，见面乞代问候。我去年秋间将主编之《中外文化交流史》交稿后，大部时间用于百科全书之魏晋南北朝部分，争取今年定稿。今年三月之初到巴黎开会一周（教科文组织主持之《人类科学文化史》第三卷编委会，我负责写古代朝鲜及日本一小章），此为四访巴黎，而卢浮故宫博物院乃首次观光。彼国制度，博物馆礼拜日免费开放，参观学习者踊跃。又圣母院虽在外一度瞻仰，而未入内攀登，此次一试。门票小学生三法郎，中学生五法郎，成人六十岁以内者九法郎，盖依经济状况而定也。告以我已七十又五矣，结果只付五法郎，大约是对退休者之优遇。总说资本主义国家向钱看，其实不尽然！……三月梢又赴成都一行，参加缪钺老先生博士生答辩。北京除我外还有田余庆及社科院黄烈，极为隆重。……粉碎“四人帮”已十一年，又重提旧事，看来北大还是实事求是的。何芳川将于夏间返国。汤一介颇为活跃，主持的中国文化书院买卖很好。他在全国内外来去频繁，今夏可能又赴美开会。“梁”家子弟固大有人才也。一笑。全北大“极右分子”谭天荣与历史系全系“极右分子”庞卓恒皆在天津师大任教授，近在新刊杂志《史学理论》上合作写文，并刊有合影。我于是大有感慨：甚矣，人之不可不长命也！此二公若不多活三十年，岂不是早已等于粪土哉！写到此，再简单奉

告，残躯平安，康强如旧。单人匹马巴黎之行，空中十七小时，住五夜即归，时差影响尚未恢复也。不一一。亟盼来信！即致

敬礼！

一良

一九八七、四、二十

远中同志：别来无恙？去冬接信后，一直瞎忙，而又觉实在乏善足陈，因而未曾动笔。首先，来函"师"字不敢当，请奉璧。如果说审查期间对你的外语还有些帮助的话，至多是师友之间耳。一笑。现在四月，你已讲学一学期，反映如何？自在意料之中。于东瀛学府及风土人情观感如何，望能告及。九州大学有退休老教授目加田诚先生，主持翻译世说新语，极见功力，不知有机会晤及否？又有越智重明教授，专治魏晋南北朝史，亦为旧识，见面乞代问候。我去年秋间将主编之中外文化交流史交稿后，大部时间用于百科全书之魏晋南北朝部分，争取今年定稿。今年三月之初到巴黎开会一周。《教科文组织主持之人类科学文化史第三卷》编委会，我负责写古代朝鲜及日本（一小章）此为四访巴黎。而罗浮宫博物院乃前次观光之彼国当局博物馆礼拜日免费开放，参观学习者踊跃。又参圣母院，只在外一度瞻仰，而未入内攀登，此次一试。门票小学生三法郎，中学生五法郎，成人六十岁以内者九法郎，盖依经济状况而定也。告以我已七十又五矣，结果只付五法郎，大约是对退休者之优遇。总之资本主义国家向钱看，其实不止老外？如今日有一日本教授询问来北大研究事，外事处回答是，不论职位为何，每月须交三百美金。把文化学术交流的将了亦成无耻的敲竹杠，可胜浩叹！三月杪又赴成都一行，

参加缪钺老先生博士生答辩。北京除我外还有田余庆及社科院黄烈，极为隆重。北大年此举最多也。说到北大，恐怕自你走后未见有所起色。学生运动（用字甚有研究，有"闹"了，"上街"、"学潮"等不同提法）情况也国外所知能更详。据云王学珍报告比白宫布，北大没有坚持资产阶级自由化的人，算是镇大家吃了定心丸。至于批判方等三人的工作，我因已退休，只参加组织生活，似亦困惑而已，并"过场"亦未走也。范达人已提副教授，两月之前返校。据云市委仍坚持处分，北大不同意，上告至纪委。纪委指示北大听市委的，于是若范受到严重错误处分名（可能尚有老错），但处分以很轻——党内警告。粉碎四人帮已十一年，又重提旧事，看来北大还是实事求是的。何芳川时于夏间返国。当一个月颇为活跃，主持的中国文化书院实在很好。他去人国内外来去频繁，今夏可能又赴美开会。"梁"家子弟固大有人才也，一笑！今龚"极右分子"谭天荣与历史系金小"极右分子"殷学恒皆至天津师大任教授，近在新刊杂志"史学理论"上合作写文，并列有合影。我于是大有感慨：苦矣，人之不可不长命也！此二公若不为活三十年，岂不早已辞于黄土哉！写到此，再简单奉告。钱鲲平安，康给如旧。单人近为已举之行，空中十七小时，住五夜即归，时差影响尚未恢复也。不一一，顺盼来信！即颂

敬礼！

一良

一九八七、四、二十

致陈熙中（1987.10.7）

熙中同志：

数月前曾上一函，其中颇话及学生运动事，不知是否因此而致浮沉也。今见中文系同志（张少康），始悉接家眷事搞得极不愉快，闻之愤慨！我先闻将于明春返国，迎眷事遂作罢论耶？在九州工作生活如何？对彼邦观感怎样，便希示及一二！

我从去夏“离”休（沾一“离”字，因48年底以前在清华教书），校中系中事不问，而外间事不少，并未“离”学术界，此亦知识分子与干部之所以不同也。去年及今春均赴法开会，今夏到港，参加敦煌吐鲁番学术会议，海峡彼岸学者会晤谈话颇融洽，有台北东吴大学一位青年教授说，此次会议水平远在去冬台北所开类似会议之上，如海峡两岸学者合作，超过日本人定无问题。其人谦恭有礼，颇致拳拳之意。返台后又通过香港寄来开会时合影，足见要求回归之趋向。看来文化确能超越社会制度、阶级关系，而起到黏合、联系的作用。

范达人已返京，副教授解决，但梁效事留小尾巴（可能包括老钟），亦有小处分。江文通《恨赋》中所谓“李君（李陵）降北，名辱身冤”，正梁效之谓也。何芳川也从美国归来，汤一介办文化书院，国内外讲学飞来飞去，极为活跃。阁下与孙静在日讲学，胡经之、孙庆升分别主持深圳、烟台大学中文系，老田目前在史学界威信颇高，所撰《东晋门阀政治》一书将由人民出版，我认为是近年史学界宏观微观皆属上乘之稀有佳作。北大“梁家”真可谓人才济济，一笑。

近日有何著述？彼邦东方学会之类谅曾参加，治中国文学者有突出成就否？日本人中国史学方面颇强，几乎各个方面都有人在钻研也。不一一，即致敬礼！

周一良

八七、十、七

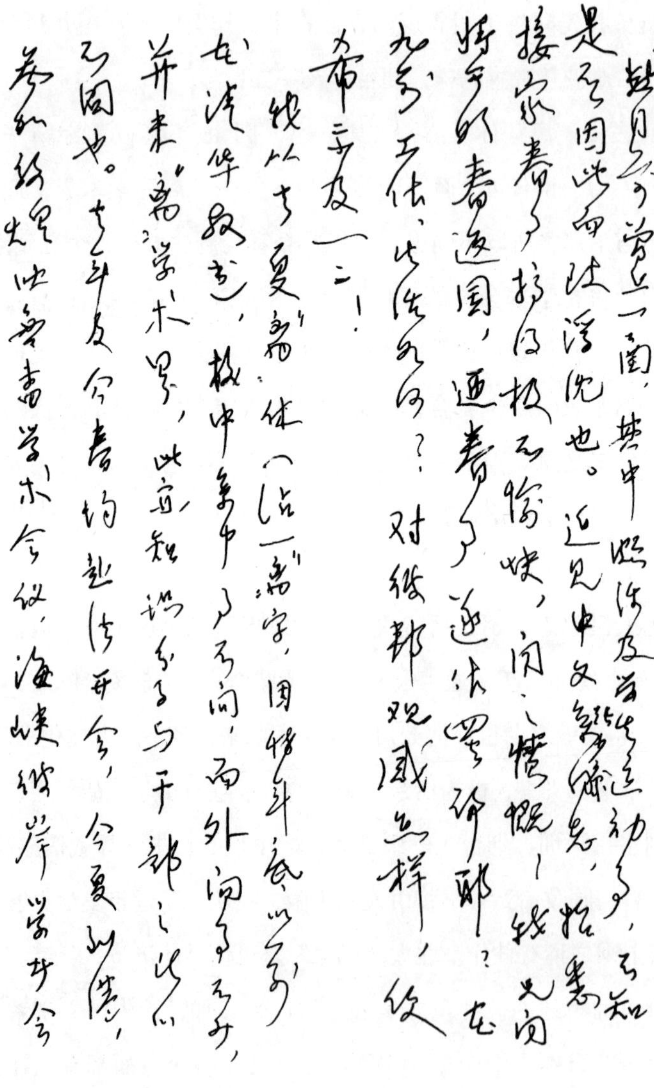

照中同志：

赴日之前曾上一函，其中谈及学生运动事，不知是否因此而延误也。近见中文报纸，始悉接家书，拊以极为愉快，闲、慨慨！我先问博士所著书返国，通书之还给罗论耶？在北京工作，生活如何？对彼邦观感怎样，彼希示及一二！

我从去夏离休（后一离字，因种种原因以离在清华教书），校中事已不问，而外间事不少，并未离学术界，此点知者多与于郭之比不同也。去年及今春均赴外开会，今夏如港，参加敦煌吐鲁番学术会议，海峡两岸学者会的谈话，有与此东吴大学一位青年教授说，此次会议水平远高于台北召开类似会议之上，如海峡两岸学界合作，超过日本人定无问题。其人谦恭有礼，均致拳拳之意。这足征文通过香港学者来开会的合影，足见两岸回归之趋向。香港文化确能超越社会制度、阶级关系，而起到黏合、联系的作用。

范达人已返家，副教授职决，但果然户留个尾巴（户籍包括老钟），尚有小处了。该文通纵中外，谓李君李陵降北，名辱身宽，而吴致之须也。何芳川亦从美国归来，尝与我文化书

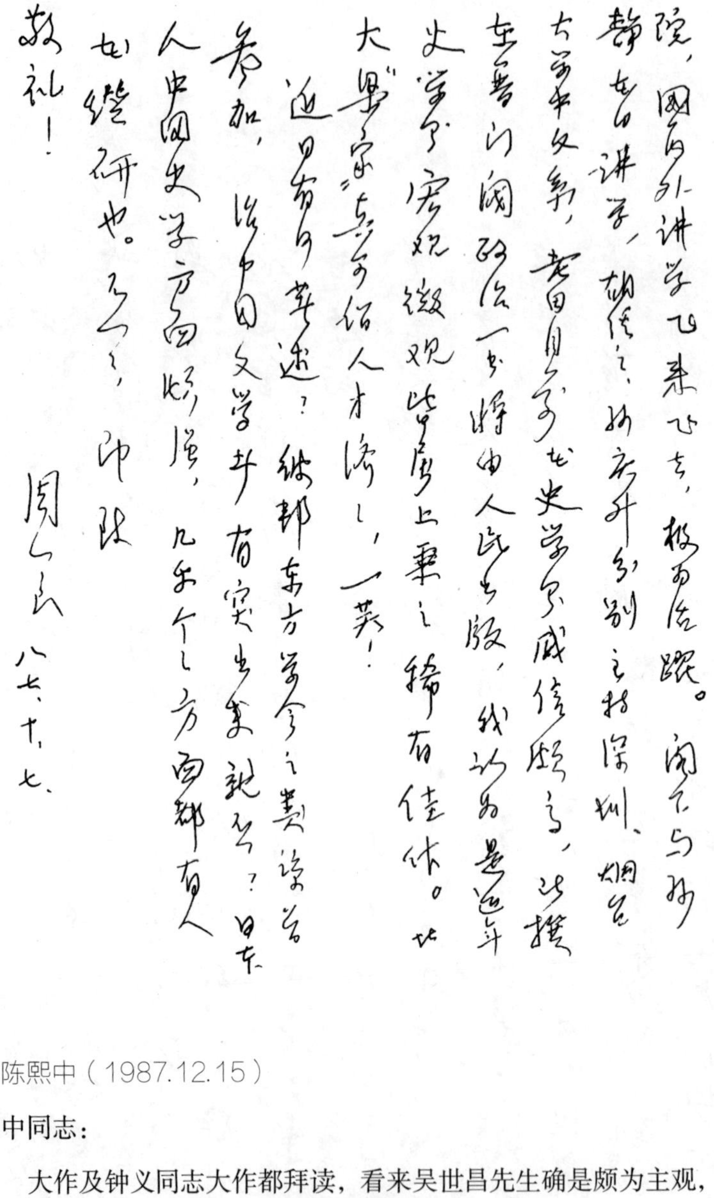

院，国内外讲学飞来飞去，极为活跃。闻你与孙
静安台讲学，[illegible][illegible]，[illegible][illegible]分别主持深圳、烟台
大学中文系，老田自是史学家，成绩[illegible][illegible]，此揆
东晋门阀政治一书将由人民出版，我认为是近年
史学界宏观微观性质上乘之作，希有佳作。北
大[illegible]家之东方语人才济济，一笑！
近日有何著述？继郭东方学会之类诸会
参加，论中国文学并有实事求是吧？日本
人中国史学方面好像，几乎个个方面都有人
如继研也。匆匆，即颂
敬礼！
周一良
八七、十、七、

致陈熙中（1987.12.15）

熙中同志：

大作及钟义同志大作都拜读，看来吴世昌先生确是颇为主观，用的是实用主义手法。几处引文我查了原文，你译的都确切，没有曲解。

敬礼！

一良

八七、十二、十五

致陈熙中（1990.11.15）

熙中同志：

昨到大馆借一本《魏晋南北朝语法》，未入藏。想请你便中看看中文系资料室或汉语专业同事中有无此书，能代借一阅否（一周左右），请电示（3557）！好像你家已有电话，号码忘记了。借到后我当走领，顺便可以畅谈。

即致

敬礼！

周一良

九〇、十一、十五

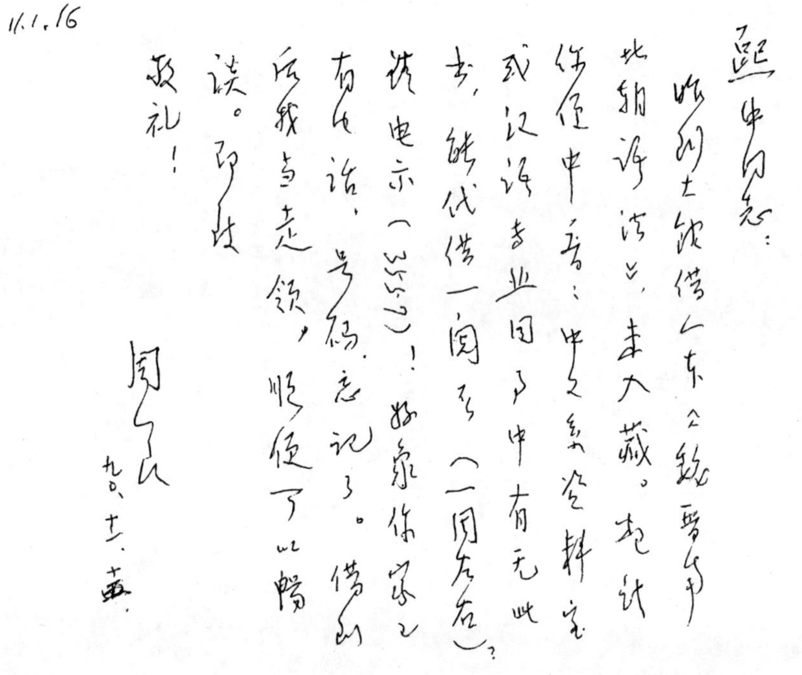
11.1.16

熙中同志：

昨到大馆借一本《魏晋南北朝语法》，未入藏。想请你便中看看中文系资料室或汉语专业同事中有无此书，能代借一阅否（一周左右）？请电示（3557）！好像你家已有电话，号码忘记了。借到后我当走领，顺便可以畅谈。即致

敬礼！

周一良

九〇、十一、十五

致陈熙中（1993.9.28）

熙中同志：

龙庆峡相片始洗出奉上。此行多蒙“提携”，否则老人大为难矣！多谢多谢！

老宋近以所著欧公研究稿见示，颇有新意。假如梁效不遭劫难，他不会出此成绩，亦可谓因祸得福，只恨党籍代价太昂耳。不一一，即致

敬礼！

周一良

九三、九、二八

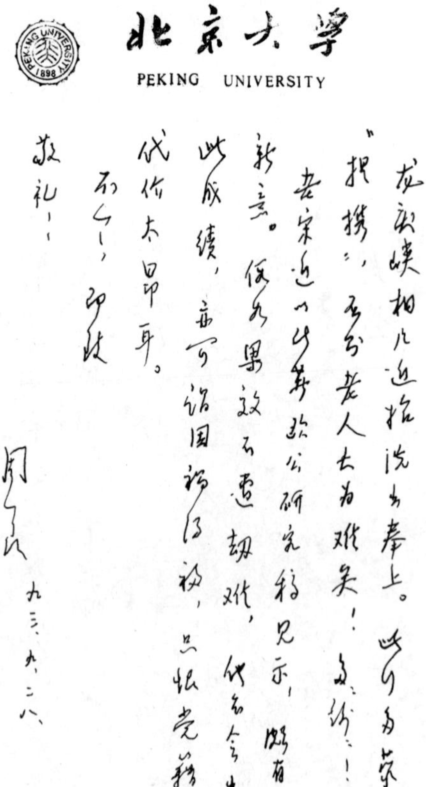

熙中同志：
龙庆峡相片始洗出奉上。此行多蒙“提携”，否则老人大为难矣！多谢多谢！
老宋近以所著欧公研究稿见示，颇有新意。假如梁效不遭劫难，他不会出此成绩，亦可谓因祸得福，只恨党籍代价太昂耳。不一一，即致
敬礼！
周一良
九三、九、二八

致陈熙中（1994.9.29）

熙中同志：

承指出日期错误，致谢！此中有两误：一、我记不清萃华楼晚餐日期，以为即粉碎“四人帮”之10月6日；二、又笔误为廿六日。已函编辑部更正矣！老迈昏聩，可悲可悲！

公牛考妙极，何不找合适刊物捅出去？

承嘱题签，恨难应命。自右手粉碎性骨折后，勉强执笔吃饭，持硬笔作字（此信可为证）。不能用毛笔，更不敢题签矣。自传篇名原用硬笔，编辑部再一描，遂丑不堪言！

敬礼！

一良

九四、九、二九

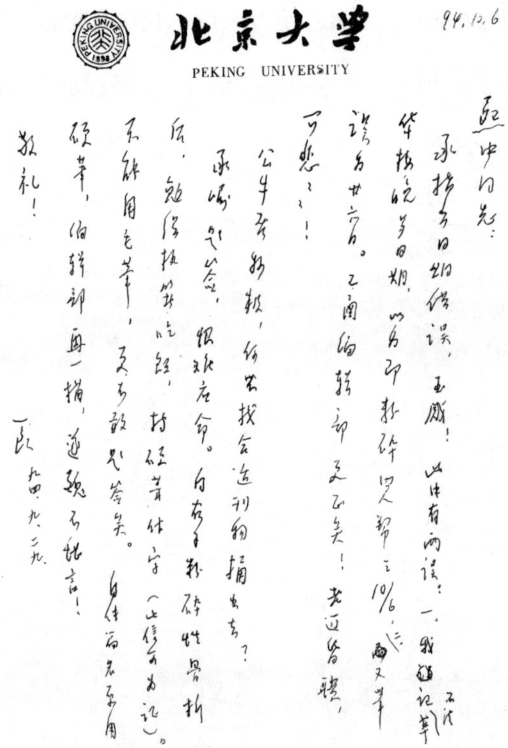
北京大学
PEKING UNIVERSITY
94.12.6

致杨际平（1974.8.24）

际平同志：

信和文章收到很久了。因为我一度下去，离开北京，回来后工作又紧张一段，现在才复信，乞谅！

看来你教书以后对于中国古代史很下了些功（工）夫。这篇文章中所讨论的问题，很多地方我同意你的意见。只是感到，“破”郭老之说较具体，而在“立”这方面还不太够。但无论如何，我觉得你紧紧按照经典作家的论断来处理问题，提出看法，还是很好的。不知什么原故，文中缺第19页（订好寄来的，所以不会是中途脱落）。

最近将出一个历史学刊物，仍用《历史研究》的名称，先出试刊号。我准备把这篇文章送给他们看看，可否以某种方式，作为讨论问题的东西收进去。当然，是否采用，我没有把握。如采用，你还得把缺页补来才行。

敬礼！

周一良

七四、八、二四

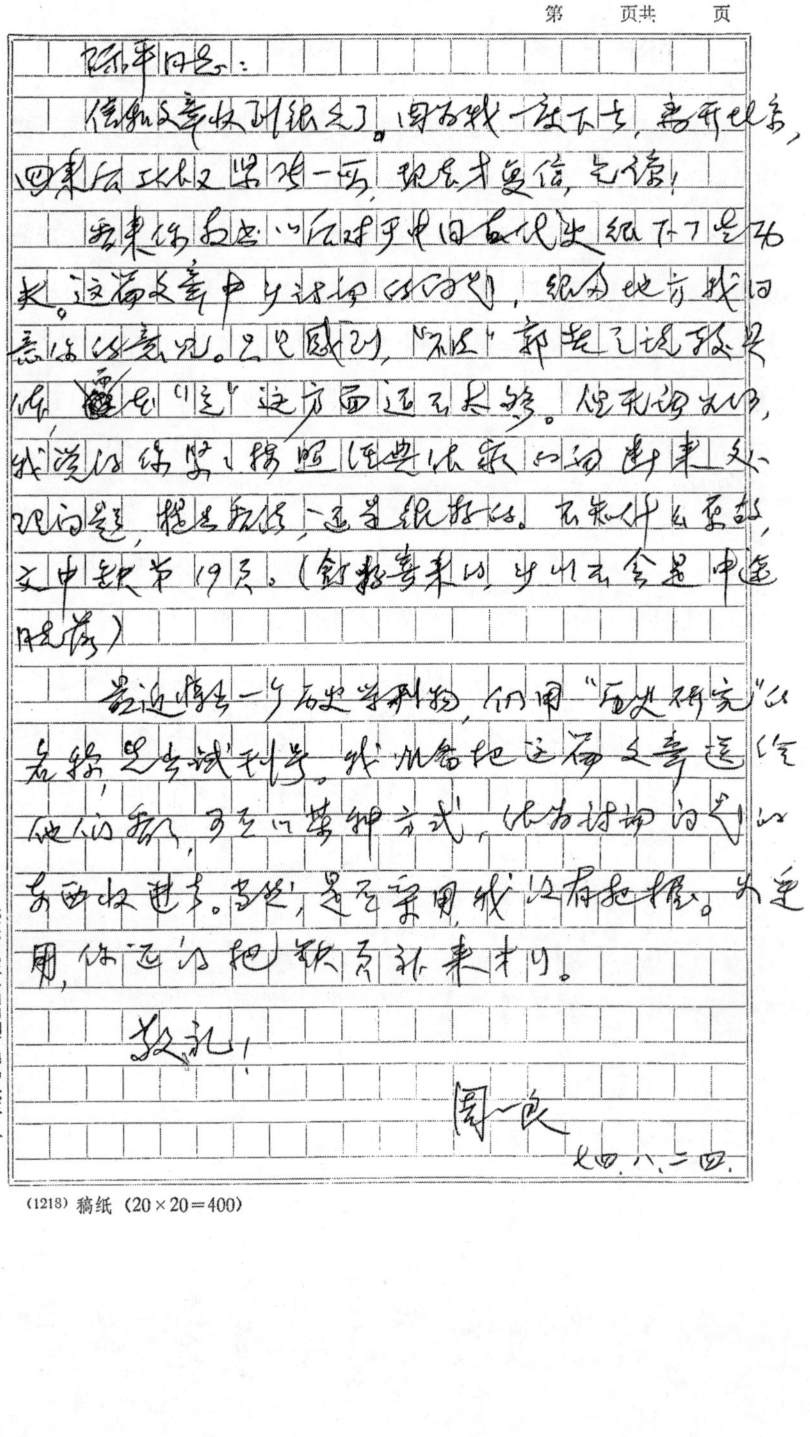

第　页共　页

陈平同志：

信和文章收到很久了。因为我一度下乡，离开北京，回来后工作又忙了一阵，现在才复信，乞谅！

看来你离校以后对于中国古代史很下了些功夫。这篇文章中所讨论的问题，很多地方我的意见和你的意见相同。只是感到，"破"郭老之说较多，你自己"立"这方面还不太够。但无论如何，我觉得你能坚持按照经典作家的论断来处理问题，提出看法，这是很好的。不知什么原故，文中缺第19页。（能够寄来时，此处大概是中途脱落）

最近将出一个历史学刊物，仍用"历史研究"的名称，先出试刊。我准备把这篇文章送给他们看看，或者以某种方式，作为讨论问题的东西收进去。当然，是否录用我没有把握。如要用，你还得把缺页补来才行。

敬礼！

周一良

七四.八.二四.

(1218) 稿纸 (20×20=400)

北京市电车公司印刷厂出品 七三·十

致杨际平（1981.1.11）

际平同志：

来信和论文都收到，至为高兴。我对均田制缺乏研究，你所提均田制下未废私田和户内调整的说法，我看都很有道理。韩国磐同志专精魏晋隋唐，经济史尤所擅长，在他指导下，相信你的论文定能取得好成果。粉碎“四人帮”后，迎来科学的春天，文史方面亦复如此，你关于分期的文章得以问世亦其一例。我重理旧业，只有急起直追，有许多课待补，尚企时时以研究心得教我为盼！不一一，即致

敬礼！

周一良

八一年一月十一日

傅〔筑夫〕韩〔国磐〕两位先生晤时乞代致意

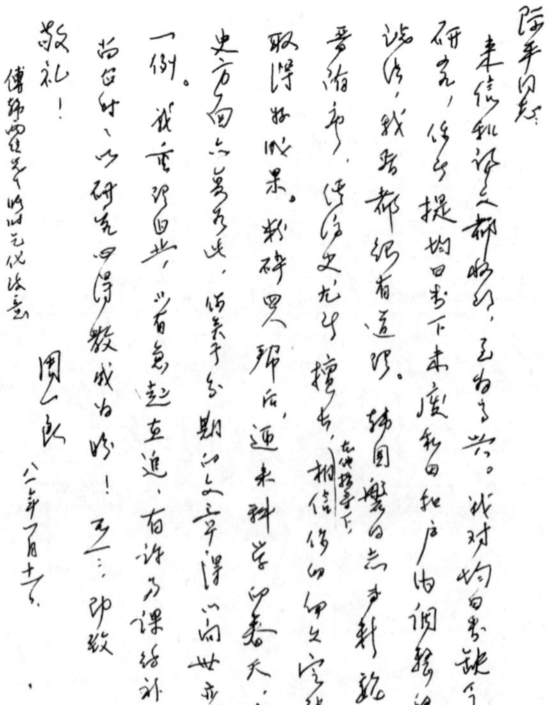
际平同志：
来信和论文都收到，至为高兴。我对均田制缺乏研究，你所提均田制下未废私田和户内调整的说法，我看都很有道理。韩国磐同志专精魏晋隋唐，经济史尤所擅长，在他指导下，相信你的论文定能取得好成果。粉碎四人帮后，迎来科学的春天，文史方面亦复如此，你关于分期的文章得以问世亦其一例。我重理旧业，只有急起直追，有许多课待补，尚企时时以研究心得教我为盼！不一一，即致
敬礼！
周一良
八一年一月十一
傅韩两位先生晤时乞代致意

致杨际平（1982.11.4）

际平同志：

你好！

你去年寄给我的关于均田制的论文，一直没有工夫看。最近因给研究生讲魏晋南北朝史史料介绍，涉及这些问题，今天一口气读完了你的大作。我觉得你破除迷信，对旧说重加考察，确有新意，至为钦服。特写信致敬意，并请代向你的导师韩先生祝贺！

我以前也曾朦胧地感到，所谓均田制是否在私有土地基础上划分出各种田，在纸上和户内调整，但未接触史料，至未深究。你的论文用大量数字论证，使人信服。我常想，读史时不要太形而上学，社会情况可能是很复杂的。如曹魏实行兵户制，但肯定当时作战的决不止是世代为兵的士家，而同时有招募来的兵士。行府兵制时，亦不可能只有府兵打仗。行均田制时，一定还有不少私家田地（不只大地主，而且有小自耕农），读你的论文后，更觉得是如此。

论文末尾采唐长孺、李亚农先生说，以为均田之收是受封〔建〕社〔会〕土地制影响的，我不甚同意。如果拓跋氏受封社影响，应在早期平城“计口授田”时，而那时没有这样做。孝文实行均田时，距北魏建国已一百年，北方统一亦已近五十年，当已深受汉族经济之影响。从当时时弊为土地兼并，均田目的也在于防止兼并，就可想到，不至还抱有村社土地制那样简单、天真的想法了。这意见不一定对，你看如何？

论文是否已在学报铅印，如有，盼能惠寄一册？

即致

敬礼

周一良

82.11.4

陈平同志：

你好！

你去年寄给我的关于均田制的论文，一直没有功夫看。最近因给研究生讲魏晋南北朝史史料介绍，涉及这些问题，今天一口气读完了你的大作。我觉得你破除迷信，对旧说重加考察，确有新意，至为钦服。特写信致敬意，并请代向你的导师韩先生致候！

我以前也曾朦胧地感到，北魏均田制是在私有土地基础上划分为各种田，在纸上加以调整，但未接触史料，更未深究。你的论文用大量数字论证，使人信服。我常觉读史时不可太形而上学，社会情况是很复杂的。如曹魏实行兵户制，但当时作战的决不止是世代为兵的士家，而同时有召募来的兵士。行府兵制时，亦不可能只有府兵打仗。行均田制时，一定还有不少私家田地（不只大地主，而且有小自耕农），读你的论文后，更觉是如此。

论文末尾采用了李亚农先生之说，以为均田之收受受了村社土地的影响，我不太同意。如果拓跋氏受村社影响，应在早期平城“计口授田"时而那时没有这样做。孝文帝均田时，距北魏建国已一百年，北方统一亦已近五十年，当已深受汉族封建经济之影响。从当时之弊为土地兼并，均田目的也在于防止兼并，就可看到不是这样指有村社土地那样简单、天真的想法了。这点见解一定对，你看如何？ 

论文何日在学报发印，出版后，盼能惠寄一册！此致

敬礼！

周一良

82.11.4.

致邓文宽（1988.11.2）

文宽同志：

惠书皆收到，麻烦你了，至为感谢。只要同意抽回，原稿不退我也不要紧。因我尚有存底！文亦不长，可以重抄。我只是觉得咱们对“讲座敦煌”应有反应及介绍，故而想到此文，交《出土文献研究》已整整三年了（85年底见书后即写），池田对北图展览资料中无此书颇遗憾，可以理解。我将设法将此小文刊出，也算一种表态吧！再次感谢！

敬礼！

周一良

八八、十一、二

致王素（1984.11.28）

王素同志：

近得日本金谷治教授来函，寄上一阅，即留尊处可也。我已复信，告他我们对国外学术情报不灵通，此种事时有发生。你如拟与之通讯，请迳（径）寄！

敬礼！

周一良

八四、十一、二八

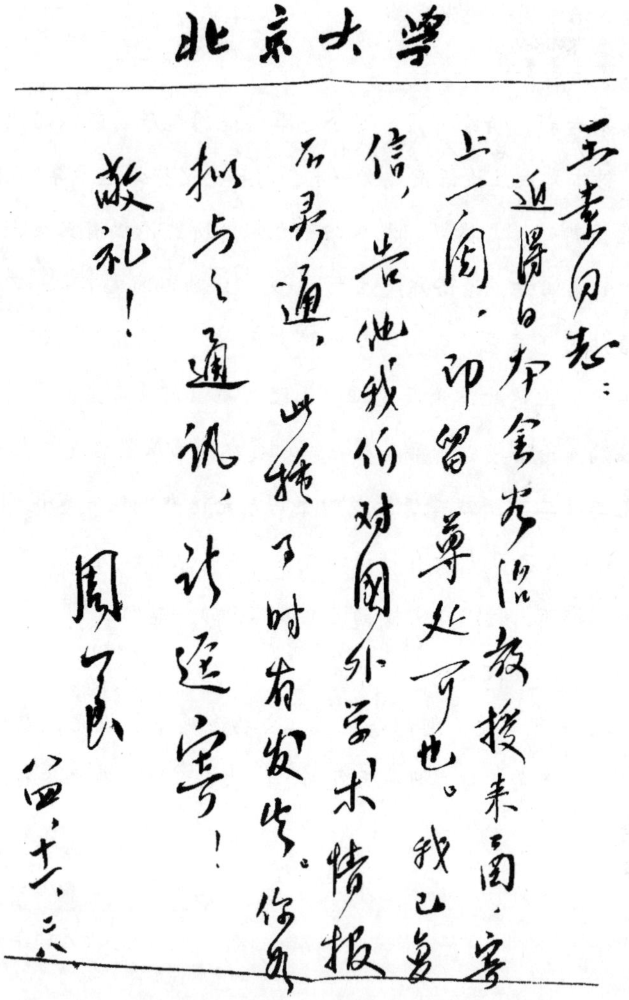

北京大學

王尧同志：

近得日本金谷治教授来函，寄上一图，即留尊处可也。我已复信，告他我们对国外学术情报不灵通，此种事时有发生。你或拟与之通讯，请迳寄！

敬礼！

周一良

八四，十，二八

附：金谷治给周一良先生函

周一良先生惠鉴：

自别台颜，倏经一月，时企芝晖，遥想起居。弟以船便发送拙编《唐钞本郑氏注论语集成》一本，旬日中定将到达于尊处。

近接新刊《文物》一九八四年九期，所载论稿有王素氏《敦煌文书中的第四件〈论语郑氏注〉》一文。以斯坦因文书六一二一号佚名论语注为新发见（现）之第四件郑氏注。其结论及论证，弟以为确实不误，但是此结论及论证，已经六年以前弟考覈断定，发表于上记拙编《论语集成》第一八七—八页矣，弟承蒙启发，在《考古》一九七二年二期所载《唐景龙四年写本论语郑氏注残卷说明》注三（拙编第一五〇页上段有日语译文）。但该说无证明。弟考覈论定，初次公刊影照，付以译文校勘记（第二〇〇—二〇五页）。

弟未知王素氏其人。

先生如有幸便，则请令他或《文物》编集员识之，是所盼祷。但事不大，毋劳慈廑。日来天气新凉，伏乞珍摄。耑此奉达，敬颂

文祺。

弟金谷治　顿首

一九八四年十月卅日

致胡宝国（1983.5.19）

宝国同志：

你们走后，我翻阅自己那本《晋书·刘毅传》（编者按：此刘毅在《晋书》卷45，P1274~1275），原来以前曾用《通典》对过“一人不审，遂为坐废”，显然文义较胜。第二条《通典》删去“为九品者取下者为格”及“务自远者……公以为格”诸句。“坐成其私”作

“坐徇其私”，又删去“君子……倒错”等句，“凡品之下”作“九品之下”，亦以《通典》为优。我们所不解的几句 ，杜君卿都未保留，不知是认为不重要，还是他也认为费解？此文我自己校对过，而全无印象，亦年逾古稀老耄之征也！

一良

八三、五、十九

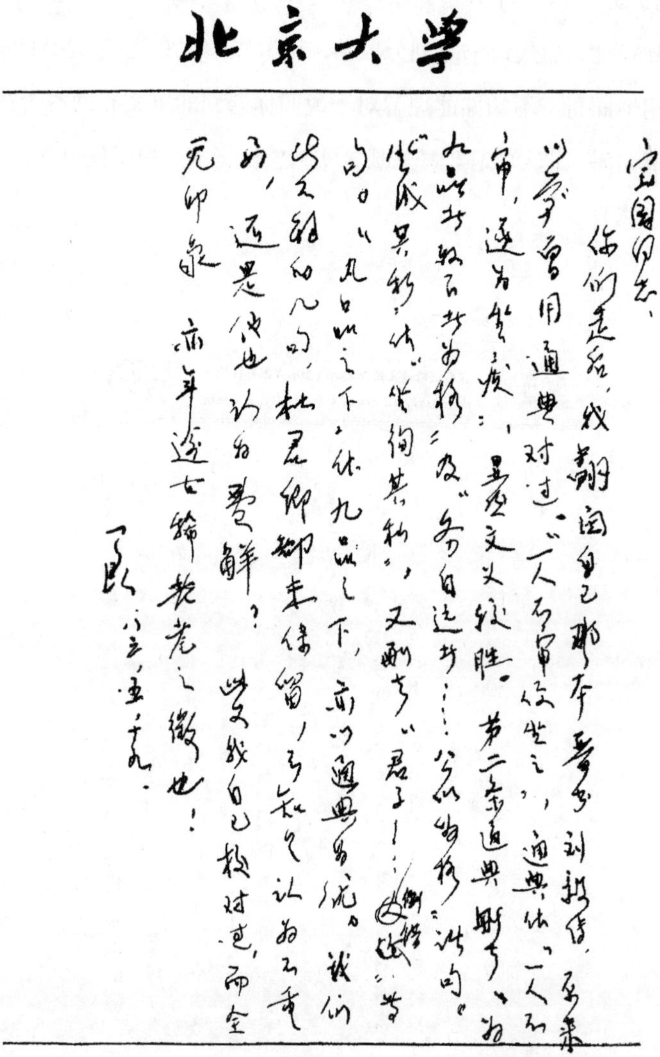
北京大学

宝同同志：

你们来信，我翻阅自己那本……

……我们所不解的几句，杜君卿都未保留，不知是认为不重要，还是他也认为费解？此文我自己校对过，而全无印象，亦年逾古稀老耄之征也！

一良 八三、五、十九

致胡宝国（1990.10.2）

宝国同志：

你好！收到来信。章句一词，我觉得并不一定与古文家联系，而与今文家对立。朱子整理四书，《大学》《中庸》两篇称章句，而论、孟称集注。他自己未作说明，但《四库提要》卷31经部四书类说："《大学》古本为一篇，朱子则分别经传，颠倒其旧次，补缀其缺文。《中庸》亦不从郑注分节，故均谓之章句。"看来朱子用此称当有根据，章句犹如后代讲书之划分段落，讲解段落大意之类，可能与训诂名物相辅而行。不知如此理解对于说明你遇到的史文有助益否？你父亲近况如何？北大中心延揽未成，实为遗憾，家书中望代道念，即祝

秋祺！

周一良

九〇、十、二

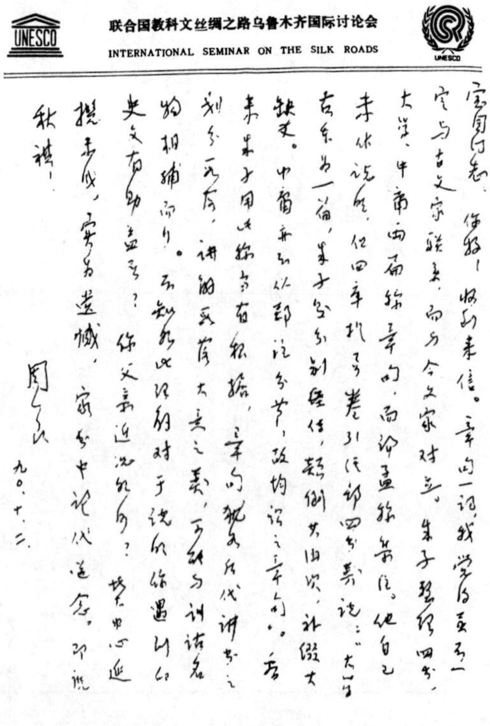

UNESCO 联合国教科文丝绸之路乌鲁木齐国际讨论会
INTERNATIONAL SEMINAR ON THE SILK ROADS

宝国同志：你好！收到来信。章句一词，我觉得并不一定与古文家联系，而与今文家对立。朱子整理四书，大学、中庸两篇称章句，而论孟称集注。他自己未作说明，但四库提要卷31经部四书类说："大学古本为一篇，朱子则分别经传，颠倒其旧次，补缀其缺文。中庸亦不从郑注分节，故均谓之章句。"看来朱子用此称当有根据，章句犹如后代讲书之划分段落，讲解段落大意之类，可能与训诂名物相辅而行。不知如此理解对于说明你遇到的史文有助益否？你父亲近况如何？北大中心延揽未成，实为遗憾，家书中望代道念，即祝

秋祺！

周一良

九〇、十、二

致胡宝国（1993.2.4）

宝国同志：

生日蒙盛宴招待，感荷无已！照片一张，聊作纪念。另陈勇、郭熹微同志各一张，请就近转交！入八十后，犹如邓大人所谓“上一新台阶”，心理上不免压力，但仍愿不废读书，随时写小文以自娱悦，唯难有大贡献矣。匆匆即致

敬礼！

一良

九三、二、四

如雷同志致电清华会上祝寿，已另函不字□致谢。

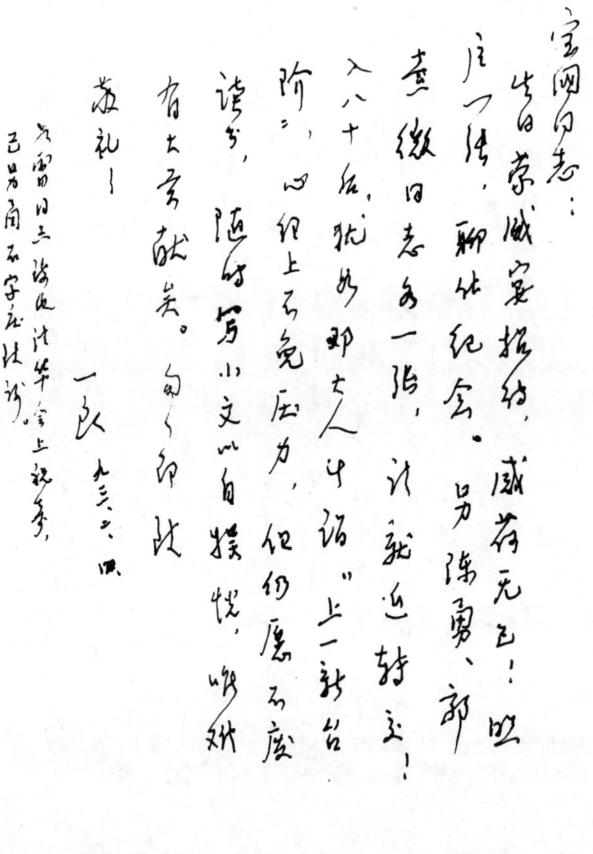
宝国同志：
生日蒙盛宴招待，感荷无已！照片一张，聊作纪念。另陈勇、郭熹微同志各一张，请就近转交！入八十后，犹如邓大人所谓“上一新台阶”，心理上不免压力，但仍愿不废读书，随时写小文以自娱悦，唯难有大贡献矣。匆匆即致
敬礼！
一良 九三、二、四
如雷同志致电清华会上祝寿，已另函不字□致谢。

致胡如雷（1993.2.4）

如雷同志：

生日承电报祝贺，感愧感愧！清华历史系诸同学相聚甚欢，当年全系人数不多，师生关系密切融洽。有人虽在北大毕业，仍谓对清华感情较深也。进入八十，犹如邓大人所谓“上一新台阶”，心理不免压力。但愿不废读书，写小文以自娱悦，难望有大贡献矣！闻吾弟续弦，一切美满，极为欣慰！尚希保重身体，再写好书几本，为史学增光。公子两人皆能事家学，宝国近年进步甚快，真是生子当如孙仲谋，甚羡甚羡！不一一，即祝

阖府春节愉快！

一良

九三、二、四

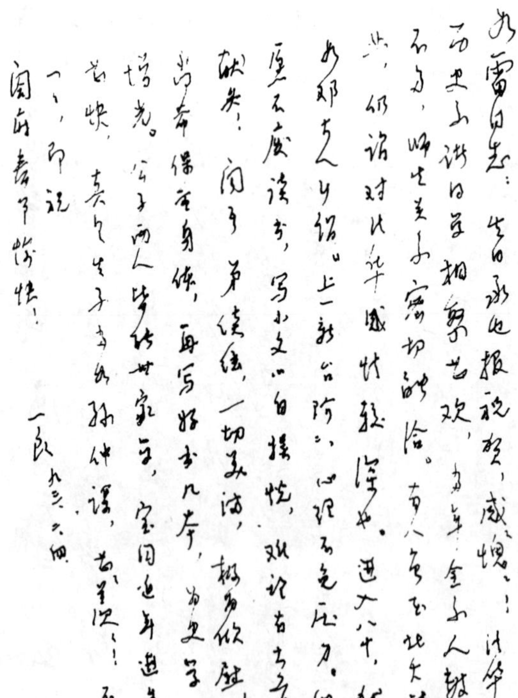
如雷同志：生日承电报祝贺，感愧感愧！清华历史系诸同学相聚甚欢，当年全系人数不多，师生关系密切融洽。有人虽在北大毕业，仍谓对清华感情较深也。进入八十，犹如邓大人所谓“上一新台阶”，心理不免压力。但愿不废读书，写小文以自娱悦，难望有大贡献矣！闻吾弟续弦，一切美满，极为欣慰！尚希保重身体，再写好书几本，为史学增光。公子两人皆能事家学，宝国近年进步甚快，真是生子当如孙仲谋，甚羡甚羡！不一一，即祝
阖府春节愉快！
一良 九三、二、四

致荣新江（1991.11.30）

新江同志：

想到应增加的几人，姓名地址如下：

唐耕耦　甘家口国家物资局 60 门 14 号

刘桂生　清华思想文化研究所

孙晓林　大百科出版社

郑必俊　北大历史系

汤重南　社科院世界史所

李　玉　北大图书馆

严绍璗　北大比较文学所

又上次所列，你不知地名者：

孙启治　200126 上海浦东西营路 170 弄 1 号 401

周启成　杭州体育场路杭大宿舍 7 幢 2 单元 101 室

刘美崧　430074 武汉市中南民族学院民族研究所

周启乾　天津和平区南京路云峰楼乙 410—414

梁英明　北大亚非所

国外方面：

王伊同是同辈人，不必寄，其他为：

汪荣祖　Young-tsu Wang　651 Owens St. Blackburg, Victor　H. Mair

梅维恒　Dept of Oriental Studies VA 24060　847 Williams Hall, Philadelphia, PA 19104-6305

Richard B. Mather　马瑞志　2091 Dudley Ave. St. Paul, MN 55108

Hoyt Cleveland Tillman　田　浩　Dept of History. Univ. of Arizona, Tempe, Arizona 85287

藤家礼之助　神奈川县相模原市大野台 2—12—2—106

渡部武　神奈川县茅ク崎市べばりか 丘 6—129

铃木启造　东京都东九留米市滝山三丁目 1—5—507

福井文雅　东京都武藏野市吉祥市本町 4—2—61

人似乎已经太多。当然，可能有的收到来信未必会有文章寄来。国外的信，望给我放在系里信箱中，由我去付邮，不要客气！

再者，关于书名题字，我考虑不计书法名人，拟请老友吴于廑（430072 武大北三区 21 幢 507）。请信中告他：我意不敢麻烦同年辈人写文章，但一定请他绘题书签，作为我们深厚友谊的纪念。拜托拜托。

敬礼！

周一良

九一、十一、三十

和平按：1991 年下半年，同门北大历史系荣新江教授和我商定为一良师八十寿诞做一本纪念论文集。我们俩同到先生家商议，拟定了一个约稿人名单，由新江兄负责打印，由我寄出。我们走后，一良师又寄来此信，我们遵嘱将这些名单补入约稿者名单，信仍由我寄出。给吴于廑先生的信也由我单独写给他，吴先生很快给我回信并寄来题签，信仍在我手中。给约稿者的信寄出后，都有回信，这些大札仍在我处，他们对我们的工作非常支持。中国社会科学院历史所何龄修先生不仅写信鼓励我们，居然还在信中附上邮票，说不能让我们出钱又出力，何先生的信和邮票我至今保留。当时适逢学术著作出版困难，其中甘苦不足为外人道也。不过，《周一良先生八十生日纪念论文集》终于赶在 1993 年 1 月 19 日一良师生日前印出，结局终圆满也。

致荣新江（1992.9.13）

新江同志：

我的老友杨联陞教授论文集近始出版，奉赠一册，以广宣传。

近读胡寄尘编《清季野史》（岳麓出版社，1985），其中所收蒋芷侪《都门识小录》（编者按称“此编作于清宣统三年”）有一段，谈及梁素文，录供你参考。“有友自新疆来，为言：吐鲁蕃（番）一带，近日发现唐时雷音寺古迹及唐人写经本甚多，开缺藩司王树枬，监理财政官梁玉书等，提倡收买，而缠回愚顽，宁售之日本人，不愿售与王、梁，殊可恨也。”

书中另一段言及王树枬开缺事：“御史瑞贤奏参新疆藩司王树枬贪鄙各款，宣统二年三月廿七日，旨交陕督长庚查奏，至今年五月初二日，始有旨将王开缺。一查奏之案，动经年余，何等郑重！而结果乃不过开缺，谁谓贪吏不可为也。”

敬礼

周一良

九二、九、十三

致孟艳红（1995.7.1）

艳红同志：

惠书及复制件收到，极为感谢！近有小文涉及周玉山，当将周作人材料补入也。办面子语我亦不详其义，可能与洋务有关？询之近代史专家，或可得解。昔人纪岁数，据我所知，皆用旧日算法也。

另邮寄呈《周叔弢传》一册，乞哂收。再次感谢检示材料。即致

敬礼！

周一良

九五、七、一

致张思齐（1995.5.24）

思齐同志：

蒙多次赐书，谬承奖饰，愧不敢当。去国半载，四月下旬返校，又缘悭一面，恨何如之！阁下掌握多种外语，自以从事比较文学最为适当，定能发挥潜力，大有作为，历史系博士后固无须顾及也。我患小中风，行动不便，右手手指僵硬，作字困难，书不成形，乞谅！不一一，即致

敬礼！

周一良

九五、五、二四

思齐同志：

蒙多次赐书，谬承奖饰，愧不敢当。去国半载，四月下旬返校，又缘悭一面，恨何如之！阁下掌握多种外语，自以从事比较文学最为适当，定能发挥潜力，大有作为，更希博士后周无须引及也。我患小中风，行动不便，右手指僵硬，作字困难，书不成形，乞谅！不一一，即致

敬礼！

周一良 九五，五，二四

致张思齐（1995.6.11）

思齐同志：

来信收到。兹就我所了解，写成推荐信，是否可用，望酌定！是否能起作用，更未可知也！

敬礼！

周一良

九五、六、十一

附：为张思齐写的推荐信（1995.6.11）

负责同志：

张思齐同志与我从未谋面，只是文字神交。从他用各种文字给我的来信，知道他通晓英、德、日文，能读能写。他对中西方文学俱有素养，对中国历史及传统文化，亦有兴趣。其人涉猎广泛，根柢较厚，具有从事研究的潜力。今拟应征你校文艺评论教师职位，用敢推荐，即希亮詧，并致

敬礼！

周一良

九五、六、十一

北京大学

恩光同志：

来信收到，兹就我所了解的，写成推荐信，是否可用，请酌之！是否能起作用，更未可知也！

敬礼！

周一良 九五、六、十一

北京大学

负责同志：

张思齐同志与我从未谋面，只是文字神交。从他用多种文字给我的来信，知道他通晓英、德、日文，能读能写。他对中西方文学俱有素养，对中国历史及传统文化，亦有兴趣。其人涉猎广泛，根柢较厚，具有从事研究的潜力。今拟在你处担文艺评论或编辑职位，用谨推荐，即希亮察，并致

敬礼！

周一良

九五、六、十六

致张思齐（1996.1.1）

思齐同志：

宋词一册收到，至为感谢！

接来信后，立即草成推荐书寄出。估计按时收到无问题，效果如何则不可知矣。

手僵，字不成形，乞谅！

敬礼！

周一良

九六、一、一

和平按：这是一良师为武汉大学中文系张思齐写成推荐信后给张的回信。2013年9月3日，张思齐为此信作注："思齐于1996.4—1997.5赴英国剑桥大学东方学院作访问学者，这是一良先生写推荐信之后致我的书信。推荐信本身为密函，由一良先生直接寄到剑桥大学相关部门。"

北京大學
PEKING UNIVERSITY
TelePhone 2561166 2552471(SB)
Telex 22239 PKUNI CN
Fax 86-1-256-4095
Beijing 100871 China

恩齐同志：

宋词一册收到，至为感谢！接来信后，立即草成推荐书寄出。估计按时收到无问题，效果如何则不可知矣。手僵，字不成形，乞谅！

敬礼！

周一良

九六、一、一

致张思齐（1998.4.2）

思齐同志：

大作收到后时至今日始作复申谢，至以为歉！此书体裁别致，生面别开。而略加翻阅，便觉胜意纷纶，美不胜收。定当假以时日，仔细阅读，从中受益也。

我九六年起患帕金森症，且有发展。九七年左侧股骨颈折断，动大手术，住院五十天。九八年三月一日患心绞痛住院一月。四月一日（昨日）又跌一跤，右侧股骨颈裂纹又须卧床五周，老年人生活已大不易也。谨再致谢忱。

敬礼！

周一良

四月二日

右手不能写字，请人代笔

致刘经富（1996.12.25）

经富同志：

奉手示，知搜集陈家资料，是大好事。李玉梅书原定由香港三联出版，不知已出否。李之地址为香港九龙范信达道四号真能阁工字楼 11 室。《周叔弢传》一册另邮寄奉。

不一一　　即颂

新年之喜

周一良

九六、十二、二五

锺叔河同志：

奉手示，知续集陈家资料，是大好了。李玉梅女士原定由香港三联出版，不知已出否。李之地址为香港九龙范信达道四号真能阁工宁楼一座。周并致候，传记册另邮寄奉。不一，即颂

新年快乐！

周达

九六、十二、二日

致刘经富（1997.1.17）

经富先生史席：

奉到手书及《一门四杰》，至为感谢！急读一过，资料丰富，获益不少。如昔年曾有人谓义宁陈氏系客家人，而无明证，读此书乃知其不诬也。书中错字不少，如57页“刘世五行”当为“刘世珩”，47页“周叔韬”即先父“叔弢”先生也。

匆此奉谢　　　并颂

大安

周一良

九七、一、十七

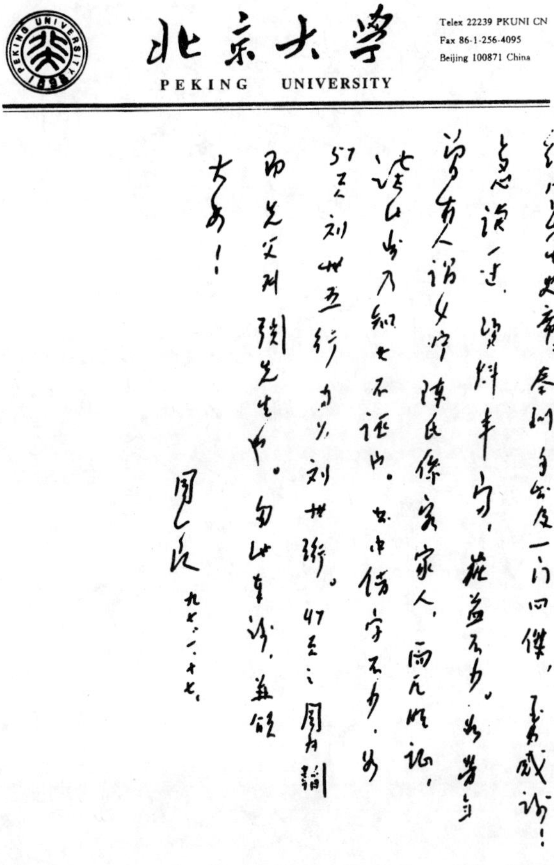
北京大学
PEKING UNIVERSITY
Telex 22239 PKUNI CN
Fax 86-1-256-4095
Beijing 100871 China

经富先生史席：奉到手书及一门四傑，至为感谢！急读一过，资料丰富，获益不少。如昔年曾有人谓义宁陈氏係客家人，而无明证，读此书乃知其不诬也。书中错字不少，如57页之刘世五行当为刘世珩。47页之周叔韬即先父叔弢先生也。匆此奉谢，并颂大安！

周一良 九七、一、十七

致刘经富（2000.3.21）

经富同志：

大著收到，甚好。今托舍弟景良寄上《自庄严堪善本书目》一册，祈查收。即问

近好

周一良

2000.3.21（景良代笔）

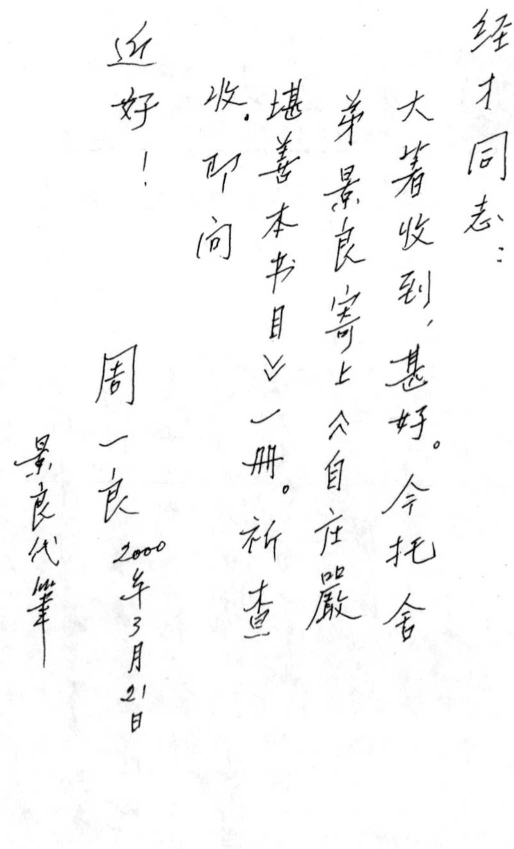
经富同志：
大著收到，甚好。今托舍弟景良寄上《自庄嚴堪善本书目》一册。祈查收。即问
近好！
周一良
2000年3月21日
景良代筆

致刘经富（2000.4.23）

经富先生：

赐书及大作皆收到，至为感谢！请告知此文在何处发表、什么时间？因小文谈到家父的小学必读书目也。石三友是何许人？《金陵野史》是什么书？不吝见告！如能把有关段落复制见赐，至所感盼。

周一良上（钤“一良左手”印）

二〇〇〇、四、二三

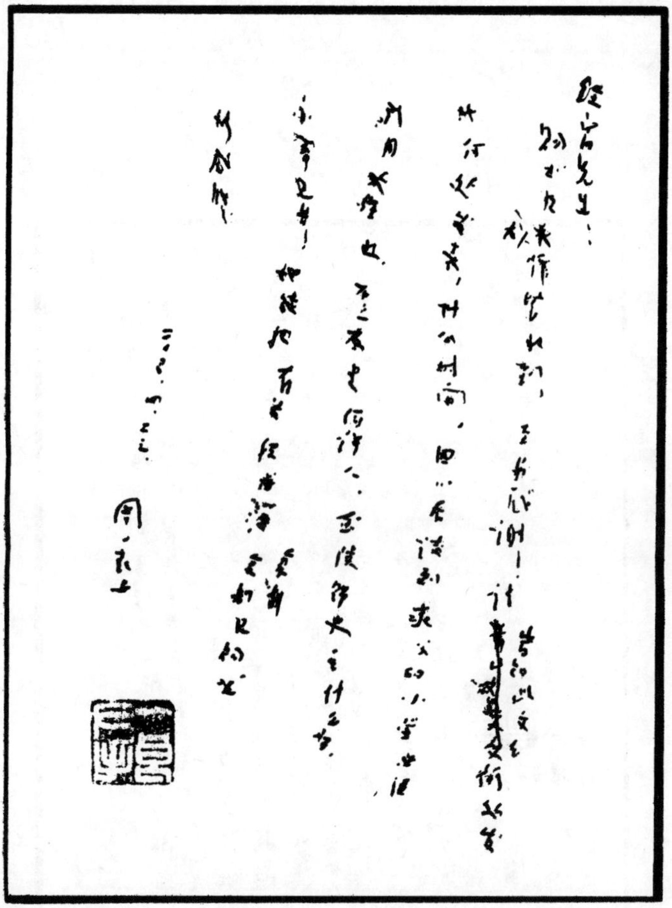

致刘经富（2000.5.13）

经富先生：

赐书及复制件收到不误，感谢之至。我一不懂诗，二连庐山假面目都不识，焉敢斗胆序先生之书！汇寄各件，即当遵命转寄刘桂生先生也。承代询石友氏书，至感至感！师曾先生长子封怀、三子封雄，我都曾有所接触，似皆有可记。又：散原老人内侄俞大纲有《寥音阁诗话》一书，闻是专治陈氏之诗者。此间遍求不得，台湾出版，我公可试访求之，定当有助于理解老人之诗也。先生才学气质，以我度之，皆宜于研究陈氏文化家族历史。大作已有可观，当拭目以待也。即颂

大安

周一良（钤“一良左手”印）

二〇〇〇、五、十三

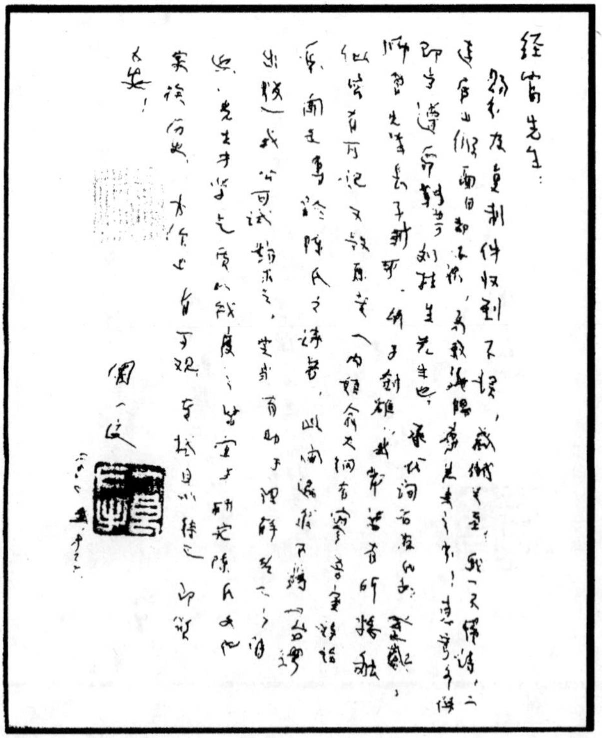
经富先生：赐书及复制件收到不误，感谢之至。我一不懂诗，二连庐山假面目都不识，焉敢斗胆序先生之书！惠寄各件，即当遵命转寄刘桂生先生也。承代询石友氏书，至感至感！师曾先生长子封怀、三子封雄，我都曾有所接触，似皆有可记。又散原老人内侄俞大纲有寥音阁诗话，闻是专治陈氏之诗者。此间遍求不得，台湾出版，我公可试访求之，定当有助于理解老人之诗也。先生才学气质，以我度之，皆宜于研究陈氏文化家族历史。大作已有可观，当拭目以待也。即颂

大安！

周一良

二〇〇〇、五、十三

附：推荐书

南昌大学潘校长钧鉴：

我与刘经富同志通信已有数年，今春他来京又得晤面详谈，我认为他已达到并超过一个硕士毕业生水平。从他的文章和谈话来看，他发掘运用史料，利用工具书，吸收前人成果能力都很强。他的文章充实有说服力，在一般的报刊文章之上，确是学术著作。他如能调入科研机构，比在文化局将发挥更大作用。他可以继续深入研究陈氏家史，以后进一步可以研究江西客家历史，或者其他世家大族的历史。因此我愿意推荐刘经富同志进入研究机构，最大限度地发挥他的才能。

此致

敬礼

周一良（钤“周一良印”）

2001.8.19（周启锐代笔）

致三联书店编辑部负责同志（1957.10.28）

三联书店

编辑部负责同志：

谢谢你们给我寄来的哲学、社会科学重要著作第一二期选译目录。

这里面有一个问题，即16页所列已约定李季谷先生翻译的《日本书纪》（误作记）实际并非日文，乃是用汉文所写。日本古代历史书有不少是用汉文写的，《日本书纪》是其中之一。日本人为了阅读方便，曾把他转译为日文。我们根据汉文原本翻印即可，何必又从日文译本费一道手转译成汉文呢？李季谷先生即允担任此工作，又何以不知道呢？记得我过去曾在某一场合提出过，此书翻印即可，不必组织力量去翻译，因本是汉文。

日本以外，朝鲜、越南古代历史书都有不少是用中文写的，现在在中国不易找到。我和朝、越学者谈过，他们现在很需要这种资料，而国内也很缺乏。如果我国能代为翻印，倒是对国际文化交流和展开这两个兄弟国家历史研究的极大贡献，比翻印汉文的日本史资料更迫切得多！敬礼！

周一良

五七、十、二八

关于此事，如你社可以进一步考虑的话，极愿协助。因为目前研究亚洲史亟需这方面资料。

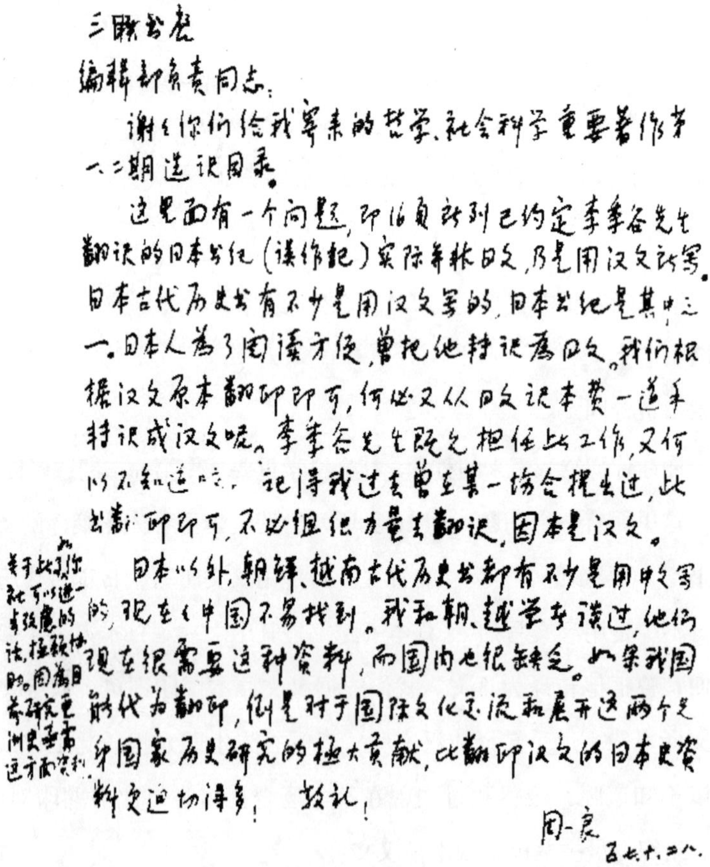

三联书店

编辑部负责同志：

谢谢你们给我寄来的哲学、社会科学重要著作第一、二期选译目录。

这里面有一个问题，第16页所列已约定李季谷先生翻译的日本书纪（误作记）实际并非日文，乃是用汉文所写。日本古代历史书有不少是用汉文写的，日本书纪是其中之一。日本人为了阅读方便，曾把他转译为日文。我们根据汉文原本翻印印行，何必又从日文译本费一道手转译成汉文呢。李季谷先生既已担任此工作，又何以不知道呢。记得我过去曾在某一场合提出过，此书翻印印行，不必组织力量去翻译，因本是汉文。

日本以外，朝鲜、越南古代历史书都有不少是用中文写的，现在在中国不易找到。我和朝、越学者谈过，他们现在很需要这种资料，而国内也很缺乏。如果我国能代为翻印，倒是对于国际文化交流和展开这两个兄弟国家历史研究的极大贡献，比翻印汉文的日本史资料更迫切得多！敬礼！

周一良 五七、十、二八

关于此事，如你社可以进一步考虑的话，极愿协助。因为目前研究亚洲史亟需这方面资料。

致（中华书局）编辑（1962.4.9）

编辑同志：

前接来信，关于编一本论文集事我已考虑，拟将解放前一些材料考订性的文章收集起来，共得二十余篇，可分两大类：（一）关于魏晋南北朝历史的考证文字，（二）关于六朝隋唐佛教文献和佛教史方面的文章。其中有几篇是尚未发表的。

这些文章重印前须审阅一下，且得作修改删订。估计到六月间可以抽空搞完。大部分我尚有底子，其中有“谈佛典翻译文学”一篇，载《申报》文史副刊第三、四、五期，时间约在一九四七或四八年，已无存底，希望能设法给我抄一份，以便重读编进去。

即致

敬礼！

周一良

六二、四、九

伦静同志：

前接来信，关于编一本佛教文学事，现已考虑，拟将解放前一些材料和新作的文章收集起来。共约二十多篇，可分两大类：(一)关于[illegible]一书中的佛教历史的考证文字，(二)关于六朝僧和佛教文献和佛教典方面的文章。其中有几篇是尚未发表的。这些文章至少都得审阅一下，还要作修改删订，估计六月间可以抽空搞完。[illegible]我当有底子。其中有“谈佛典翻译文学”一篇，载申报文史副刊第三、四、五期，时间约在一九四七或四八年，已无存底，希设法找到给我抄一份，以便我将编进去。

[illegible]

即颂

撰祉！

周一良

五六.四.九

[illegible]

致（中华书局）陈振（1963.3.13）

陈振同志：

婚姻表核对了，只有汝南周氏与河东裴氏间，箭头应指向周氏，周氏与东海徐氏间，箭头应指向徐氏，稍改一下即可，其他无问题。

这张表本来很乱，得你改制后非常清楚醒目，确实花了不少功（工）夫，理应表示感谢。请你替我在书前引言最后加上一段（文见后），以致谢忱！务乞勿忘，即致

敬礼！

周一良

六三、三、十三

本书第 页的附表在付印前由中华书局编辑部陈振同志重新绘制，特志谢忱！

（请加在引言最后，单独作为一段！）

和平按：“本书”指1963年中华书局出版之《魏晋南北朝史论集》。

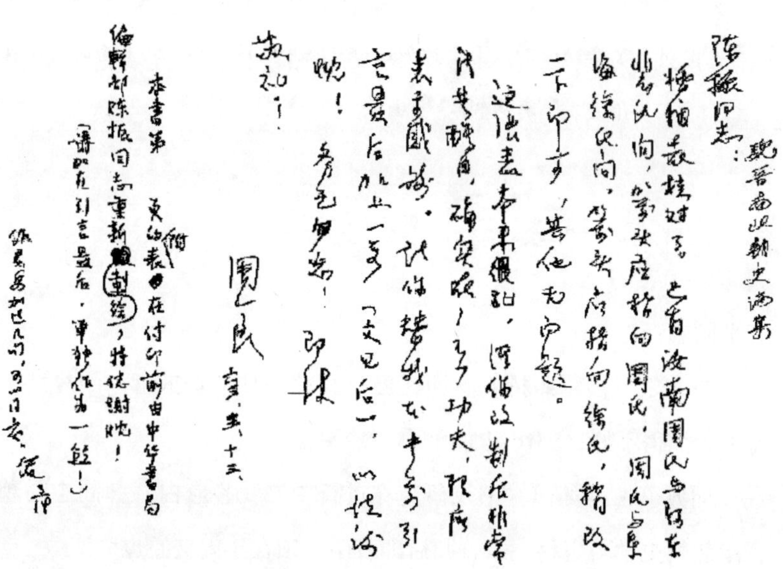
陈振同志：魏晋南北朝史论集
婚姻表核对了，只有汝南周氏与河东裴氏间，箭头应指向周氏，周氏与东海徐氏间，箭头应指向徐氏，稍改一下即可，其他无问题。
这张表本来很乱，得你改制后非常清楚醒目，确实花了不少功夫，理应表示感谢。请你替我在书前引言最后加上一段（文见后），以致谢忱！务乞勿忘，即致
敬礼！
周一良
三、十三
本书第 页的附表在付印前由中华书局编辑部陈振同志重新制绘，特志谢忱！
（请加在引言最后，单独作为一段！）

致冯广裕（1992.5.15）

责编同志（冯广裕）：

色标纸片送上，如太费事，题字用黑色亦无不可。

附上照片二张。如共用七张照片，则次序为 ① 单人 ② 双人 ③ 三访哈佛 ④ 芭蕉神社前（1985）⑤ 主持博士生答辩（1991）⑥ 原第 4 号——日本中心发言 ⑦ 原第 5 号——与（历史系）部分同志合影。

如只用三张：

① 单人② 双人③ 与历史系同志合影。

敬礼！

汤重南关于日本科技教育如打算收，可放在日本史及中日关系史一组的最后。

周一良

92.5.15

和平按：此信中的“责编”是中国社会科学出版社的冯广裕同志。他是北大历史系毕业生，为《周一良先生八十生日纪念论文集》的编辑出版付出了辛勤劳动，由于种种原因，照片只用三幅，汤重南的文章收入《论文集》之第 309~319 页。

致赵和平（1985.9.3）

和平同志：

西北之行多蒙照拂，感谢无已！我廿一日平安抵京，照片洗出寄上，照得不好，聊作纪念可耳。

词典事忙得如何？书仪研究在进行中？我答应白寿彝同志写魏晋南北朝史学与史料一章，归后即着手，须在年内交卷也。

敬礼

周一良

八五、九、三

代寄书亦已收到。

和平按：此是一良师在参加完在乌鲁木齐召开的第二届敦煌吐鲁番学国际学术讨论会回京后的来信。

致赵和平（1988.9.22）

和平同志：

白化文同志把刘修业同志写王先生条目交给我，现转上。据白说体例不尽符合要求，辞典编辑部恐尚须加工。

周一良

八八、九、二二

附：白化文致周一良函

周老师：

赵和平同志传达您的指示，叫我找刘修业先生，请她写王有三先生传，供《敦煌学大辞典》用，现传已草就，寄上，请您审阅。有事，请派人去燕东园34楼401号找刘先生直接接洽。

您交学会的《说“宛”》一文，学生没有得到，如有尚存，乞掷赐一份。有叫学生办的事，请派人打电话告知。校内4420—4428，转268。耑此，致

敬礼

老学生白化文敬上

1988.09.09

和平按：刘修业先生是王有三先生夫人，她写的《王重民传》原稿仍在我手，加工后成“王重民”词条，在《敦煌学大辞典》第900页，“刘修业”条在同书第902页。

致赵和平（1990.1.31）

和平同志：

你好！我儿子来信，告知你来电话询及近况，并有建议，极为感谢！归期一再拖延，目前亦尚未能定，总希望回来作唯物论者，不作“违”心论者耳。经此巨变之后，你的敦煌书仪的出版希望究竟如何，极在念中。我们原来就说事不宜迟，要抓紧，只怕还是发生变化了吧？如录文不能出，你的叙论是否可以单独另投？有无合适刊物？如录文不出，我那篇《源流考》亦可另觅“婆家”，或与叙论作伴，或另找主儿（如北图之《文献》）皆可，总之，由你全权处理吧！不一一，回信请寄燕东园24号周启锐，可由他同家信一起寄来。

敬礼！

周一良

90.1.31

和平按：此信是一良师去美国探亲时来信，由田余庆先生代转。田先生在信纸背面写道：“和平同志：转上周先生附在给我信中的这封信，祝你好运。田余庆　二、廿一”

致赵和平（1990.11.24）

和平同志：

今早用毛笔试写序言，发现与圆珠笔大不相同，手既僵又颤，小楷简直不能成字，如此影印，不但不能为尊著生色，反而难看，不如索性放弃原议，迳排铅字了。匆匆即致

敬礼！

周一良

九〇、十一、廿四

书价找还多了，一并奉缴。

和平按：自1983年起，我在一良师指导下作敦煌本书仪的整理与研究。1990年《敦煌写本书仪研究》完稿，我建议与一良师共同署名，先生坚持不允，只答应写“序言”，此书是请人抄写而非铅排，故我对先生有请他用小楷写序之动议。该书1993年4月由台北新文丰出版公司刊出，1994年获北京市哲学社会科学一等奖。

致赵和平（1992.2.13）

和平同志：

论文集事不知跑得怎样？是否困难重重？我意千万不要让你们为此事为难“坐蜡”。即使来了些文章，仍可用我名义退回作者，我可以说“由于种种原因办不成，但诸公盛情高谊仍心领也”。

今日亚非所所长陆庭恩来，他亦已收到征稿信，并说日本研究中心（挂靠亚非所）可能有点办法，从北大出版社要一书号，其他自己办云云。我也不大清楚。你们如奔走尚无眉目，可以与他联系，

电话北大分机 3989（陆办公室），3089（所办公室）。

敬礼！

一良

九二、二、十三

致赵和平（1992.4.4）

和平同志：

你们走后，我考虑了一下，拟把生平简历及著述合为一个表："学术活动及著述年表"。这样就可以排除政治活动。你如果觉得不妥，望来电话，否则我就照此设想，抽空整理出来。再者，文集前要一张相片否？

自传日文译稿完整（已检出），误译处另纸写出寄日本了。但你读日文本恐不如看中文原稿更方便些，只是抄写稍乱，不如日译稿打字清楚。下次来北大时可交你。

敬礼！

周一良

九二、四、四

和平按："你们"是我和荣新江，我们将收到的《周一良先生八十生日纪念论文集》稿子交周一良师，"著述年表"现在文集的开头部分；相片在书里收了三张，见给冯广裕的信。"自传"指《毕竟是书生》，先生的中文原稿我手头有完整复印件，我不会日文，先生委婉地将中文手稿交给我看。

致赵和平（1992.4.6）

和平同志：

我昨天把纪念集论文看了一遍，水平有高下，都可以用。记得你那天交给我时，有铃木启造一篇，只有两张纸，无信封。而我遍找不见，不知是否你又带走？望检查一下，如丢失，恐怕还得急函他补寄。是否找到，盼电话见告！

一良

九二、四、六晨

致赵和平（1992.4.25）

和平同志：

简历及著述年表今日编成（直到92年），想不到竟达七千多字。我考虑，如占篇幅太多，影响稿件，即可不附。或改用小号字排，以节省地盘。缘起读过，有些内容写入后记，缘起似可免了。

启锐想知道，封面当是另印罩在书外，还是即印在硬封皮上，便中望电告！要否印单行本，洋人文章如何排（归入各类，或另列，或按语种单列）？似乎可能性很多，望编委会考虑！祝

好！

一良

九二、四、二五

致赵和平（1992.11.16）

和平同志：

早大福井文雅教授寄来论文，当然已来不及收入。便中望取去

并由编委会函告原因。论文如何处理亦希酌定！

敬礼！

一良左手

九二、十一、十六

和平按：此信是一良师右手手腕骨折后用左手所写。

致赵和平（1993.2.4）

和平同志：

论文集大忙之后，再蒙盛宴招待，感愧感愧！相片一张寄奉，聊作纪念。论文集大批印成后，定当有不少麻烦事。外地外国作者以外，希勿忘武大吴于廑先生处寄书致谢！不一一，即致

敬礼！

一良

九三、二、四

致赵和平（1993.3）

[和平同志：]

文章内容立意很好，文字表达不太理想。① 重复——关于周治学范围与诸文关系，开头点到即可，不必每类前重述。② 欠严密——日本学者论文质与量都在美国之前。未品评的文章尚不少，应交代。评价不可太满，保留些较好。③ 历史系教育成果应提及。

和平按：《周一良先生八十生日纪念论文集》刊出后，我拟就一篇《承前

启后，继往开来——读〈周一良先生八十生日纪念论文集〉》的文章请一良师批改，老师逐字逐句在原稿上修改，之后写了以上综述的意见。我按先生之意修改后，改为《历史系40年部分重要成果的展示——读〈周一良先生八十生日纪念论文集〉》，以肖秤之名刊于《北京大学学报（哲学社会科学版）》1993年第5期第117~119页。

致赵和平（1994.11.25）

和平同志：

来美一个月，诸事顺利，甚堪告慰。最大收获是我女儿（体育系出身）帮我锻炼两腿，走路不稳的毛病大见改进。可能由于右手骨折后挂绷带期间，过于小心怕摔［跤］，因而迈不开步，形成习惯，未必全因血管硬化也。希望回京时能丢开手杖，健步而行！

这里气候较暖，每天户外散步，街道丘陵起伏，树木甚多，过着隐居生活。带来几本书，尚未顾得及看。从前有人送我父亲联语："时得荛翁（指藏书家黄荛圃）未见书"，我今来美是"时读北京未见书"，如御医、私生女等的记述。其中不免水分，聊以广异闻耳。《第三只眼》或谓出何新之手，倘其然乎？

职称事如何？去港事定否？文宽同志是否已成行？新江同志奔走刊物之事已有眉目？一切都在念中。学术界有何消息，亦希见告一二！来信寄燕东园，望注明"务必代转"。不一一，祝

新年快乐！

一良

九四、十一、二五

致赵和平（1995.2.15）

和平同志：

谢谢你的来信！得知你诸事顺遂，至为欣慰！你建议给李瑞环同志上书，我已照办。另一份寄上，请你托人代递，希望总有一封能让他见到。至效果如何，只有拭目以待了。

离京四月，朋友中已有四起讣告——缪老、王佐良、周祖谟及宣武医院一位副院长。四年前离美，此地亲友亦有八人仙去矣。

我们生活恬静如常。2月25日赴纽约儿子处，地址为：1859 Edison Ave. Bronx, N.Y. 10461

不一一，祝

好

一良

九五、二、十五

致赵和平（1995.3.26）

和平同志：

昨日接到信及材料，随即读了两遍。序言甚好，无大改动。简介略有删订，无关紧要。现一并寄还。你能去港工作一段时间，具见饶公提携后进之热忱，闻之颇为高兴！我们在此纯粹“探亲”，学术界人物只偶通电话而已。牛朴暂放弃论文写作，到德克萨斯一化工公司服务，将来或可往来于中美之间，盖学优则商矣。东语系陆扬在普林斯顿获学位，留任副教授，亦北大之荣。多年来美大学中汉语讲席多由台大学生充任也。据闻余英时先生虽反共甚力，然对大陆学生颇提携也，李已将反映信转到北大，结果如何尚不可知

耳。祝

好！

周一良

九五、三、二六

致赵和平（1996.6.10）

和平同志：

韩先生来函寄上。送书用两人名义，书价邮费等，自应对半分担。请即从我稿费中扣除为盼！其实我文多已发表过，此为重复报酬矣。

敬礼

一良

九六、六、十

附：韩国磐先生信

和平先生：

承惠赠大著《唐五代书仪研究》，衷心感谢之至。书仪研究为学术性甚强之工作，非深通唐代礼仪及谙熟当时掌故者，不能有些佳作。谨当仔细拜读，并此深深致谢。

敬礼

著安

韩国磐拜上

1996.6.1

对王滨生《北魏太武朝的汉化改革》硕士论文评议书（1988.6.15）

王滨生同志的论文把魏太武朝的政治与道武、明元朝联系起来，指出道武汉化，明元倒退，太武又汉化改革，眼光开廓，分析恰当。关于太武一代的改革、反改革斗争，论述有理有据。尤其对崔浩之狱，而从某人事件如国史或佛道之争解释，而放在太武一朝改革过程中考察，在胡汉或汉士族与鲜卑贵族对峙之外，指出汉士族中尚有不积极于改革的中间派，皆具见细心，合于辩证分析，是一篇成功之作。建议授予硕士学位。

周一良

88 年 6 月 15 日

为北京大学历史系九十周年题词

《论语》里说："学而不思则罔，思而不学则殆。"可以理解为：学乃考察具体问题，思是研究全局情况。学是为了见树木，思则为了见森林。学指微观，思指宏观。对治史者而言，学与思这两种动力缺一不可。

北大历史系系庆

周一良

和平按：北大历史系成立于 1902 年，1992 年为九十周年，学校于此年 10 月举行庆祝活动，《北京大学校刊》于 1992 年 10 月 20 日出"历史系九十周年纪念专刊"，一良师写了这段题词。

木宫泰彦《中日文化交流史》之题记

一良八一年十月买于天津。

八三年三月下旬，为讲近代以前之中日关系，重读一过。

八三年九月，为写百科条目，重翻阅，关于遣唐使，此书似不及森克己氏书能讲出点道理。森氏书一九六六年出版，后于此修订本十余年也。

致王敦书[①]（1994.1.23）

［敦书先生：］

谢谢你热情洋溢间又感慨万端的信！我也不禁回想起四十多年前的往事。我这人自诩为有知人之明，更有自知之明的。51年的清华一年级学生中，我那时注意到两个人——你与洪肇龙。现在回想起来，你这几十年经历坎坷，风风雨雨，但终于苦尽甘来，显露了你的才华。而洪肇龙，虽然当时选拔留苏（系主任当时并不知道），算是得意，但可能由于所学专业（共运史？）和所在单位（人大），至今默默无闻，甚至高级职称解决了没有我都不知道。他也被调到梁效，受审查阶段与他朝夕相处，是一个很纯朴老实的人。老子说：福兮祸所伏，祸兮福所倚，人生就是这样辩证地发展啊！

自传错字太多，简直满目疮痍，惨不忍睹。本拟改正复制若干份送人，你在拟送之列。既已看到，就不寄了。杂志社也认为太不像话，开会作了检讨，还要登勘误表。我觉得这一点编辑部还算是有 guts 的。

首都师大出版社要给我出一本自选集，其中要附一简短自传，已先刊出，兹寄去一阅。“毕竟是书生”的来源从此文可知。实是解

① 南开大学历史学系教授。

放后四十余年大彻大悟的结论也。

关于雷、吴[①]两先生文，我觉得你谈到了点子上。他们两位搞西洋史，但都熟悉中国史。我想两人都对联共党史四章二节所规定的刻板的社会分期——特别前资本主义部分，是有疑问的，不过每人表达方式不同而已。

《双城记》当是在燕大读大二英文时所购。我有相当一部分存在津家中的书，随同我父亲的书"裹胁"捐了南大去了。我也有一篇纪念吴先生文，也许你也已见到？不一一，即祝春节好！

致张治安[②]（1994.4.30）

[治安先生：]

书稿我们看过，以下几点意见供参考。

一、书名终嫌欠妥，是否索性简单朴素一些，即名《东至周氏家族》，如何？

二、各人材料来源不同，详略与风格亦各异，限于客观情况，无法勉强统一。我们建议，是否由你按照前函所说周氏家族的几个特点写一概说，放在前面，总括全书。然后申明一下各人材料来源不一，不强求统一，主要是补充概说之用。这样体例似较妥当。

三、我们看了有关的部分内容。凡事实有出入或无根据者，径加删削，宁可少说，不宜说错也。有些文字欠妥处，也作了修订，供参考。即致敬礼！

尚有启朋等人，材料据云已寄上，可能未及印入。祥五之孙启登的材料，我将嘱其姐写寄。又及（与周景良共同署名）

---

① 分别指雷海宗、吴于廑。

② 安徽省东至县地方志编纂委员会委员，编有《东至周氏家族》。

致张治安（1994.6.4）

[治安先生：]

来信及大作都受到。概说简明扼要，只有几点小意见：第1页倒第1行“所有豪”——语法上似欠妥。第2页倒第4行“和作”——“合作”。第6页倒第4行“碑石”——“石刻”。第7页第1行“也捐……”——也字可删。

书名作周馥家族，是否太突出了个人？我总觉得上面有东至两字，与乡土联系起来较好。所以仍倾向于“东至周氏家族”，望再研究！

启登已去世，他对促进中巴友好有贡献，告别式巴基斯坦大使都去了。我又写了信给缪庄，请她与启欣研究，务必起草一份传记寄上。敬礼！

致桑士光（1961.10.31）

士光同学：

恰巧今晚因开会回校，看见你的本子，写了几个字，聊作纪念。希望你到廿~卅后鼓足干劲，力争上游，以你对游泳的精神对待工作，全心全意为人民服务！

周一良

六一、十、卅一

和平按：写了几个字，指一良师用小篆所书鲁迅先生“横眉冷对千夫指，俯首甘为孺子牛”。此信及题字皆为桑士光先生提供，特致谢意。

丰志同学：

恰巧今晚因开会回校，翻到你的本子，写了几个字，聊作纪念，希望你刻苦学习，鼓足干劲，力争上游，以对待学问的精神对待工作，全心全意为人民服务！

周[illegible]

六、廿一

桂昌致周一良（1998.8.2）

周先生：

您好。先生赐寄之自传《毕竟是书生》一书，我已收到。灯下细读，受益良多。解放前之史界情况，所知甚少，今读先生之作，眼界为之一开。但感受最深的还是解放后的部分。对于先生此著，我想以八个字评之："真率坦白，怨而不怒"，不知先生以为然否？

我于53年入学，58年毕业，后留系工作至65年，期间共十二年，正是政治运动密集多发时段，惟未及北大之"文革"。今读先生之书，回思往事，皆历历在目。在历次运动中，我虽有时也顺便被烧一下，但从未当上重点对象，亦未在任何一次运动中当过积极分子，了无贡献。究其原因，实在是自己太平庸不过。受业之时，未得真传，先生之学问，学到的太少，回想起来，实为憾事。虽然当时运动多，不能坐下来读书，但主要是自己游惰习性使然。所学虽少，对于先生之为人，却有一件事印象颇深，或许出先生之所料。记得当年张广达先生结婚时，全系同人集中祝贺，其父张锡彤先生致词时，谈及57年反右之不愉快事，全场气氛沉闷。先生当即起立发言，说广达夫妇青梅竹马，何不谈谈恋爱经过。此言一出，全场气氛复又转为欢快，众皆释然。当时深感先生与人为善之精神，至今犹钦敬焉。先生书中述及同情夏应元、丁则良两先生事，此又为一证，想来先生还记得吧！

我于两年前已退休，一生碌碌，晚得清闲而已。九一年，我写过一篇《后汉书·延笃传笺证》的文章，发表在《云南教育学院学报》（91年2期）上，非敢自况，盖亦为伤诸师友而作。今寄呈先生，供暇时一哂。

遥祝

健康长寿

弟子桂昌谨书

1998年8月2日

（家　信）

致周珏良（？）

珏良：

文章读过，没有什么意见，有些可补充地方，罗列如下。

藏石有助于历史研究，提供资料方面，似可说几句。如黄肠石可以帮助了解汉代墓中椁外所用黄肠石的形制，《周礼·郑注》说："天子之椁，柏黄肠为里而表以石焉。"石影第38号残石中有黄巾起义领袖张角之名，且有"天子策功"等语，当是镇压起义的将领的墓碑。西乡侯兄张君残碑，余嘉锡考定为汉池阳令张君残碑，对于碑中主人事迹有所考证，见《余嘉锡论学杂著》。石尠石定两志对晋史提供资料。当利里社碑中社老、社正等名称，对于研究晋代民间"社"的组织是极珍贵的资料。

"女说"二字据王国维致陈乃乾信中说，"此女说二字，或释为予违女弼及庶顽谗说之女说二字，以行款校之却合"。"或释"当即指四叔父。文中说女字是女听的女，两说不同，不知哪一说是四叔原意？

《水经注》及《隋书·经籍志》都说正始石经只刻了《尚书》和《春秋》两部（王国维考定，刻了一部分《左传》，但未完成）。故有"当时石仅两经镌"诗句。

致周珏良（1988.11.24）

方缃、珏良：

骏良托转相片一张寄上。师大图书馆购得王晋卿藏弢翁书札百余通（1928—1937），我已托騄良复制一份，俟景良便中带上。一时恐无处可印，不知你能联系藏书账目之类用此材料写小文否？等你看后再说吧。祝 双好！

一良

八八、十一、二四

致周与良（2001.10.2）

与良：

昨日老九来，知你生病事，颇以为忧。夜不能寐，考虑了很多。现将我所想的写给你。

一、病既来之则安之。咱们都是七八十岁的人了，反正按大夫的指示办事，自然规律不可违反。想通这些也就无所谓了。你如能回国就医也许更好一些，何妨把明传带回来。

二、我回想你当初如果选择 ×××、××× 而不是查，根本不回国或回国较晚，这四五十年的情况当然大不一样。也许有人替你后悔，但是我想你的决定绝非轻易作出。几十年来，你与木旦同辛苦、共患难，酸甜苦辣不知尝了多少。对木旦而言你是很大的安慰，对你而言也无愧于心。所以你们俩人地下相逢，一定彼此感到 deserve each other。我写《钻石婚杂忆》时，就时常想到我与邓懿两人有什么彼此对不起的地方。如果两人彼此都坦然，那就死而无怨了。

三、我进一步想到，人死之后，都不会立刻被人忘记。但是后人记住你多久，就大不一样。像我这种历史学家，也许三五十年以内还会有人想到，过此就无人问津了。自认科学家如爱因斯坦以及 ×××、××× 等，他们的发明创造可以在更长的时间内为他们的后学所记忆，为人们所称道。只有文学家以及他们的作品才能够千百年为人传诵，可谓真正的不朽。木旦的诗，已被广大群众目为二十世纪中国诗坛的重要成就，虽然我不懂新诗，但我相信这个评价是中肯的。你，作为这样诗人的妻子，坚定不移地嫁给他，可以说与之同生死、共患难几十年，是很令人敬佩的，所以你也没有什么遗憾了。

我常常幻想，多少年以后，“泰山情侣”的墓前，未必有人流连，而诗人木旦的墓前，千百年后还会有人低迴徘徊不忍离去。想到这些，你会觉得区区生病何足道哉。不一一。

即祝

痊安

一良　时 88 岁零 10 个月

2001.10.2

启博代笔

致周景良（1976.8.2）

景良、朱宣：

今早得珣良电话，知小政从天津来，各处一切平安，二老在对面公园中搭了安乐窝。适才又得父亲来信，得悉详情。看来二老精神还好，只是如长期不解除警报，也是麻烦。

我们到最后才在户外搭篷，头两晚轮流上床睡，外边坐又遭蚊子毒咬，颇形疲惫。但窝篷逐渐改善并扩大，昨晚已经每人有一席地，可以安眠了。大批判组已从今天起上班。

听说朱宣动手术，不知经过如何？

祝好！

一良

天津信阅后转耦、治良一阅，我已写信告知大略。

致周景良（1976.8.12）

景良：

前转上天津信，谅已收到。昨天又得父亲信，知你们平安，但无信去，望速寄一信，以免悬念。这封信阅后可转给耦、治、珏、珣处，我用电话转告就行了。二老过此地震关，殊不简单，可喜也。

到物理大楼及教改组找朱宣不见，说她在家休息。不知手术后情况如何？孩子怎样？绍良来信说三娘去□南、又南、小秀去沪，启晋爱人及新生婴儿回南宁娘家，所以只剩他一人看家。邓懿原定廿九日赴沪，廿八日地震后中止。前日宣布震情缓和，她遂于六日偕启盈飞沪，已有信来。这样亦可避震，并减少家中篷里床位、饮食等压力，现只我与小孙女和看她的老太太了。伯鼎、煦良、师白等都有函电来慰问二老及京津多家，都已回答了。

大批判组八月二日即恢复工作，在户外办公，后迁户内，近又搬出。这几天月圆时要警惕，不知过此以后即安全否？如持续太久，天气渐凉，天津老人怕有点吃不消了。

不一一，祝

全家好！

一良

八月十二日

致周景良（？.11.14）

天津之行昨晚归来，老太太精神甚好。生日庆贺大约在家办，以后少数家人再去吃顿西餐，尚须与珣良最后商定也。人多住处可能挤一些，分散到艮、与、乾三处，总能解决吧。

一良

十一月十四

致周景良（1994.6.20）

景良：

天气热到 34 ℃，只好在楼下边开电扇边翻读《郑孝胥日记》。1903 有一条："答郑朴孙榮"，小注："营务处文案。"当时郑在两广总督岑春萱部下。榮字之名甚少见，客厅所挂对联是否即此人？请看一下对联所用图章是否"朴孙"？郑日记中熟人不少，如称七老爷为"风流才子"。

前寄《弢翁书简》七册谅已收到。王贵忱先寄来十几本，我尽外地先寄，北京诸良尚未分发也。祝

好！

一良

九四、六、二十

致周景良（1994.11.6）

景良：

安抵旧金山，住了四天，即赴启盈处。昨得杲良电话，《传记》寄了十五个单位（我给他廿本），他希望再带十本。海邮慢而贵，最好设法托人带，不知宁和公司有可能否，记得珣良提过。（或是小徐单位常有便人？）我带十本，分给良（增、肇）、启（博、盈）外，

皆送美国及台湾友人（苏精等）。台湾怕邮检，故托在美友人赴台时带进。大方文已着手，记忆不行，“校勘若对于仇家”上联即忘记。写就后当寄你一阅，补入后再转给《读书》。五嫂精神甚好，现打中国药针。此地气候很好，启盈给我作 physical therapy，盼能多少生点效。

祝

全家好！

一良

九四、十一、六

地址：Prof. ZhouYi-liang

c/o Qi-ying Zhou

1231 Clairmont Rd #16B

Decatnr, GA 30030

USA

致周景良（1994.11.14）

景良：

前由启锐转寄一信，谅已收到。大方文已写成，有一上联记忆不起，望补入，便中见告！其他须改定处，亦希改正。然后请挂号寄：

北京　100706　朝外大街 166 号

三联书店《读书》编辑部

赵丽雅同志

寄信人望即用你名及地址，万一有问题好找一些。

来此后启盈给我体育治疗，右手的灵活性及两腿走路的稳定性经过十天处理后，都见成效。大方文写完后，便无要完成的任务，可以随意看些“北京未见书”了。

便中给小维打一电话：95 年报章杂志一律先不订，等我们回去再说。祝双好！

一良

九四、十一、十四

致周景良（1994.12.13）

景良：

今日（12/13）收到 12/6 来信，知又患腰病。我劝你采纳每天鞠躬一百次的办法。我行之有效，多年屡患腰疼，除偶尔受凉复发外，近些年早已根治矣。大方文删改甚好，没有意见。《传记》错字太多，是大遗憾，但此书乘我们都健在时能出，终是好事。为补救，我考虑你能否用笔名写一介绍此书小文，重点放在勘误。与李国庆商量，在天津图书馆刊物上发表，这样一劳永逸，今后读者可以有所依凭。我给《读书》编辑送了书，不知他们介绍否。给启乾信也提了史学方面杂志中组织书评事。王绍曾来信，对四录甚欣赏。“尤以（120）楹书隅录条记叙收海源阁遗书……时间、价格，咸足以补海源阁遗书授受源流掌故。”对宋本《毛诗》手跋更“大喜过望”。他正从事“海源阁书目五种”之整理，将收入此跋作为书影，“以存弢老收购海源阁书之雪泥鸿爪”。老人地下有知，必定欣然同意，而此跋之发现，实吾弟之功也！你若尚有其他材料可供给，望与王先生直接联系（济南山东大学古籍整理研究所）。祝

健康！

一良

九四、十二、十三

致周景良（1995.3.3）

景良：

来信及王绍曾函皆收到。我们已于2月25日来到纽约。先报告一下五嫂病情。她1月26日在澡房跌倒骨折，当即入院手术，经过良好。但两天以后因颈部血栓，脑供血不足而昏迷。幸在医院中被大夫发现，立即又手术，昏迷一段时间清醒过来，但不能咽食物，不能说话，左半身无知觉。抢救后，在腹部打洞，直接向胃部输送营养，语言亦渐自如，我们从亚特兰大还和她本人在病房中通过电话。现已迁入康复病房，大夫云三月下旬可出院回家。左半身麻木恐尚须长期疗治。启博托他朋友在北京通过关系买了“牛黄安宫丸”，据云治半身不遂有奇效。杲良素不信中医，现在亦允回家后试服。司丹福大学医院全美知名，救治及时，得免于危险。这些情况望转告各家。

你抄录父亲在隅录上批注给王绍曾，他大喜过望，而老人藏书轶事又得新史料，得传后世，是景良又一大功也！小小一本四录，竟有如此多错字，可叹！我带来几本，已托人带到台北送人。你已托人带传记给杲良，至慰！启锐与启博友人未联系上，所以那十本落了空，勘误表自然也就无用了。

我曾函启乾，让他在津设法组织一篇传记的书评，渺无回音，你便中可否一催。此事天津历史所优为之，如在书评末附上勘误表，更是一举两得也。

老太太处保姆问题解决了么？市府津贴增加，是否可少动或不动“老本”？我告与良回津后侧面打探，子女十人，总不能让老人提心吊胆，为生活忧心也！从来信看，小华竟是有口吃饭，无手支援！

我们定于4月20日左右打道回府，签证4月24日到期也。美各地朋友邀往聚，我们本着“七十不留宿，八十不留饭”原则，只好婉谢了。

书评事务望催促启乾，设法速办，他们夫妇都在社科院，我不信就办不到！

祝

双好！

一良

九五、三、三

邓懿附笔

老景：来信看到，最近一个时期你总是病病歪歪，叫人挂念，不但我们老了，你也不再年轻，要学会自己疼爱自己。

懿又及

致周启成（1987.8.3）

启成：

来信收到。纪念文章写得很好，阅后已转给珏良等。井上进是京都大学人文科学研究所工作人员，专攻明清思想史。他父亲是日本史专家井上清，与我国长期以来友好。你如能直接写一信给井上致谢，（望代我致谢）并取得联系，当然很好。

井上进，日本国京都府左京区北百川东小仓町四十七号 京都大学人文科学研究所。

近得我的内弟从台北来信，她的女儿订婚，叔昭四姐也参加了宴会，摄有照片。我寄了一张给孟芬大姐，以慰远怀。据我内弟云，叔昭虽孑然一身，而兴致甚好，幽然有情趣，兼从事写作云。

不一一，即致

双好！

一良

八七、八、三

致周启成（1989.6.6）

启成：

来美已三月，……我们本拟四月回去，后以孩子们挽留，延为六月。看目前情况，索性再待一段时间，反正我的来回票到明年二月有效。我次子启博夫妇在此当工程师，其女读中学。我的女儿在南方读博士。

到华盛顿与炜良通电话，问他有无今觉庵诗，他说没有。我即托在约翰·霍普金斯大学的北大同志带给他，书谅早已收到，亦无回音。此公对国内来人一向如此。

我本未作久留之计，所以没带书籍，不打算工作。生活有似“文革”中“逍遥派”。利用时间开始写自传，因感到有些老友去世后，子女不搞本行，学生往往不了解几十年前旧事，不如自己留点记录，给以后治廿世纪文化学术以及社会史者作为资料。但在此只能写草稿，定稿还须回去查书也。

叔昭有信来，她年高手颤，不小心开水烫伤右臂（二级），颇困难，一时恐难来大陆。我的内弟在台北，我请他们随时去探望，他在台北没有亲戚，所以也把叔昭当成老姐姐看待。据内弟来信说，叔昭告他，她的女儿前者赴美参加儿子婚礼（与前夫所生），花了一些钱，所以经济上目前也不富裕。看来她与大姐会面之事很渺茫了。此事我不想同大姐谈，一时也不拟再敦劝叔昭探亲了。

仲衡二伯的次子增良来美多年，亦在纽约，我们去看了他。两子两女，都已工作。现有小房一所，汽车三辆，是经过颇为艰苦的一段奋斗致此的。他们夫妇也都过七旬了。另有老四房的志辅大叔（搞戏曲史的），在华府，年已九十五六，我去他家住了一晚。我每次来美都设法联系一下周家在此的人们，他们之间平常也少往来。另珏良长子一家三口，与良二女一子皆在此。我的五弟杲良在西岸。仲衡二伯尚有一女在西岸，未见过。叔娴五姐的女儿徐大椿，在此作生意颇得意，而她在上海一个研究所长期未展所长。看来“美国居”虽“大不易”，但如有才华，还是尽有机遇可以有所作为也。另外听说你二姑之子（姓龚）和六姑之子（姓夏）也都在美国。启宏已去拉美否？混得如何？

近一个多月来由于国内情况，自传也写不下去，绝大部分时间用于TV和《纽约时报》了。

国内学术界有什么新情况，值得报告，方便时望告知！……启锐自京来信，因不在学校里，所以我想了解的消息他不能供给也。

祝

健康！

一良

一九八九、六、六

致周启成（1995.1.18）

启成：

来信收到，你对《周叔弢传》评价不错，闻之甚慰！东北出了一套《中国大资本家传》，有“南张北周”一卷。此书号称用文艺体裁，其中一些事实我们都没听说过，恐是向壁虚造，有骏良这

本，后人就可据以辨别是非了。你兴趣在藏书部分，实际上老人虽从事实业，晚年又从政，然毕生兴趣及精力所在仍在藏书也。可惜此书校对太差，错误甚多，如“和”陶诗漏了“和”字而哲学“系”博士又多出个“系”字，不一而足。景良所作勘误表犹未能尽摘出也。

你开老庄课，不知宋代文学方面有无计划？似宜乘精力尚为旺盛时，用较多时日搞点大产品，以为然否？

东至县要出一本《东至周氏家族》，想亦和你联系？我起初有戒心，怕以后又搞什么“续反动家谱”之类。所以表示我们可提供材料，论述由他们负责，看来这方针还是正确的。现在看来，此书不只为东至县作了宣传，其本身也还有其意义。一个家族之兴衰，政治、经济等原因固有关，而要延续不断，恐怕教育是重要关键。旧日北京人家门口联语，最普通的为：“忠厚传家久，诗书继世长”，诗书者，教育之谓也。你孩子在日本学习情况如何？已正式入学校否？十七日神户大地震，殊可怕，幸未波及九州，大阪已大受影响。

北大亦有终身教授四人——冯友兰、陈岱孙、闻家驷、季羡林；社科院历史所也有张政烺、胡厚宣、杨向奎等几人。大约现在各地普遍推行了。北大也拟招专为以后搞传统文化的特别班（文史哲打成一片），详细情况不得而知。

金克木的“珞珈山下四人行”我也看到，想当年意气风发的人，如今只剩下一半，正如我九〇年离美，四年后今天再来，亲友中已有八人仙去，真是“访旧半为鬼”也。志辅大叔酷嗜京剧，著有《杨小楼传》、京剧史料等，我家里都有，回京后可以寄你看。不一一，盼望来信！我来外国过隐居生活，以躲开电话及访客为幸，却又时时盼望等待国内来信报导学界消息，何其矛盾也！

祝

全家春节快乐！

一良

九五、一、十八

致周启成（1996.12）

启成：

非常感谢你的关心，我一定试服丁大夫中药。近一月来不大好，大夫说药量不够，已由一片加成二片。故延缓发展亦很重要也。论老子文收到，颇有新意，老子书中屡言治用，前人殊未注意，你的新说定会引起重视也。日本有一奖励，给外国人研究介绍日本文化有贡献者，今年轮着了我，须亲自赴日，并用日语讲演。我征求了大夫意见，说有人同行，短期（往返五天）可去。故已定明年二月由启锐陪我一行。偶检得旧相片一张，寄上。请代谢你母亲！

祝

新年全家好！

一良

懿

九六、十二

和平按：此信写于1989年9月一良师和师母邓懿摄于宾州大学博物馆合影照片之背面。

致周启成（1999.6.5）

启成：

“今为古用”的假古董一册，寄你一阅。

你父文集进行得如何？他名中煦字之由头似可在适当地方作一交代，以存此名翻译家名子（字）的掌故也。你五姑叔娴是大才女，当年如不学法律，而从事文学，一定有大成就。我曾读过她几首旧诗，颇有味道，听说还写英文诗，我曾建议大椿出点钱印一下，请叔昭写一序言，分给家人作纪念，大椿应而不办，如今叔昭已走，听说大椿又从港返纽约作生意，我告启博催她，仍无动静，其实用不了多少钱……

附相片二张，以见我不废读书，一笑。问全家好！

一良左手

九九、六、五

致孙启治（1981.6.5）

启治：

昨得顾起潜兄来信，希望和你见见面，因写一介绍信，盼便中去找他。他一般上午在馆，下午晚间在家，地址是淮海中路 1751 号 201 室（高安路口）。如上海图书馆有可能，我看你也不妨去那里工作，当年向达、王重民、谭其骧、谢国桢诸公，都是在北图任馆员培养出来的。此意我在给顾的介绍信中未写，因不知你意如何？如有意，似可当面提出也。不一一，祝

全家好！

一良

八一、六、五

致孙启治（1981.9.13）

启治：

久不通信，不知近况如何？上海图书馆事有眉目否？念念。

北大历史系主任邓广铭先生辞职，领导上要我继任。我提出首先要解决政治问题，才能出来工作。正式结论也许要等中央全面平衡，至少我在审查中已把问题交代清楚，而且五年过去，北大党委应有责任正式宣布。本周校领导来系，宣布我进梁效是组织调动，本人不负责任，梁效问题已说清楚，故而任命云云。拖延五年之久的问题，总算告一段落，特函告，望便中转达你二姨和煦良二舅。他的儿子的事不知怎样？其他友人如顾起潜先生等，晤时也希转告。宣布在九月九日，而我恰于前一天将《魏晋南北朝史札记》清稿交付中华，计三十万字，其中约一半是审查期间成果，亦是坏事变好事。亦犹我在宣布会上所说："由反革命别动队的梁效某教授，变成北大历史系主任，也可算历史的辩证法吧。"你的很多好意见，我在修改札记时都已收入，并致感谢。可惜以后部分稿子来不及给你先看，而出书恐须一两年以后了。不一一，祝健康！

并问全家好！

一良

八一、九、十三

致孙启治（1983.2.17）

启治：

启康带来惠赠的毛衣，实在受之有愧！但她执意不肯携回，又怕辜负你们一片心意，只好无功受禄了，再次表示感谢！

你父亲来北大时曾摄一影，近已加印〔出〕来，寄去请转交。

那时我还不满七十，勉强算六十九，则五人年龄恰是五、六、七、八、九，亦一趣事。

近日工作如何？我意你应利用你的功力，和图书馆优越条件，在协助顾先生之外，抓紧时间“专精”一些。你对文字训诂有素养，何妨专搞一部古笈，加以注释，像杨伯峻注《左传》那样，因为好多古书目前都需要新注也。以一书为中心，便于集中精力，也易于见成果，不知你以为如何？

友人吴小如先生近著，在香港出版，上海可能见不到，兹寄供参考。他能糅训诂与文学欣赏于一炉，文章多有新意，相信对你会有所启发。不一一，即祝

全家春节愉快！

一良

八三、二、十七

致孙启治（1984.4.13）

启治：

接来信和惠寄各书，早已该复信。因诸事丛脞，迟到今天，乞谅！

老人丧事情况，谅你父亲已谈到。工商联拟出一纪念册。所藏善本书已由北京图书馆编成目录，连同题跋书影，印在一起，本为九十诞辰纪念，而迟到今日还在印刷中，可叹。他还有谈图书版本小册子，和《文献》杂志所辑书跋中未及收入的题跋若干篇，我们拟汇集成《弢翁遗稿》。此外还想搜集一下他给人讨论图书版本的信札，已从赵万里先生家征得四十余通。据赵家说，这只是一小部分，绝大部分“文革”中被抄走遗失了。我已函顾起潜先生，问他处有

否，盼能惠寄复制，然后奉还。谢国桢先生之女在复旦，我亦托顾先生代为打听。他事很忙，你便中能否再催询一下？又你父亲处存这类信札否？亦希代问。请告诉他，告别式所照彩色照片，由治良寄港洗印，印就后当寄给他。

来信所谈唐人写本订正古书讹字，极妙！校勘之学只通篆隶不够，必须熟悉唐人俗体，此想法极对矣。你何妨积累些例子写篇文章？

承寄各书，极感！但善本书目已有王重民夫人赠我一册，而这本书你以后肯定会有用，所以我打算日内挂号寄还。尽管写了字，也毫无关系。家里人无须客气，且适足为我们之间学术上忘“辈”之交作纪念也。

不一一，祝

双好！

一良

八四、四、十三

上海也在嚷嚷落实知识分子政策，对你父亲的“住”与“行”有改善否？

致孙启治（1984.10.31）

启治：

许久没有写信了。翻阅你前些时来信，看来读书时有创获，论《尚书》、论敦煌俗字，都见心得。俗体字过去似只有碑别字及李家瑞《宋元俗字谱》，敦煌写本中大量材料尚无人利用（李书我有一册，将来检出寄你用）。此外，南北朝墓志中俗字不少，可与《颜氏家训》中所记者互相参证。贯穿起来可成为系统性研究。我现除百科全书任务外，在整理敦煌写本书仪。近写关于王梵志诗小文，寄上一阅。你那里看胶片太费眼，如有照片就好了。

上次提到在日本的朋友搞词典，如我力所能及，愿意帮忙，替他在北大找人看看。日本国内所出同意（义）词、反意（义）词词典多种，主要是如何针对中国人来改编耳。我于十一月二日去成都开魏晋南北朝史会，如可能，会后想顺流而下，一游三峡。三十多年前上水走过，据说这些年在修大坝，激流险滩都将绝迹矣。

祝双好！

一良

八四、十、三一

致孙启治（1984.12.9）

启治：

上月底回京即读到长函，至为高兴！因忙于审阅研究生毕业论文，准备答辩，迟复为歉！日昨已全部顺利通过，亦可为庆丰收也！

来信所谈角字的解释甚确，足以释我多年之惑。将来如有适当机会，定当把你的说法公之同好。唐写本中俗字大值得研究。敦煌卷子中词语训诂，蒋礼鸿先生的书解决了很多，而字形方面，也有丰富材料，是六朝墓志以后又一批极可重视的，而自来无人继碑别字之后加以整理。我看搞出些规律性东西之后，至少有两大用途：一、今后识别六朝隋唐写本文字时，可以有所依据；二、校勘古书时，可以多一重要线索，如你所举诸例，皆极有意思。你那篇“文革”中弄丢，太可惜了。是否就手中尚存材料，再写一下，作为发凡起例。特别是通过唐人俗字弄清先秦古书误字，是一条新路。在你将来完成穷尽材料的大著之前，先用示范举例方式写一小文，同时声明你已着手这个工作，我看还是很有意义的。只要不妨碍你的主要任务，大可以写。北大古代史中心所出《敦煌吐鲁番古文献研究》(年出一册)定极为欢迎也。

北京图书馆及北大皆有伯希和全部汉文写本胶卷，你如需检阅，将来可向图书馆申请出差北京，我父亲曾给我若干册罗氏所拓汉石经残字，与我目前工作无用，将来有便带给你。其中未必有多少《尚书》残石，但搞这行的人自己能拥有一点作为样品，也是有意思的。忽然想到，62年我出过一本解放前论文《魏晋南北朝史论集》。此书印数甚少，目前已找不到。我手中尚余二册，你如没有，我可寄你一册（“文革”中差点没有付之一炬而幸存的）。《释名疏证》我已买到，《方言笺疏》未见，能惠寄最好。

北京大学尚无古典文献函授班。闻华东师大有古文献研究所，是否去打听打听？这里如有类似办法，定当奉告。目前一刀切强调资历，我认为没有道理。祝

双好！

一良

八四、十二、九

我应日本东京大学之邀，明年三月将到日本访问四周，你那位好友如在东京，可以见面。便中写信不妨先容也。

致孙启治（1985.1.19）

启治：

正拟写信给你催稿，收到文章及来书，甚为高兴！文章读过，很好，我无改动。虑之通宓，原来渊源于唐人俗字，使我昭若发曚。

最后校勘之例极有意思，以后扩而大之，大有可为，敦吐文献论集第四辑在三四月间集稿。头二辑写印，第三辑改排铅字，看来不合适，所以第四辑仍须改写印，象（像）你这篇文章，就更非铅字所能解决了。（如能由作者自己写，我看此文由你自己动笔更妥。）

解放前旧文蒙过誉，为之惶悚。目前印刷力量紧张，重印不可能，香港则早已翻印矣。

你们馆里或朋友中有人北来，而回去能托带书籍者，望见告。我可把你要用的一些书送城里交其带沪。这些书我不愿随便处理，你能利用，使书能得所，我之大愿也。祝

双好！

一良

85.1.19

致孙启治（1986.3.31）

启治：

两信都收到，札记谬蒙奖饰，愧愧！“古人之书”可谓先得我心，“认真”二字也确如你所理解。62年印解放前论文，曾戏谓此乃“我的前半生”（即三十七岁以前），后半生将写一部马克思主义的论文集。今年已进入七十四岁，所成就只此。我系邵循正先生挽陈援庵有联句：“校雠捐故技，不为乾嘉作殿军”，盖美其皈依马列也。我之此书只能“愧为乾嘉作殿军”矣。但书出后不少朋友来函奖誉，这个殿军幸尚不辱没乾嘉诸老耳，一笑！

顾先生交我两文，是想让我写评审意见，以备你提职用。我认为从文章本身及所体现之功力看，晋升助研或讲师毫无问题，已复函告知。唯内举虽不避，究竟是否合适，亦请顾先生酌定矣。

启康来北大，匆匆未及细谈。因她尚须去津，不直接返沪，故只挑了两种比较轻的书交她带走，其余图录带布套，太沉重。小张来京出差，欢迎来我家。书可装小纸箱，由她带回最好。上次有赴日报告一文，寄你父亲，请他看完转你，如未见到可索阅，以见去年行踪。附上《学林漫录》所登小文，也和你外祖、父亲有关。

你关于“隶古定”的意见很新颖，我看有理据，虽然提不出不同看法。近有美国学者对向来目为伪书的今本《竹书纪年》也平了反，与你的工作很相似。

不一一，祝　双好！

一良

八六、三、三一

请告你父，朱光潜先生仍举行了告别式，我已代他送了花圈。此地办法是告治丧组在所备花圈上添人名，不必交钱。

致孙启治（1987.8.3）

启治：

来信及论文集收到，多谢！札记读过，颇见功力，我看目前不可多得。特别是多从音韵相通的途径作解释，确是治古文献的良好方法。锲而不舍，定当大有成就，有厚望焉！

我六月中赴港参加国际敦煌吐鲁番学术会议，海峡两岸皆有学者出席。台湾潘重规先生（黄季刚之婿）年已八旬，恂恂儒者，为台湾敦煌学泰斗；黄永武、林聪明两先生为中青年学人佼佼者。学术交流颇为融洽。林君谓此次会议水平在去冬台北敦煌学术会之上，如大陆台湾学人合作，定远远超过日本，此言甚确，亦足见希望统

一之思想倾向也。七月又赴烟台休养半月，虽名海产之地，但烹调技术太差，殊令人失望耳。不一一，即问

双好！

一良

一九八七、八、三

致孙启治（1987.8.18）

启治：

来信收到，北大善本部所藏德人劫去的吐鲁番文物图录，只有Le Cog之Chotscho Grunwedei Ait-Kutscha两种。我都翻了一遍，皆是雕塑、壁画图版，未收写本。我校考古系有一位同志留学西德，对此较熟悉，可惜他出差了。我已留一封信给他，一月后归来可能有消息。另中央美术学院亦可能藏有德人所劫文物图录，我准备写信请教美院金维诺教授。你馆亦可函询其他较大博物馆，可能藏有德人所编图录也。匆此，即祝

近好！

一良

八七、八、十八

致孙启治（1987.9.14）

启治：

来信收到，证明信件办好寄上，希望你定职称事一切顺利！

美术学院金维诺教授函附上一阅，看来美院亦未入藏。北大考古系同志出差归来后或可知道一些消息。不一一，祝

双好！

一良

一九八七、九、十四

附：金维诺致周一良（1987.9）

一良同志：

我到美院图书馆查了一下，这里也没有德国收藏经卷的书籍，在北京只可能北图有。

德国收藏的经卷现在全在东柏林社会科学院，只在该院学报上发表论文时附有经卷图片。我去年初去东柏林科学院（在洪堡大学内），曾提出看经卷，接待的学者是P.Zieme，他是研究回鹘文的，因我从西柏林前往参观，他很谨慎，婉言谢绝了。

东德科学院学报，上海图书馆可能也有。东欧和苏联一样，材料随研究文章一同发表，到现在还未全部发表收藏经卷的资料。

和平按：这是孙启治向一良师打听德国藏吐鲁番出经卷的有关情况后，一良师不仅亲自去北大图书馆查资料，还向金维诺及北大考古系的晁华山写信询问，这里是金维诺教授的复函，转到孙启治手中。

致孙启治（1987.11.26）

启康、启治、雨森：

我的老伴因乳癌住院已一周，本以为下周才能手术，昨天突然通知定在今早。恰巧我的女婿和儿媳都出差在外，分不出人到车站取东西，白麻烦了你们和餐车主任，非常抱歉！我已包好给启治的书及你们外公的手迹，也未能送交餐车主任带沪，只有以后邮寄。老伴手术顺利，签字时大夫写的是“根治”，大约挖的范围很广，详情尚不知。回家赶紧写信道歉，实在于心不安也！即祝

健康！

一良

八七、十一、二六

致孙启治（1988.1.7）

启治：

几信先后收到。因杂事扰攘，迄未能安心坐下作复，为歉！老伴手术后顺利，唯年纪大伤口不易愈合，前日始出院。所幸血液、淋巴中皆未发现癌细胞，未转移扩散，算作早期，出院后不必再做化疗、放疗之类，只须休息静养。其实硬块若干年前即已发现，校医一直认为乳腺增生，因一般40~60岁人得此病者多。数月前里根夫人发现此病，我们才警惕，因她早逾七十也。所以，此次美国第一夫人为我家立了一大功！我咳嗽已好，现继续吃川贝蒸梨，吃一冬希望能根治。

前次信中论清代四家研究《说文》，颇为精到，足纠杨遇夫之说，甚为欣慰。我题柯氏书称你精于没长之书，果非虚语矣。近见有人评成都古籍书社影印段注说文，指出其标点错误惊人。我因取你们上海整理的本子略一核对，皆不误，此中当有你不少功劳？评职称事结果如何？八七年底似应揭晓也。你外公日记中所言拘留事，是因为五外公（启登之祖父）所开银号倒闭，因而他与我父亲俱受牵连。后来由大外公等四弟兄出钱了结此案。五外公原住天津，也就迁居上海去了。周氏家族人多，年代长，事情多，也很可写部小

说，惜无人有此文笔。当年在京津住家的四五两位叔父，我与四叔关系确较密。因我也喜搞搞金石，而四叔父又喜唱京戏，养蛐蛐、蝈蝈（冬天常给我们——连同葫芦），都是孩子们喜欢的。1930年我到北京燕京大学读书，周末必去你外公家。你父亲当时在清华，常常一同进城，与你母亲恋爱亦即此时也。

我的字不行，虽下过工夫，而天分太差，但一定给你写点什么，作个纪念吧。祝

双好！并问启康！

一良

八八、一、七

安庆文史资料一册，望转交你父亲。

致孙启治（1988.4.25）

启治：

两信皆收到。近来因忙于审阅校外各地的硕、博士论文，每份动辄二三十万言，剋期交卷。我的习惯又不愿只看摘要，必须通读全文才敢写评审意见，以致许多复信都耽误下来，乞谅！老伴手术后很好，只继续服药，不需打点滴化疗，更不需照射放疗，可谓万幸。

来信论古文字很有意思，你说唐人习惯"ψ"作"巾"，我看写本中草字头与竹字头往往互混，当亦与此有关？我主编的文化交流史曾嘱出版社直接寄你一册，不知收到否？嘱写小条早已书就，今寄上。我练字下过功夫，篆隶皆临过不少，惜书法天分太差，所以始终无成。有人找我写，总不敢承应。古稀以后才稍稍大胆，每次必缀上"时年"，所谓倚老卖老也。所写联语为林则徐自题厅堂者。

我看过梁章钜《楹联丛话》，认为全书所录唯此联最高，服膺以为座右铭，望与贤伉俪共勉！“毕竟是书生”闲章乃打倒“四人帮”后所镌。

复旦谭其骧教授约我三月中旬来沪主持他一位博士生答辩。后因肝炎流行，由南方来京者到校皆先隔离，我有戒心，遂请假未来，失去了晤面畅谈机会。附上照片一帧，背景乃卧室兼书斋也。

顾起潜先生在京小住，仅通一电话，未获晤谈。渠承诺为此间拟编之陈寅恪先生纪念论文集撰一稿，便中乞代催询为盼，即祝

双好！

一良

八八、四、二五

启康均此问好

致孙启治（1989.2.2）

启治：

来信收到。承将汇款转给琰良，极感。其实我所保存的地址，即来信所列，不知何以变成“地址不详”也。

我去冬咳嗽不止，今年预作绸缪，服浙江台州出的“固本咳喘丸”，已十余瓶，似尚无效。另外，晚报登偏方，早晚喝香油（麻油）一小勺，我照办，已喝了近一瓶。究竟哪个最见效不可知，反正今年不似去年之狼狈，则可以告慰！承挂念，望放心！

前信所谈史学、史识问题，我认为你的看法极是。我总说要“好学深思”，好学即掌握材料，深思则你所谓史识、想象力也。好学不难，深思则须有天分，根据表面全不相干的材料找出其间因果联系，不是一目了然的。我一向认为，陈寅恪先生之所以迥异常人，

正在于此，非深入思考，脑子很好不办也！关于《管锥编》，我读后也有不足之感，胪列对比不少，但似未作出结论，未阐明问题。我曾纵论并世学人，以北大历史系同事而言，认为张政烺、邵循正（近代史、蒙古史专家，已逝世）是头等脑筋，即既好学又能深思者。现在系中六十上下者亦尚有一二人可入此选。（我以为这路人才能算一级教授）至于我自己，还有其他几位年龄相仿佛者，在深思方面，亦即在脑筋方面，殊不能与张、邵相比。此非妄自菲薄，实出自胸臆之言。所以我自己认为，居二级正是不卑不亢。我也尝拿家人相比，认为我们弟兄姊妹都还可以，但脑筋尚非第一流。而大房（梅泉诗人）家的震良、煦良、炜良、叔娴等，才华脑筋远胜我们。炜良之算学人谓在华罗庚之上，叔娴中途经商，未尽其才，至为可惜。此外则令尊大人，头脑亦是头等，故能屡有创造发明，非我等所及也。你头脑敏锐，有似乃父，深望勉之哉！信笔写来都是心里话，不足为外人道也！

我二月下旬赴美开会与起潜兄同行。会后到纽约小儿启博处小住，可能四月间返国，飞机恐不经沪上，顾老或许来京候机。望人像传仍希留意代购，多谢！祝

全家春节快乐！

一良

八九、二、二

致孙启治（1989.2.20）

启治：

前寄一函，谅已收到。启康来京，带来南方冬笋，感谢之至！你终践去年之约，而启康负担大增矣，再次向你们大家致谢！

我定于本月廿五日起飞（老伴俟取到visa后自己走），与顾先生在东京碰头，同机飞美。善本书我实所知不多，只能从用书角度提些看法。美方准备工作有沈津及张家璩参加，沈当是你馆专家，张则来自天津，其父与我家对门而居，乃老太爷好友也。

《清代学者画像传》仍乞代留意！我三月初去纽约，大致四月下旬返京。美国如有事望来信，地址：Prof. Zhou Yi-liang, c/o Roland Chou, 3079 Middletown Rd, Bronx, N.Y. 10461 U.S.A. 祝

全家好！

一良

八九、二、二十

致孙启治（1991.7.29）

启治：

首先让我祝贺你乔迁之喜！地点偏远一些，而交通方便就好，何况地处开发区，前途又无量呢。北图为纪念弢翁百岁诞辰，办了展览。然后天津艺术博物馆也举办一次，展品不是善本书，而是捐献天津的敦煌卷子、字画、鉢印等，与北图各有特色也。天津政协同时搞一“座谈会”，实际是大家（约二百人）“座”而六个人“谈”，无异报告会。除一人报告生平外，四人皆以老人为“由头”，宣传当前政策。只我的发言不搭调，谈了老人三点：① 心胸开朗，故长寿。② 随时代前进，故由“遗少”成为党的亲密朋友。（胡适之曾谓陈寅恪有“遗少”味道，我谓弢翁早年亦尔，因皆系清末官吏最高层之后代也）③ 知人之明及自知之明。你父亲已自温州返沪否？未被水灾阻隔否？我的儿子在纽约打听齐淑芳（曾演小长宝者），知刘锦和在美，地址尚不知。祝

双好！

一良

九一、七、二九

致孙启治（1991.8.13）

启治：

收到来信，知能安居乐业，至以为慰。春在室名亦好，近读小报上俞平伯文，知苏州春在堂亦已修复矣。志辅是我四叔祖（周学熙）长子，名明泰，京剧史专家，现居美国，年已九十有六，耳目聪明，脑子清楚，时时来信。你所见善本上当是“大弟”而非“大叔”。他近又来信询问顾先生为他拓本上题识事，并要我复制寄美。望你便中再催询一下，并告以志辅大叔询及事。我为老年人办事，向来“只争朝夕”，何况因顾为八九十老人耶？写就后如一时无便人带京，可否请你在馆中就近将顾题识复制寄我，只要顾所写部分，以便邮美缴卷。北京亦极热，目前忽传闻有地震，现已解除警报矣。浦东谅无水患，为念。

即祝

双好！

一良

九一、八、十三

致孙启治（1992.8.5）

启治：

得来信，知几项工作齐头并进，其忙可知，尚希劳逸结合，多加珍摄为安！顾先生所写跋文，近日寄来单行本，复制一份寄供留念。原拓本及题字，我在美曾复制多份，回国后不记得放在何处，迄未觅出，一俟发现，定当检寄一份也。半年来诸事栗六，所幸大百科中国史卷完成出版。我写了“广告式”书评，将载《光明日报》，自觉尚是说实话。书评如此始有意义，一味自吹自擂便毫无意思矣。余不一一，即祝

暑祺！

一良

九二、八、五

纪念文集早已交印，估计明年一月可按时出。

致孙启治（1994.6.15）

启治贤甥：

《墨子校注》收到，谢谢！贤甥媳亦参加校阅，夫唱妇随，其乐融融，可喜可贺！广东博物馆王贵忱先生近影印《弢翁书简》，我托其多制几十册分赠亲友为纪念。另邮寄去二册，其一便中望转交你父。此事本应儿女办，而我等无此能量，王先生实做大好事。且附刻像，虽不太肖，亦颇别致，印刷装订皆雅洁可喜也！匆此，即祝

健康！

一良

九四、六、十五

致孙启治（1994.10.15）

启治：

我父亲的传记近已出版，将由景良给你们父子寄去。印刷不错，惜错字不少。其中记载了你父亲一段回忆，写得很传神。

我的女儿启盈在美取得学位，找到工作，接我们去探亲，定于本月廿五日启程，她住在亚特兰大附近，地址如下：

Prof. Zhou Yi-liang

c/o Zhou Qi-ying

1231 Clairmont Rd.#16B

Decatur, GA 30030

U. S. A

去后将给你来信，也希望你能报告一些国内情况！祝

双好！

一良

九四、十、十五

附：周景良致孙启治（1994.11.11）

启治：

因一良赴美去女儿处小住过冬，故命我寄书给您并拜托如下。

计寄上《周叔弢传》七册，勘误表七份（此书误排既多，亦有原文不妥处，此表是我们自己打印的，特别是弢翁诗词错误多处，读者无从查考也）。请分送如下：

〔孙〕师白一册

〔孙〕启治一册

〔孙〕启康一册

上图一册

复旦图一册

华东师大图一册

上海师大图一册

一良如此开列，我亦照抄，不知您送去有无困难。

与良亦于8月去加拿大开会，然后于美加两国四处子女见面，想要半年后回来了。

即问

安好

景良

94年11月11日

另有赠古园林建筑专家陈从周一册，亦不知何处投递，既不知邮码，也不知写同济大学建筑系是否能收到，故也拜托了。共寄八册。

再者，我只知您在上图工作，不知对版本目录、善本收藏是否有兴趣，珏良有三篇关于弢翁藏书的文章，虽大同而颇有小异，各有特点。《周叔弢传》藏书一章全抄珏良文，如有兴趣，告诉我，我可以寄。或已有了？

和平按：此信是小一良师十六岁之幼弟景良，在一良师去美国探亲后，将《周叔弢传》寄给孙启治，让其分送诸人诸图书馆的信。

致孙启治（1995.1.17）

启治：

两信先后收到，极为感谢！我虽“隐居”国外，以避免电话及来访客人为幸，却又时刻盼望等待国内来信，可谓矛盾。你的信内容丰富，消息量大，读后极为解渴，故而感谢也。你对弢翁传记评价不错，闻之甚慰！启成来信也说，他如为煦良作传，怕也写不到这样呢。东北出了一套《中国大资本家传》，专有一卷《南张北周》，其中弢翁传一些事皆所未闻。据云此书意在以文艺笔调写，向壁虚造处定然不少。有此较可靠的传记，可以供后人参考纠正。而且此书乘我们这辈人尚健在时出来最好，将来更无人能判别是非了。可惜校勘粗疏，错漏处太多，如"和"陶诗脱去"和"字，而哲学"系"博士又多出个"系"字，不一而足，令人扼腕。景良制一勘误表，恐犹未尽也。各处承代转送，极感。如有人买不到而须索者，我回京前，可函景良请他寄送。来信论编目及目录学事，皆深知甘苦之言。你旧学根柢深厚，再涉猎佛道两藏，于学问大有裨益。不知先秦诸子方面尚有暇从事撰述否？职称问题如何？便祈见告。近年国内喜搞大而无当之编纂工作。《四库存目》尚有范围框框，续四库则浩无涯涘，不知从何下手。闻顾先生被推为总纂，恐亦难仔细过问。今天到底多少人能敌纪晓岚，又有几个能比当年四库馆臣耶？你的孩子如能到国外上大学当然很好，然亦确如你所说，中国文化的修养会受影响。一般而言，国内较好的大学理工科，基础教学不下于国外，而学生动手的机会与训练，则远不及外国大学。如孩子志在理工，而又有条件，不妨早些出去。我来此后发现，计算机在此几乎家家都有。我的小外孙由五年级跳班到七年级（相当国内初中一），已是终日面对计算机，很多功课作业离不开它。国内中小学生不必说，大学生也未必有此幸运也。至于传统文化教养，中学六年级加上家庭熏陶，我看你的孩子是不会缺少的。说起十香菜，也是我们天津老家春节必备，不过做法可能跟你们道地安徽风味者不同。老伴几次来美，已把配方传来北美，颇受儿辈欢迎。十香为：

致唐长孺（1991.5.18）

长孺同志：

奉到惠书及仲安同志大作，知已及时手术，革除隐患，安心静养，至感欣慰！于廑同志白发转黑，尤堪欢悦，已另函问候矣。仲安同志为我公及门高第，学殖深厚，嘱一良审阅其著作，不胜愧悚。拜读之后，认为功力甚深，识见甚卓，如能出版，定当嘉惠士林。意见另纸录呈，此数点仅供作者参考，不足谓修改意见也。匆此即颂

著安！

一良谨上

九一、五、十八

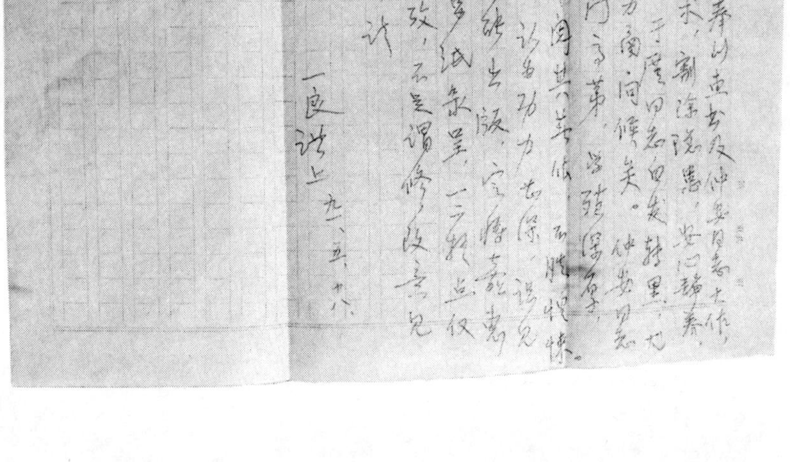

长孺同志：奉到惠书及仲安同志大作，知已及时手术，割除隐患，安心静养，至感欣慰！于廑同志白发转黑，尤堪欢悦，已另函问候矣。仲安同志为我公及门高第，学殖深厚，嘱一良审阅其著作，不胜愧悚。拜读之后，认为功力甚深，识见甚卓，如能出版，定当嘉惠士林。意见另纸录呈，一二数点仅供作者参考，不足谓修改意见也。匆此即颂

著安！

一良谨上 九一、五、十八

贺唐长孺八十华诞

奉到纪念专辑，以芜词敬祝长孺我兄同志八十华诞

三至九世纪造诣精深

弟子都堪承余绪

先生独步跨前修

敦煌吐鲁番爬梳细密

周一良拜贺

1991 年

致谭其骧（1939.7.27）

季龙四兄惠鉴：

接奉赐书时，曾廙已行，渠往青年会，一良迳函告之矣。近数日中兼获大纲、持宇两兄来书，俱以左右为念。大纲自称心境极恶，幽忧穷感、怨慕凄凉八字足以当之，庆曾已到平，阁下当已得悉渠近况也。持宇日者径佐外人治清史（年酬六百元），弟领哈燕奖金五百元，尚须为《亚洲学报》任译事，年得二百五十元，生活当无可虑，惟称为人作嫁，徒劳无补，且言洪先生不加援引，故哈燕仅有五百之数，颇倖倖也。一良韶华中学事不重，暑后仍是寄生家中，读书自遣。南行约在冬末春初也。余不一一，即请

著安！

弟一良顿首

七月廿七灯

并问你爱人和孩子好！

夏应元自注：此信为1984年5月16日周先生写给我的，主要是叫我在他主编的《中外文化交流史》一书中负责写“中日关系”部分。

致夏应元（1985.12.14）

应元同志：

许久不见，近况如何？马雍同志壮年溘逝，实增悲痛！他至少应再活廿年，每年一篇亦可再写廿篇文章也！“最怕衰年哭壮年”，故而未去告别，惋惜之情固不后人。

中日关系文谅已脱稿？盼能早日赐下，以便汇总。杨正光、汪向荣先生日本之行意作罢耶？不一一，即致

敬礼！

一良

八五、十二、十四

孙先生家属情况如何？在念中。

夏应元自注：此信是1985年12月14日写给我的，主要意思：一是解释未去出席马雍葬礼的原因及想法，顺带催一下我的稿子。二是问候孙毓棠先生家属（当时孙先生刚去世不久）。

致夏应元（1986.5.7）

应元同志：

我开始编辑文化交流史，首先读了你的稿子。总的印象不错，

概括诸点亦有新意。文字上作了些润色。陶瓷部分讲“有田烧”处根据专著改正了错误。日本刀歌自木宫（泰彦，编者补）书以来，一直作为欧公诗，以前曾见小文考订其不出欧手，惜未记录下来，现改为宋代诗人云云。P.66 称傅云龙为“驻日观察员”，此名称是否当时如此，望再一查见告。第 81 页说汉语中常用词汇中，由日语借用者占一半弱，我有点怀疑。可能是日语中的汉语词汇与中国话相同的，如观察、理解之类，并非我们由日语借用也。再者，为避免千篇一律，每章自拟一题目，你这章题目如何，亦望考虑后见示！有何较有特色的图版可用，并希告知！即致

敬礼！

一良

86.5.7

夏应元自注：此信是 1986 年 5 月 7 日写给我的，主要是收到我的稿件后，周先生谈自己的观感，改正我的错处，有的地方叫我再仔细查。这封信说明，周先生既对学生大胆使用，热情提掖，同时也严格要求，一丝不苟。

致池田温（1985.4.4）

池田先生大鉴：

此次来　贵校访问，承先生多方殷勤接待，并对拙文多所赞许，实深感愧！先生大著久已蜚声海内外，承赐一册，欢喜无量！而内藤先生墨宝，更当珍若拱璧，为中日两国学者之永久友谊纪念也！演讲稿奉上，如拟刊布，务乞斧正文字，以免贻笑大方。关于陈祚龙先生论文之附记，希一并刊布。陈先生文章刊物期数，如必要即

胡萝卜丝、豆腐片丝、黄花、木耳、生姜丝、虾米、酱黄瓜丝、冬菇丝、笋丝、白果（或花生米），此外即香油、糖、味精等。我们做的没有芝麻。我此行不打算工作，所以正在翻译中的日文传记稿根本未带。除三本工具书（年表、日本历史小词典、日语字典）外，只带了三本书，川端康成小说，陈祖棻《唐人七绝浅释》，缪钺、叶嘉莹合著《灵溪词说》。目前只剩缪书未读，因此间尚有些国内未见书也。我们二老每日读书、看报之外即散步。此处地势高低不平，大树甚多，既高且直，到处绿草如茵，有城市山林之感。可惜到哪里都非车不办，散步也要女儿用车载到公园，平时在家不免"软禁"之感也。

你父亲美国之行作罢，未始非得计。望代问候，并转达此信大概。琰良行踪迄未追到。有人说已回沪，亦未可知。

祝

全家春节愉快！

一良

九五、一、十七

致孙启治（1999.2.12）

启治：

信收到，你对词律似颇通晓，标点一切由你决定可也。核对了大方原写扇面，即上马而下戈，是否一致为好，由你酌定，编者按语妥当，"□篇"二字似可省。

昨寄一信，望标出弥甥，解释三人□，及消去周家之近年间二句中"之、间"二字。□收到启康前允寄你父铜像照片，望代促一下！《两当斋集》查到否？

一良左手

九九、二、一二

和平按：此是一良师左手书，其中“篇”上一字，“人”后一字及“收”前一字不识。

致孙启治（1999.10.21）

启治：

两信先后收到。

我所写存稿跋文及景良文，春间寄《文汇读书周报》，以后讫无消息，今日忽见《万象》杂志五期刊出我文，想是得自文汇，用以配合对我自传之评论也。因此想到历史文献如何处理，我想有两方式：一、只要景良文，不刊我跋，因此文只谈电脑印书，未涉及存稿本身；二、仍保留我跋，但你们与《万象》联系，得其同意，你馆不再付稿费，以免一稿两投之嫌。此事即由你与馆中商定可也。

老人逝后，我即搜求遗札，印在张舜徽主编之《中国历史文献研究（一）》，顾先生提供了你馆所藏六通，致叶二，致徐乃昌四，今后须在广泛征求，尽量多些才好。此事望吾甥注意及之！

余不一一，祝

好！

一良左手

九九、十、二一

和平按：叶二，即弢翁致叶景葵信二通。

致孙启治（2001.2.7）

启治：

得长函，极为快慰，因学生放假回家，无人代笔，迟迟作复为歉。今日启博归来，始得畅叙。

我甥经史子集，四部皆通，洵非虚语。究其原因，实际在小学根柢较好之故。我之所以以段著说文相赠者，于此故也。弢翁藏书由北而南，此书由我传于你，皆因“小便能通”之故。吾甥似应将此段因缘记于书上，亦嘉话也。

三年以来，疾病缠身，又丧老伴，幸我比较豁达乐观，今虽不能行走，而用脑不停，尚有人生乐趣。近者所写《钻石婚杂忆》已完稿，尚有“哈佛三杰”，“吴宓与周氏兄弟姊妹”数文在计划中。“大方联语辑存”已付印，现代人如今不写将无人能写也。

近来颇思取一别号“今六一居士”，欧阳修曾号六一居士，因其有六个一。旧日北京大宅门有六事曰：天棚、鱼缸、石榴树；先生、肥狗、胖丫头。而我只客厅有一鱼缸，六事只有其一，亦可为六一也。今年庆米寿，多以长命百岁相祝。百岁太难，我只期望九五已足。曾与友人谭其骧、唐长孺等相约九五之尊，而谭公等未能如约。我自忖九十有望，九五在望，故起名曰“二望馆主”。凡此种种皆消遣也。

身体残废，事事仰赖保姆，而男女有别，诸多不便。例如洗澡，当年老伴建议，我穿游泳裤由保姆洗澡，居然几任保姆都同意此种做法，我闭目养神，目不斜视，保姆用洗澡手套为我擦身，不触及肌肤。我右手残废，穿裤尤其困难，必须把裤子摊在地板上，极不方便。最近得一巧妙办法，我躺在被窝内，保姆由脚下抽出裤子，然后再从脚上将新换裤子套上，我在被窝内一拉就上来了。我称之为“隐蔽换裤法”，非常省事。写以上琐事博吾甥等一笑。

一良

2月7日

新居尚未通邮，来信寄历史系转。

和平按：此信由周启博代书，时间在2001年2月7日。

致孙启治（2001.3.29）

外甥启治：

来信跋文皆收到。跋文摇曳有姿，颇有贵乡文派“谬种”之遗风，今日颇不多见。吾甚感兴趣。拟投稿齐鲁书社所出小型杂志《藏书家》，吾甥谅无不同意也。此杂志短小精悍，内容充实，你馆当亦有之。

前寄小文单行本，其中有错误、有误字。第七页“年甫四十即去世”，“甫”〔和平按：“甫”应为“十”〕字下脱“余”字，他生于1890年7月，卒于1931年3月，实际活四十年零九个月。第八页“余嗟呼”应作“吁嗟乎”。第十二页“巢汉掉头不肯往”，“往”应作“住”。第十三页，“特功而骄”，“特”应作“恃”。第十四页“冯片石”应是“凴片石”。第二十四页，“泰清一梦何成仙”，“何”应作“可”。第二十五页“用唐诗”应是“用宋诗”，“小楼昨夜”一句应是“小楼一夜听春雨”；“爰句阁”应是“爰居阁”。第二十九页“卞孝萱”应是“卞孝萱”；主编之《晶报》，应是“投稿”。

近来雇得曾作过医院护士的保姆，对男女病人一视同仁，凡吃喝拉撒睡无不照顾，因而我精心炮制“隐蔽换裤法”已是无用，今后一切可以宽心，多活几年谅无问题。不一一。

致问近好！

一良

3.29

和平按：此信是代书。

致孙启治（2001.3.31）

启治：

昨日发一信，房间号码误写为410，望速以查，希望不致丢失才好。

上次来信，我转给顾诵芬，他没有寄还，记得其中你讲了你的家世，我很〔想〕知道得更详细一些。我对七姑丈、八姑丈家人的情况都比较熟悉，只有五姑丈连名字是什么都不知道。当年五姑母她也很聪明，喜读书，我父亲跟她也特别好，大约五姑逝世时曾经托孤，所以我父亲把你们家第一次接到青岛，第二次又接到天津。你们在我家一直到进大学才离开，我们虽是表兄弟而情同手足。这次《藏书年谱》中有“公拓”之名，即是你的叔叔，大约景良也不知道，所以李国庆也没有注出。希望以后有机会说明为佳，如同我这次借《藏书年谱》之机会，把思艺小学的事交待一样。不多及。

即祝近好！

一良

2001.3.31

（研究生姚宏杰代笔）

致孙启治［2001.4（3？）.4］

启治、小张：

来信及画片皆收到。画片印刷精美，极可宝爱。泰山之电影广告，更引人回忆无穷也。此法甚好，他馆亦可效法。附上相片两组四张。寿字乃1794年乾隆六次南巡时，他（郭钟岳）从福建到浙江迎驾时呈献。三人照片是我进入新居那天所照。室内一张是系同仁来祝贺米寿时所拍。后排最高者乃我系毕业生，现任文科副校长，师大历史系教授何兹全教授之子也。新居尚未通邮，来信仍请历史系转。祝

好！

一良

二〇〇一年四（三？）月四日

景良代笔

致孙启治（2001.5.10）

启治：

墓志三巨册收到，你太破费了，心里很不安。但也是编得很好，序言已读过，学了不少东西，还需要慢慢地欣赏研究。再一次表示感谢。

关于下一步工作，所举两项中我认为工具书更有用。你何时退休？退休以后希望你一定把有关先秦诸子的心得体会充分写出来。

我写“哈佛三杰”小文已完成三分之二，尚余杨联陞一人，材料比较丰富，还需一段时间，此文完后即从事“吴宓与周氏兄弟姊妹”一文。这篇文章虽然不长，但把吴宓的十本日记翻一遍，也需要一定时间也！舒（叔）昭、舒（叔）娴两人的材料手头太少，已

写信问舒（叔）昭在台湾的女儿［舒（叔）娴之女过继给她］去要，尚无回信。

过去有人写过《陈寅恪与吴宓》一书，似乎两人很相近。我现在读《吴宓日记》后，两人许多地方根本不是一回事。现在做事都是以只争朝夕的精神去办，然而自己手不能写，全靠几位好心的同学来帮忙，有时也急不得也。

关于大方联语，经人指点知道三十年代天津还有一种《风月画报》。近从其中查到大方先生赠给妓女的对联三四十幅之多。看来编一本包括百分之六七十作品的集子还是可能的，这要等吴宓小文完后再说了。

长沙《书屋》杂志主编周实同志来信附上一阅。即问

近好！

一良

5.10

致孙启治（2001.5.23）

启治：

来信收到。按时退休很好，可以做自己想做的事。外来的任务可以自由选择，不爱干的可以不必勉强了。

山东齐鲁书社《藏书家》的主编周晶同志来信，上次忘记封入，现在随信寄上。

此地有人准备写玉山老人书法的研究，我考虑你的太外公这一支人书法也有不错的，如你外祖父及弢翁，书法都很有特色。再下一辈，震良对书法很有研究，写有专门著作。珏良、杲良和我也都能写一点儿。记得我给你父亲写过一条幅，似是隶书，望你找出，

挂在墙上照一张相给我寄来。此外，你的叔父师匡表兄也很讲究写字，可惜我手里没有他的东西。你能否设法找一点儿？提两点要求：一、必须是毛笔写的；二、字迹大小及内容都不问，但必须不是临写碑帖。希望你想法给我找一些来。印刷出钱不会太多，大家保存做个纪念也很好。不一一。即问

近好！

一良

2001.5.23

致孙启治（2001.6.21）

[启治：]

小张走后才发现这像圣诞老人带来那么多礼品，使我这米寿小儿兴奋、感谢，不好意思，不知如何是好！总之，你们太破费了！看来启治是二竖（烟与酒）为灾，我看酒是可不饮，烟则不可不抽，至少可以少抽，因无一利也。寄上相片，可以想见老头儿活得还很带劲，我希望活到九十五也。不一一，再次表示感谢康、治、张三位。

请看《文汇读书周报》6/17

一良

二千〇一六月二一

附：周启乾致赵和平函（2013.10.19）

和平教授：

寄上家父信札影印件及过录文。

其中给我的9封，致郝庆元、王敦书各一封，致张治安二封。致郝的信是当时交我过目后代为寄出。故我复印保存下来，批评较尖锐（郝已于若干年前去世）。致王的信中谈及洪肇龙，应还健在吧？等等。如何去取，请您斟酌。

即颂

近好！

周启乾谨上

2013.10.19

致周启乾（1981.4.17）

书稿[①]匆匆翻阅一过，确花了不少功夫，出版后当很有用。我对此问题毫无研究，只有几点想法。

一、为便此书作为学术性著作，能站得住，较长久供参考，是否有些不必要的刺激性词语尽量少用或不用。只要实事求是地反映历史真实情况，立场观点自然明显。如第一页哥萨克匪徒二字，第四页彼得一世罪恶行径二字，都可删去，而并不影响对沙俄之谴责。

二、书中俄人名只有汉文，是否可在书后列一人名的汉俄文对照表，用的人以后参照俄文著作就方便得多。

三、如能在有关章节中附几幅简单示意地图，如白令海峡、千

① 指《日俄关系简史·1967—1917》。

岛群岛的几部分及其中主要岛屿等，对使用者将大有好处。

祝好！

致周启乾（1983.8.26）

转来宝善信收到，并已寄还挂号邮票20分给那位同志了。上次让你查的《李朝书籍目录》不必再查，因我最后在北大找到。《日语大辞典》既不大，当然不必买，但这本小的仍很有用。寄来的我留下，你一定再买一本自用。另外栢书房还出有荒居英次等编《古文书用字用语大辞典》15 000〔圆〕和岩泽愿彦等编《古文书文例大辞典》12 000〔圆〕你都可访求一下，看看有用否？如有余钱即购回，你将来研究明治前夕、江户末期会用得上的（图书馆一般都没有）。

锡纸装速溶咖啡可买，用时再自己装瓶，而且好带。爷爷奶奶处也可带此物。另日本有一种ティト・ルーペ，是带手电灯的放大镜，看邮票很有用，如不贵可买一个给奶奶用，定能欣赏。

致周启乾（1984.10.7）

昨天接到来信。在此以前，同时接池田温和户川芳郎（知此人否？似是文学部管交流的）邀请信，夏应元也有一信来，大概在夏推荐之前，校方已决定了。夏信附还，盛谊可感。如回信望代谢，履历表就不必寄了。

东大邀请一个月（12月到3月之间），自由研究，无讲课义务。大约拟与北大协议，长期交换，从我开始。我考虑同意，系里也无意见，只是想尽量等天气暖些，或三月初成行。想偕妈妈同行，自己做饭，可以便宜些。几大件我们不需，倒很想买点书回来（据说

东大供给大约每月五十多万元，住ィソンタナッョナル・ロッヂ，每月三万元左右）。妈妈腿见好，较稳定。已不去东直门，自己在家“手法”。小博带来一个电动红外线按摩机，似乎有点用。肇良来信，说发现你的一张旧照，寄回来了，现转去。

祝双好！

致周启乾（1985.4.11）

我已于六日顺利返京。到了京都、奈良、水户、日光及镰仓，在东大、东洋文库、东海大学、早大、京都大学作了讲演。日程颇紧，但个人接触与学术交流都较过去三次赴日的效果为好。几篇讲稿都被留下，准备发表。

你的相片印好，人多的我都大致按人数加印了。你们与周红母女合拍的，我在东京即已抽出寄给他们了。我从你照的告别式相片中，选取五张较好的，作为一套，印了十余份，分给诸“良”。你这全套似上次已印过，如无他用，似可给奶奶。她尚未见过告别式照片，望与三叔或二姑一商，是否要给她。托寄的东西已寄，一万五千日元亦换成新票子带回。尚有山根单行本一册，他还问你好。

回京后甚忙，一时去不了天津。十叔如最近去天津即托他带去。祝好！

致周启乾（1986.6.7）

你的稿子[①]我问了张蓉初先生，她说可投《世界历史》，我已挂

① 指日本学者中村喜和《俄国旧教徒近况》的中译文。

号寄去。告以如不用请退给你。据张说此文题目太狭，不一定会用。

学校本月份办退休，退后如工作需要还要“返聘”。我的两个专业魏晋南北朝史有两教授（田余庆是博士导师，祝总斌硕士导师），日本史有一副教授（沈），二讲师（李、宋），因此不能算工作需要。系里有意再聘，但本人如不同意也就算了。我是想完全、彻底、干净、全部退休，余年从事二“万”——读万卷书，行万里路。头一条能办到，第二条目前还很渺茫，实在行路难也。

现在正在编辑《中外文化交流史》，看各人来稿。决定不开会讨论（各人专业不同，无法讨论，徒然劳民伤财），由主编提出修改意见，最后主编定稿。我自信有此能力，就不必走形式也。下半年要把大百科的魏晋南北朝部分审阅完交出，以后就不欠什么债了。今后颇有意搞点江户文化史之类。

暑中拟来津一行，何时尚未定，总须把交流史交稿再说。拟给河南人民出版社，印刷尚可，周期亦不长云。祝好！

致周启乾（1986.8.11）

来信及材料收到。说的都很得体，文字亦无问题，我看可能有50%以上的希望。推荐信可用，已签名，头衔即用北京大学历史系教授吧。

交流史稿前天已取走，只剩图版不齐，还须我自己去找。出版社人说需一年到一年半出书，希望在周扬同志一息尚存时能出来，当然他也未必能读了。今年下半年要把《敦煌书仪》（整理）、“大百科魏晋南北朝”两件工作搞完，明年才能大解脱。祝双好！

致周启乾（1990.2.10）

去年十月去匹兹堡大学，从那里的退休老友王伊同教授处借来《世说新语》和英译本，用四十天对读之下，挑出四百余处讹误和不确切之处。我重新翻译，并请王教授润色英文，将以两人名义送台湾《清华学报》。王曾在那里教过书，又是学报编辑，我是北京老清华教师，投到那里比较合适。此工作我早就想从事，在北大指导魏晋南北朝史研究生学英文，也曾用过这个英译本，只是没有时间自己仔细通读一遍。英译者我也认识，他费了不少工夫，用了廿年光阴，连同注文一起译出，将在相当长时期内为西方学者所利用。我们的订误，也是希望此书能更好为西方读者服务。《世说》极难读，我与王教授都搞这段历史，文献较熟习，同时能写英文，对于订正英译，应该说是条件最为合适了。纽约哥伦比亚大学东亚图书馆的日文藏书颇丰富，我想利用此条件，搞些翻译——德川时期史料，以发挥自己日本古文的长处。现从新井白石的自传开始，陆续完成一套“汉译德川史料若干种”。这种书目前肯定无人给出，但将来文化受重视，繁荣起来以后，这类基本性读物定将造福于日本史研究者。我发现美国的日本研究目前颇昌盛，其特点之一，即好多重要原始资料都有英译本。中国学者似亦应注意这方面。另外，我在日本史方面贡献无多，只有明治维新一文稍有分量，还是从以往标准来衡量。所以我曾戏称，可以起个外号“周一篇”。以此与日本史专家吴、邹[①]两位并列“三巨头”，实感惭愧。近一年来，国内亲友仙去者近十人，而我感到自己健康不错，再活十几年似无问题，不应浪费大好光阴。当然，脑力不如以前，体力亦然，再想题目，广泛搜材料写论文，势所难为，抓紧时间搞翻译，编成小小丛书，似

① 指吴廷璆、邹有恒。

乎满有信心也。关于德川时期首尾完具的史料，你还有什么想到的，望见告！晤南大吴先生等，亦希转达我的计划，并征求意见！

来美之前，中华书局《书品》约我写文。去年写成游戏小文《我的〈我的前半生〉》，就中华所出论集中几篇文章，写点滴掌故。谁知送去后，要求删去一节，修改一节，我当然不同意。后经友人送台湾《千秋评论》，全文发表。对比两岸，这篇小文也可算试金石了。因过重，以后再寄你们。祝大家好！

致周启乾（1994.1.14）

昨天收到来信。得知清华恢复历史系后，我即打听过是否招兵买马。据云本校有中国近现代及党史教师作班底，目前暂不大规模进人，以后视需要陆续再说。据云设三个教研室：中国通史、中国近现代史、世界通史。是否需要日本史专门人才，恐要看他们将来发展情况了。

近读一篇关于朱光潜先生文，知他毕业于桐城中学，校长即安徽著名文人方守敦。方曾为朱先生写过几句格言，朱到香港大学读书，始终悬挂室中云。又读山东藏书家传略，序中提及外省在鲁人士，有我外祖，名应椿，字绍庭，号大庸，云藏宋元书画颇多珍品也。

首都师大要为我出一本自选集，中附简短小传，交《文汇报》先印出，寄你们一阅。《史学理论研究》93/4登了自传第一部分，俟复印成寄你们。祝双好！

致周启乾（1994.10.12）

昨日收到小妹寄来25日机票，如无意外，当即成行。

我们先到旧金山看五叔五婶，29日赴亚特兰大，启盈住在亚特兰大附近。大约明年三月返京。

传记[1]大约不日即可送天津。奶奶处送四十本，望从其中拿若干册送天津图书馆及几家高校图书馆，另外送朱宝璋一册。告奶奶尚有数百册在我和十叔处，她送人如不够还可再带。我们购一千册，除送骏良二百册外，其余都留以送人也。书款三千三百元，五叔出二百美元合人民币1 700，我出800，其余八家每家一百。天津家人之外如尚有需送者，由你决定办理可也。祝双好！

邓懿致周启博等（1990.10.4）

博、红、小舟和大李、小盈及萌萌：

博的4号信是9月23日收到的。9月25日下午刘加强来取走我给博的4号信烦张守泽带回，想来你们已经收到了，因为刘加强在楼下坐候，未尽欲言，9月28日又收到9月17的Georgia来信，故而今天和大家再笔谈一番。

先说说我的左膝，也许是你们共同关心的问题。在校医院外科门诊后，给我照了X光像，外科主任王砚恩认为我就是骨刺、骨质疏松和大腿小腿骨的间隙狭窄所致，没有根治办法，只能用药物和理疗减轻症状、恢复功能。在此结论下，小锐力主再去找吴子明（84年给我治腿的中医），我怕麻烦，而且认为目前症状比当年轻得多，决定先自己对付它。这三十多天每天除服药外，还用中药热敷

① 指周慰曾著《周叔弢传》。

加按摩和锻炼，不知是什么起了作用，但左膝恢复得很好，我9月20日逛颐和园，9月23日逛燕园都胜任愉快，使我的信心又恢复了。

——以上9月29日写

写完上面开场白后，搁笔三天，也可以算是过了个节吧。9月30日上午诗志来，可能是叩谢对他母亲的照顾兼拜中秋节。下午小锐全家开车去天津给“老老太太”拜节（因倒休，有假三天），10月1日一早老太太和老太爷便去逛了苏州街，所谓苏州街就是颐和园的后山，后河两岸修了一些清朝风格的店铺，安置了许多古装的工作人员，可以品茶、吃点心、坐船，还可以租穿清朝服装坐黄龙彩轿拍照。入场券10.00元一人，入内后人民币就要换成古铜币（仿制的），坐船、购物、拍照、吃茶等都要到“钱铺”去兑换……游人如织。如果降价，非有人落水不可，因为每家店铺都在河沿，而门前石块又不宽也。我们尽兴而归，来往皆乘375，仍只收0.10元钱，实在太公道了。昨天10月2日，阿姨仍休假，二老远征全聚德午餐，两人要了半只烤鸭（15.50元）及一个鱿鱼、一个冬菇笋片及鸭架汤，共付35.40元，比我们想象的要少多了。饭后逛海淀，这是我回国第一次，许多商店都旧貌换新颜，新华书店和原来的医院都改建为白色大楼，海淀西街的南半部仍在施工中，不通行，所以我们只逛了半条街，当时已觉疲累，在老虎洞口的街心花园坐了半小时才打道回府。路上在“三角地”旁休息后，回家，不想又遇见朋友说话，才发现站着讲话比走路还累得多，到家已四点。今天是中秋，爸还想去圆明园一游，我则建议适可而止。小梁今天来，不如过个安闲的节日，晚上小维他们回来，明早上班上学的都走了，我们步行即达圆明园，不必今天去挤。

最近整理了一下周红的红箱子，不太满，基本上只有三种东西，除照相册以外，有英语书籍及机械原理二种，各约1/3。周红如有合适的人可托带，我可以单另把照片打包。八姑正在办去美探亲手续，不太顺利，而且他夫妇先飞西岸，以后也许到东岸观光（听说二叔全家都住在查瑗家逛纽约，对东部也发生了兴趣）似乎不太好麻烦她们（八姑父亲属皆在西岸，还要买许多礼物去分赠）。五叔明年要来，届时再说吧。启锐已给周红配了眼镜，廿天取件，此物轻巧，又是生活必需，可能好找人带。

说到照片，我又想起我和爸那张放大的“丛中笑”，我寄回之后，博没再寄回，但也没提它的下落——是自己收下了还是转给陶葆柽了？最近她还有来信，但未提到此照，想是未给她。

9 月 27 日我们去勺园咖啡厅参加了一个归侨的中秋联欢会，是党委统战部召开的，会上某副校长报告了今年 9 月 7 日通过的《归侨、侨眷权益保护法》，共 22 条，于明年 1 月 1 日施行，其中有几条，如第二条“侨眷包括配偶、父母、子女及其配偶，兄弟姊妹、祖父母、外祖父母、孙子女、外孙子女……”第十五条：“归侨、侨眷申请出境，主管部门应在规定期限内审批”；第十六条：“国家保证侨眷出境探视的权利”；第十七条：“侨眷职工出境定居的，其离休金、退休金、退职金照发”。这几条也许对你们有兴趣，故抄录如上。

收到二舅来信，盛赞小博的热情周到，他叫我带给大舅妈的美金加利息共得 615 美元，一年内我共付大舅妈 1 400 元人民币，以 1∶6 计算，我处仍存 381 美元，我去信问二舅如何处置，回信说：“多年来您们对其资助，算也算不清楚，如今这点‘余款’就由您留用吧。”但我总觉这不是办法。苦思之余想出一个方案，就是由你们在美直接给诗屏寄一支票，说明原委，这也许是最简单而合理的了。但爸说他记得我们所存的那种储蓄有个最低限额，就不知取出 381 美元后是否还可继续存，如果可以，即望周红给取出 381〔元〕汇给诗屏，通知我给二舅讲明，如果不够此数，回信告我，我再考虑第二方案（也许转给邓仓）。总之，我想了结此事，希望你们也帮我抓紧，不要像那张放大照片，到现在还弄不清是怎么回事。

亚运会正在如火如荼地进行，不知你们在TV上能看到否？强调“祥和”，确是相当热闹。所谓“亚运精神”，无所不在。诗志就说大舅母的丧事就是沾了亚运会的光。原来听说火葬场的贿赂公行也很厉害，大舅母手边一直存了300元专款，为的是怕不花钱不能及时火化，尸体发臭，这次很好，无人敢收钱，只把几包进口香烟（Marlboro）塞上即可，所以只花了百余元烟费。又亚运会当天上午，我们正在院里，听见隆隆声又感到摇动，后来十叔说是地震，中心在小汤山，距亚运村很近，但电视及报纸皆无报导。昨天报上说10月2日广州机场由于歹徒截（劫）机，三机相撞，死伤百余人，生还者百人包括伤员，此事也不见于TV。

广州回信要我卡片的copy，爸没有找到合适地方，小蕊说有办法，尚未办，这次copy就想同时把爸的也做在一起，以供他们参考。

启盈9月16日来信是9月28日收到的，慢得正常。看她兴冲冲地讲她的研究方法，使人为之高兴，但看她心跳过速，又叫人发愁。我深知她要做生活的强者，也深信她有一套主张to live her life，但是她忽略了她现在不是个单身人，也就不是自由人。在她的life里有别人的life，所以在安排自己的生活时没有权力来说This is the way I choose to live my life。

我们去年在Georgia过Xmas，很满意，不懂何以盈说没有天时、地利、人和。我们去的目的就是看看你们的生活，所以什么样的天、地、人都是我们要体验的。启盈出出进进，四脚朝天，好像我们连整话都没能说上几句，但，这就是她的生活，也就是我们要了解的她的生活，还有什么遗憾吗？爸倒是说希望几年后盈已经毕业至大学里找到职位，住在校园里，也许他再度探亲会更at home呢！

看盈来信也考虑到将来的工作问题，我认为如果真有常住的打算，应该从现在起就办绿卡，为什么要在毕业后再等好几年呢？严伯母说文玲夫妇皆已绿卡在握，但张希成是公费送出，有点不敢回国，怕不放回去也。

大李的棉裤棉袄我已送给阿姨（她有弟弟在此），大衣、雨衣、围巾、背心、手套等给小莺寄了一大包去（邮费七元多），她回信说感谢，并报告“合身”。有的衬衫、毛衣，周展也穿上了，爸和我也享受了毛裤和毛衣，但剩的东西仍不少，好在不太占地方，慢慢处理吧。大李和盈说的录像机和录像带，我始终没有去取，最近想放在那里无人享用也是浪费，想最近叫小锐抽空去取，拿回试用。如果我们认为有用就留下，如果不欣赏，就由小锐给找买主，锐说也许能卖 2 000 元（市价 2 700 上下），你们写家信时给提一句，免得太突然。

盈屋的书籍我也大致看了一遍，空白的纸张和卡片真多，我们有生之年怕用不完，可惜有些已经黄了。

三姨处仍无电话，无法加强联系，由于交通困难，我也许就没去看她了。大冰来过两次（商讨买大件事），我把萌萌的白反毛大衣和红棉猴以及自行车用竹椅都给俞昭了，以后看看有些不大不小的毛衣还可以给她。

周小舟这个暑假中到底 Modeling 没有？体会如何？有何收获？这一年的 debate 不参加了吧？李萌越来越入流，是令人高兴的事，只是妈妈太辛苦了。

你们都是大忙人，看这信都会嫌长，电话里更无法传达，也许小博看完，把该回答的记下来就把信直寄 Georgia 好了，下次我想爽性用复写纸，一式二份分别寄，也许还省事些。

……

启锐已汇 2 000 元到秦皇岛，尚未收到回信，也许直接回给你们了？

Mother　Oct. 4. 90

90/10/4

博、红、小舟和大平小曼及萌萌：

博的#4是9/23收到的。9/25下午刘加后来取走我给博的#4顺便由宇泽带回，想来你们已经收到了。因为刘加后在楼下坐候未能叙言，9/28又收到9/17的Georgia来信，故而今天和大家再笔谈一番。

先说说我自己的左膝，也许是你们共同关心的问题。在校医院外科门诊后，给我照了X光像。外科主任王砚恩认为我就是骨刺、骨质疏松和大腿小腿骨的间隙狭窄所致。没有根治办法，只能用药物和理疗减轻症状，恢复功能。在我给沧下小悦力主再去找吴子明（84年给我治腿的中医）我怕麻烦，而且认为目前症状比去年轻得多，决定先自己对付它这三（每天除服药外，运用中药热敷加按摩和锻炼。不知是什么起了作用，但左膝恢复得很好，我9/20游颐和园、9/23游莲园都胜任愉快，使我的信心又恢复了。

——以上9/27以前写

写完上面开场白后，搁笔三天，也可以称是过了个节吧。9/30上午诗志来，可能是听诗诗似母说的照顾兼拜中秋节。（下午小悦全家开车去天津给"老老太太"拜节（因倒休，有假三天））10/1一早老太太和老太爷便去游了苏州街。所谓苏州街就是颐和园的后山，后河两岸修了一些清朝风格的店铺，安置了许多古装的工作人员。可以品茶、吃点心、坐船，还可以租穿清朝服装坐万寿花轿拍照。入场券10.00一人，入内后人民币就要换成（仿制的）古铜币，坐船、购物、拍照、吃茶等都要到"铜钱铺"去兑换……游人如织，如果降价，非有人落水不可，因为每家店铺都在河沿，而河岸石块又不宽也。我们尽兴而归。来往皆乘375，他只收1/10钱，实在太公道了。昨天10/2，阿姨们休假。二老邀请全家[illegible]去午餐。两人要了半只烤鸭（15.50元）及一个龙鱼、一个冬菇肉片及鸭架汤，共付35.40元，比我们想象的要少多了。饭后逛海淀，这是我回国第一次。许多商店都旧貌换新颜，新华书店和原来的医院都改建为白色大楼。海淀西街的南半部仍在施工中，不通行，所以我们只逛了半条街。当时已觉疲累，在老虎洞口的街心花园坐了半小时才打道回府。路上在"三角地"旁休息后，回家，不巧又遇见朋友说话，才发现说话看讲话比走路还累得多。到家已四点。今天是中秋，爸还想去圆明园一游，我劝建议适可而止。小果今天来，不为过个安闲的节日，晚上小维她们回来，明早上班上学的都走了，我们去行再游圆明园，不必今天去挤。

最近整理了一下周红的红箱子，不太满。基本上只有三种东西，除照相册以外，有英语书籍及机械原理二种，各约1/3。周红如有合适的人可托带，我可以单另把照片打包。入站后在办去美探视手续，不太顺利，而且她丈夫得先飞西岸，以后也许到东岸观光。听说二姊全家都住在查理家逛纽约，对东部也发生了类似问题，今年不太好麻烦她们（小姑父说房客至西岸，还要买许多礼物去分赠）。至于明年要来，届时再说吧。放镜已给周红配了眼镜，廿天取件。此物轻巧又是生活必需，可能好找人带。

说到照片我又想起我和爸那次放大的"从中笑"，我寄回之后，虽没再寄回，但也没提它的下落——是自己收下了还是转给陶存桂了？最近她还有来信，但未提到此照，表是未给她。

9/27我们去华园咖啡厅参加了一个归侨的中秋联欢会，是竞委统战部办的。会上某付校长报告了今年9/1日通过的"归侨、侨眷权益保护法"，共22条，于明年1月1日施行。其中有几条如第二条"侨眷包括配偶、父母、子女及其配偶、兄弟姐妹、祖父母、外祖父母、孙子女、外孙子女……"第十五条：归侨、侨眷申请出境，主管部门应在规定期限内审批。第十六条国家保证侨眷出境探亲的权利。第十七条侨眷职工出境定居的其离休金、退休金、退职金照发。这几条也许对你们有兴趣，故抄录如上。

收到二舅来信，叠谈小博的热情周到。他以我带给大舅妈的美金加利息共得615元，一年内我共付大舅妈1400人民币，以1:6计算，我处仍存381美元。我去信问二舅如何处置，回信说"多年来您们对其资助，数也数不清楚，如今这点余款就由您留用吧"，但我总觉这不是办法。苦思之余想出一个方案，就是由你们在美直接给诗屏寄一支票，说明原委，这也许是最简单而合理的了。但爸说他记得我们所存的那种储蓄有个最低限额，就不知取出381美元后是否还可继续存。如果可以，可望周红给取出381汇给诗屏，过去我给二舅讲明。如果不够此数，回信告我，我再考虑第二方案（也许转给邓仓）。总之，我为了结此事，希望你们也帮我抓紧，不要象那些放大照片，到现在还弄不清是怎么回事。

亚运会正在如火如荼地进行，不知你们在TV上能看到否。除掉"洋机"，满是都当热闹，所谓"亚运精神"无所不在。诗志就说大舅母的丧事就是沾了亚运会的光。后来听说火葬场的贿赂公行也很

据说亚运烟的商标"添乱差"，而侨户在京就有沾上这三个字，wonderful!

利害，大舅妈手边一直存了300元专款，为的是怕不花钱不能及时火化，尸体发臭。这次很好，无人敢收钱，只把九包进口香烟（Marlborough）塞上印了，所以只花了百余元烟费。又亚运会开幕当天上午，我们正在院里听见隆隆声又感到摇动，后来才知说是地震，中心在小汤山，距亚运村很近，但电视及报纸皆无报导。外报上说10/2日广州机场由于劫持飞机，三机相撞，死伤百余人，生还者百人包括伤员。此事也不见于TV，只有路向前进去消息也只是点见于报纸。

广州回信要我寄照片的copy，爸没有找到合适地方，小悦说有办法，尚未办。这次copy就要同时把爸的也做在一起，以供你们参考。

致里9/16来信是9/28收到的，使得正常看她奥秘地讲她的研究方法，使人为之

高兴，但看她心绪迷迷，又叫人发愁。我深知她要作生活的主人，也深信她有一套主张 to live her life，但是她忽略了她现在不是个单身人，也就不是自由人，在她的 life 里有别人的 life，所以在安排自己的生活时没有权力光说 this is the way I choose to live my life.

我们去年在 Georgia 过 Xmas，很满意，不懂你们是说没有天时、地利、人和。我们去的目的就是看看你们的生活，所以什么样的天、地、人都是我们要体验的。敏星出出进进，四脚朝天，好象我们连整话都没能说上几句，但这就是她的生活，也就是我们要了解的她的生活，还有什么遗憾吗？爸倒是说希望几年后星已经毕业在大学里找到职位、住在校园里，也许他再度探就会更 at home 呢！

看星来信也顾虑到将来的工作问题。我认为如果真有长住的打算，应该从现在起就办绿卡，为什么要在毕业后再等好几年呢？严伯母说文玲夫妇皆已绿卡在握，但她希望我是公费送出，有点儿不敢回国，怕不放回去也。

大妹的棉裤棉袄我已送给阿姨（她有弟弟在北）大衣、雨衣、围巾、背心等会寄给小雪寄了一大包去（邮费七元多）她回信说感谢，并报告"合身"。有的衬衫、毛衣，周辰也穿上了，爸和我也享受了毛裤和毛衣。但剩的东西仍不少，好在不太占地方，慢慢处理吧。大妹和星说的录音机和录像带我给你没有去取最近要放在那里无人享用也是浪费。要

最近叫小纯抽空去取，拿回试用。如果我们认为有用就留下，如果不欣赏，就由小纯给找买主。纯说也许能卖 2000 元（市价 2700 上下）你们写家信时给提一句，免得太突然。

星屋的书籍我也大致看了一遍。空白的纸张和卡片真多，我们有生之年恐怕都用不完，可惜有些已经黄了。

三楼处仍无电话，无法加强联系。由于交通困难，我也许久没去看她了。大冰来过两次（商讨买大件事）我把芸芸的白灰毛大衣和红棉猴以及自行车用竹椅都给拿了。以后看看有些不大不小的毛衣还可以给她。

周小舟这个暑假中到底 modelling 没有？体会如何？有何收获？这一年的 debate 不参加了吧？书荷越来越入院，是令人高兴的事，只是妈妈太辛苦了。

你们都是大忙人，看这信都会嫌长，电话里更无法传达。也许小博看完，把该回答的要记下来就把信直寄 Georgia 好了。下次我甚爽快用复写纸，一式二份分别寄，也许还省事些。

据最新消息，许义炳说有迹象上他房间该归他，极为可恶！我已向学校表示不同意。法方也说学校决定会答应该这个无理要求。但学校领导欺软怕硬，也说系里及负责人都不敢找他去谈，且听下回分解吧。

Mother Oct. 4. 90

信纯已汇 2000 元到秦皇岛。
尚未收到回信，也许直接回给你们了？

邓懿致周启盈等（1990.10.23）

大李、小盈和 Simon：

9 月 23 日收到〔启〕博的 4# 信，得知接飞机等事。9 月 25 日我写一信托张士译带去（是 4#)。9 月 28 日收到〔启〕盈的 1#〔信〕，遂于 10 月 4 日寄出 5#〔信〕给你们大家。大半个月过去了，未见你们消息，昨天同时收到〔启〕博的 5# 及 6#〔信〕（共附照片 4 张）遂试用誊写纸回信，看看效果如何，也许不需要小博再以电话转述了。

启锐给我做的复制件已于 10 月 10 日寄到广州，但至今没有回信。前天收到二舅来信，有一条“顷见新闻 TV 报导，美国放宽移民限制，凡持有绿卡者，其子女移民美国均不受所谓配额的限制（也就是不必排队等候，也所谓配额者也大幅增加云）……启博就近打听，会更可靠”云。

周红大哥始终未见来信，上周小锐给他去了一封，因他平日极周到，不太可能两个月没信，今接小博来信，说他早有信寄美国，收到汇款，这件事就可以算是完了。周红的眼镜要十月下旬才能交货，现在还没有找到妥人可以带去。八姑夫妻要去西岸，也有意到东岸一游，但签证不太顺利，尚未办妥。

为了房子事，10 月 12 日晚饭后二老及小锐三人同访王学珍（党委书记)。因为 9 月 12 日爸和小锐去找王学珍，得到口头上的同意外，一个月过去了，未见动静不说，小锐倒发现楼上正房有灯，原来谢家已经搬上去了。我们连夜找到王学珍，除表示同情外，他说具体工作须由学校去作，因为现在是党委领导下的校长负责制。于是在他家给吴树青（新任正校长）住宅电话，吴说次日下午要来 24 号面谈此事。但 10/13 日一早怕谢家东西越搬越多，造成既成事实不好处理，父子二人又亲赴校长办公室见到吴校长及张学书（副校长)。两人都说我们不必出面和谢斗，学校对付他，即使搬多少东西上楼，也要他再搬回去。小锐说冬天已经逼近，应该速战速决。两位校长把老教授安抚了一番就回家了。至今已经又过了一周，可南楼上增加了家当外不见有何发展。咱们这边可一点也看不见任何发展。校长办公室、房产科、基建科等没人上门。小博来信中提到不少关于搬家的看法，我□同意。我是不赞成小锐那种咱们也强行打通搬过去的办法。不过现在办事难，要想顺理成章是不可能的。师大的教授何兹全为了搬家找了六十多次领导，我们回国两个月找过三次，平均一个月一次。照此推算五年多才能达到六十多次，□□要紧，干脆不必搬了。

前两天也收到五婶来信，谈到五叔受伤事。信一开头就说“启博与他夫人特地寄了二合双黄月饼给我们，真是感激万分”，可见是收到了月饼。而且又说“我刚与他们通过电话，谢谢他们的诚意”。难道是后来另打一次电话吗？其实你寄了月饼，正好打电话时一面拜节，一面问月饼合不合口味，这并非失礼。今年在报上此地也说有一种新业务，就是在美国交钱，月饼可以直接送到中国亲友手中。但我看店家的名字，大概是只限于上海几家。三十几美金八块也太贵了。能博二老一笑，也值了。

启博又得到第二个职业，但不要搞得太累，去年底丢了一辆车，到底只是身外之物。

陶葆柽来信说，考虑把 Silver Spring 的房子卖掉，二老同去住老人堂，而老人堂 Waiting list 甚长，先交 2000 元定金还要等三年（只是一个 1-bedroom apt.），还不知三年内有什么变化。四个女儿皆在美国，但她们不愿“就养”，闻之凄然。小博把我们花丛小照给他寄去，但未说明“自己手里还有一张”是大的？是小的？是 York Lab 弄错多印了的？这真是千古一谜了。

启盈走后把自行车留在家里。未久，小维大姐借调到清华需要用车，小维把自己的车给姐姐骑，她就骑小盈那辆。最近此车前叉子不稳，恐有危险，想买个新车，而城内外都只有脚闸而无手闸，爸就让小维先骑他车，小维每天上下班需车，爸骑车的机会自然少了。那天上午他准备去邮局、医院、历史系和文史楼四处，所以早早吃完就匆匆上路了。十一点到家先躺一下再吃午饭，回□□□□□三处，当中还在俄文楼小坐，文史楼也没去成就累了。从这一点看，燕南园是个好地方，散步办事俱佳。

二舅有信来，诗屏到美后六个星期内除三封信外还有四次长途，所以他们也“放心”了。如果爸的存款能取出381元而不影响，就给诗屏寄去此数。我同时给台北去信说明原委。如未买书此数就不够□□大，就□□□有办法给UNESCO写的日本和朝鲜历史，□得有几百元稿酬。爸已通知他们直接Roland。收到钱后再□不迟。十月十七日小锐去大李家取来二个相机，还和大李□□□□不少录像带，六盘在李安定处，他说将来等李效黎来北大时顺便带来。

一天在路上□□□□和王琦了。形容憔悴（以下至本页尾文字较难辨认）。

来信说是在电话中说我们回国并非否定Bronx，想必是有人认为离开Bronx就是否定Bronx。我也是不同意这种说法的。爸和我都认为那一年多的生活留下了美好的回忆，可是，为什么又要回来呢？难怪许多人盯着问我们“还去不去”，爸只好说：“那要看，什么时候想去，什么时候孩子接我们，我们还会去。”当然，政治大气候和我们的健康情况都须考虑。在Bronx的前半段，爸可以说是“乐不思蜀”，不断地夸赞美国的图书馆方便，环境清静，没有电话和访客的骚扰工作效率高，等等。到了后一半，优点就转化为缺点；去Columbia图书馆来回要三小时多，太不方便，生活是“举目无友”，没有人来盘道，等等。所以我知道一旦小锐的手续不需要他在Bronx，他就要打道回府了。果然，回来以后举目无友的情况大有改观。下飞机第二天就应邀去新疆；本月廿四日又要去什么国际会议留宿三天；廿九号参加陈垣纪念会；卅一号是陈寅恪纪念会；（91年三月初去成都，三月末去广州也都 booked）平日也不少什么学会、出版社来找，聘请作顾问，等等。所以每日三段都可能有人敲门而入，小锐说这样太淘神，应加限制；我说这种活动固然淘神，但也提神。“天下来归”给他一种精神上的满足，也是很好的营养剂。当然，吃营养剂也不能过量。小锐的老同班邓少琳，不知你们记得不？父亲是北大教授，亡故多年，兄妹二人和母亲住在北大，目前兄妹皆在 Boston 工作，老太太则来往于两国之间，我问她这里无儿无女还回来作什么？她说美国的鸡没有鸡味，苹果没有苹果味，她情愿在这里和个安徽保姆一起过。又一天在湖边遇见陈占元，他也是刚从美国探亲回来（除女儿陈卓外，还有不少弟妹亲眷），他也说“月是故乡明”，还是回来的好。他的心情我们是理解的。大致说年轻人生龙活虎，想在另外的世界一试身手，是可以试一试的，像爸这样就另当别论了。至于我，苟全性命于乱世，无论在哪里都是 nobody，问题倒简单些。我目前的任务就是保重自己，不给家里人添麻烦，同时保护爸吃好睡好，多发挥一些余热。睡是他的拿手，不必担心。吃也还可以，只要有人民币，爸想吃的东西也基本上能弄到。小锐城里四处搜寻，小阿姨骑车去黄庄采购，鱼肉等等在冰箱中总有积存，不愁匮乏。只是 icecream、chocolate、cream cake 这类东西，涨价几倍的同时，质量落下更大的档次，我们不去买来吃就是了。每日早点牛奶、鸡蛋、黄油、花生酱、果酱等管够，也几乎是 Bronx 水平了。只有洗澡，真是差了几十年。不知如果搬家能否改良一下。即祝

全家好！

mother

Oct. 23. 90

90/10/23

大哥、小星和Simon：

9/23收到博的#4，得知接飞机等事。9/25我写一信托小博带去（是#4）。9/28收到星的#1，遂于10/4日寄出#5给你们大家。大半个月过去了，未见你们消息，昨天同时收到博的#5及#6（共附照片四张）遂试用誊写纸回信，看看效果如何，也许不需要小博再以电话转述了。

敏统给我做的复制件已于十月十日寄到广州，但至今没有回信。前天收到二舅来信，有一条"顷见新闻TV报导，美国放宽移民限制，凡持有绿卡者，其子女移民美国均不受所谓配额的限制（也就是不必排队等候，也所谓配额者也大幅增加云……敏博就近打听，会更可靠"云。

周红大哥始终未见来信，上週小统给他去了一封，因他平日极周到，不太可能两个月没信。今接小博来信，说他早有信寄美国，收到汇款，这件事就可以算是完了。周红的眼镜要十月下旬才能交货。现在也还没有找到甚人可以带去。八姑夫妻要去西岸，也有意到东岸一趟，但签证不太顺利，尚未办妥。

为了房子事10/12晚饭后二老及小统三人同访王学珍（党委书记）。因为9/12爸和小统去找王学珍，得到口头上的同意外，一个月过去了未见动静，不

该小统创[illegible]说楼上[illegible]有可行。原来说是已经搬上去了，我们直接找到王学珍，除表示同情外，他说具体工作须由学校去作，因为说王是党委领导下的校长负责制，于是王他介绍给吴树青（副校长）住宅电话。六次次日下午要来家拜访面谈此事。于10/13日一早，他说东西越搬越多，造成既成事实，不好处理。父子二人又去找校长办公室见到吴校长及陈宗书（付校长）。两人都说我们不必去[illegible]十字校对什么，即使搬多少东西上楼，也要他再搬回去。小统说冬天已经[illegible]，应尽快解决。两位校长[illegible]表示[illegible]

今已经又过了一周，前面楼上房间增加了[illegible]外，尚未有进行发展。[illegible]也不见任何发展。[illegible]、房产科、基建科等没人上门。小博来信中提到不少关于搬家的方法，我都同意，我是不赞成小统那种[illegible]也可以拖过去[illegible]事难，要靠强硬我[illegible]不可[illegible]师大[illegible]教授们不会为了搬家找了六十多次[illegible]我们回国三个月，我过三次，平均一个月一次，照此推算五年多才能去到六十多次，[illegible]轻易不必搬了。

前两天也收到王博来信，说到王[illegible]受伤事，信一开头就说"敏博与他大

特地寄了三合双黄月饼给我们，真是感激万分"，可见是收到了月饼。而且又说"我刚与他们通过电话，谢谢他们的诚意"！难道是后来另打一次电话吗？其实你寄了月饼，正好打电话时一面拜节、一面问问月饼合不合口味，这并非失礼。今年在报上引进也说有一种新业务，就是在美国交钱，月饼可以直接送到中国亲友手中。但我看店家的名字，大概是只限于上海几家。三十几美金八块也太贵了。能博二老一笑，也值了。

敏博又得到第二个职业，但不要搞得太累。去年丢了一辆车到底只是身外之物。

陶春棣来信说敏康把Silver Spring的房子卖掉，二老同去住老人宅。而老人宅waiting list甚长，先交2000元订金还要等三年（只是一个1-bedroom apt），还不知三年内有什么变化。四个女儿都在美国，但他们不愿"养老"，闹闹情绪。小博把我们飞机上照给他寄去，但未说明"飞机上还有一胖"是大的？是小的？是York Lab弄错多印了的？这只是千古一谜了。

敏男走后把自行车留在家里。未久，小维大胆借调到陆华那去用车，小维把自己的车给弟弟骑，他说骑小[illegible]种车最近[illegible]车前叉子不稳，恐有危险，要买个新车，而城内外都只有[illegible]闸而无手闸。爸就让小维先骑他车。小维每天上下班骑车，

一个新车价格八百多块了，[illegible]他准备去北京医院、历史研究所、文史馆等处，所以早三点左右就到上海，十[illegible]一下午[illegible]回来[illegible]三处[illegible]文史馆也[illegible]了。[illegible]一点晋。燕南园真是个好地方，设法办事但佳。

二弟前来，去年到现在六个月期内除三封信外，还有四次长途，所以他们也放心了。如果爸们存款能取出381元而不影响，[illegible]我同时给台北去信说明原委[illegible]不[illegible]大[illegible]Unesco[illegible]有几百元[illegible]Roth[illegible]收到钱后再寄不迟。

一月廿七日[illegible]来了个录机，[illegible]第六[illegible]未[illegible]来[illegible]

[illegible]也[illegible]一件[illegible]不来[illegible]大[illegible]英[illegible]

[illegible]"核[illegible]"[illegible]有几[illegible]也颇合作[illegible]用一[illegible]

来信说是在电话中说我们回国并非丢定Bronx，总以为有人认为离开Bronx就是丢定Bronx。我也是不同意这种说法的。爸和我都认为那一年多的生活留下了美好的回忆。可是，为什么又要回来呢？难怪许多人行看问我们"还去不去"，爸只好说"那要看什么时候喜去，什么时候孩子接我们，我们还会去。"当然政治大气候和我们的健康情况都须考虑。在Bronx的第一年，爸可以说是"乐不思蜀"，不断地夸赞美国的图书方便，环境清静，没有电话及访客的骚扰，工作效率高等等。到了后一年，优点就转化为缺点：去Columbia图书馆来回要三小时多，太不方便，生活是"举目无友"，没有人来要这要那。所以我说这一旦小悦的手续不需要他在Bronx，他就要打道回府了。果然，回来以后举目无友的情况大有改观。下飞机第二天就应邀去新疆，本月廿四日又要去什么国际会议留宿三天，廿九号参加陈垣纪念会，卅一号是陈寅恪纪念会。平日也不少什么学会、出版社来找，聘请作顾问等等。所以每日三餐都可能有人敲门而入。小悦说这样太淘神，应加限制。我说这种活动固然淘神，但也提神。"天下来归"给他一种精神上的满足，也是很好的营养剂。当然吃营养剂也不能过量。小悦的老同班邓少琳，不知你们记得不？父亲是北大教授，亡故多年，兄妹二人和母亲住在北大，目前兄妹皆在Boston工作，老太太则来往于两国之间。我问她这里无儿无女还回来作什么。她说美国的鸡没有鸡味，苹果没有苹果味，她情愿在这里和个安徽保姆一起过。又一天在湖边遇见陈占元，他也是刚从美国探亲回来（除女儿陈卓外还有不少弟妹亲眷）他也说"月是故乡明"，还是回来的好。他的心情我们是理解的。大致说来年青人生龙活虎，去到国外的世界一试身手，是可以试一试的。像爸这样就另当别论了。至于我苟全性命于乱世，无论到哪里都是nobody，问题倒简单些。我目前的任务就是保重自己，不给家里人添麻烦，同时保护爸吃好睡好，多发挥一些余热。睡是他的拿手，不必担心。吃也还可以。只要有人民币，爸爱吃的东西也基本上能弄到。小悦城里四处搜寻，小阿姨骑车去黄庄采购，总而言之在冰箱中总有积存，不愁匮乏。只是Ice cream，chocolate，cream cake这类东西，涨价几倍的同时，质量落下更大的档次，我们不去买来吃就是了。每日早点牛奶、鸡蛋、黄油、花生酱、果酱等皆够，也几乎是Bronx水平了。只有洗澡，真是差了几十年。不知如果搬家能否改良一下。

91年三月初去成都三月末去广州也都booked

即祝

全家好！

Mother
Oct. 23, 90

致周启博等（1992.1.13）

博、红及Julia：

今天是元旦，收到12月10日发出的#25（应作#26）特别高兴，因为11月22日收到#24（应作#25）后，12月1日就接到一个极短的电话，再没有消息。几乎不写信的周启盈都寄来一信和一个Xmas Card，而你竟什么都没有，倒不是我们跟你要规矩，实在想不出出了什么事——车祸？被炒了鱿鱼？至少还有一两个人，怎么也能捎个信。上周奶奶来电话，说收到小博信和照片……我们松了一口气，可是还不明白这个“空白”出在哪里。

今天来信是12月10日发出的，照平日常规，中美之间邮程6~8天，美中之间二周，这次竟然走了三周之久，定然是中途又耽搁。

刚刚写到上面，接到电话，所以我前两段似乎白写了，不过为了使你印象深刻，也不妨保留之。

今年过了一个极安静的新年，市府规定是一、二号放假（二号是用的12月29日倒休），实际除夕下午已经放假了，小锐在北京饭店的工程没弄完，连夜赶工到早上5∶00才完工，就回和平里睡大觉，小维母子到同事家聚餐，所以午饭只有二老对坐。照平日惯例是饭后翻翻报纸、看看收到来信，然后至2∶00前上床午睡。昨天因为学校有电影《过年》，而且是得了国际奖的新片子，2∶00开演，我们1∶30就散步走去了。晚饭小维母子又进城，还是二老相对，一个红烧鲤鱼，吃得干干净净，还有一个王瓜炒鸡片，“年年有余”也算过年了吧。晚饭后看电视，把电炉拿到楼下去，看得舒服一些——我们楼上有19℃~20℃，但楼下只有15℃；我在楼上穿毛衣，下楼就要加棉袄。一天来客人，忙中没穿棉袄，陪客一小时，结果病了八九天，直到昨天才算痊好，使我想起你们的暖气，实在是热得不必要，太不公平了。

电话里你问到房子事，这真是一言难尽。我们在美时就向历史系提出这个问题，学校是原则同意：两家平分24号，一楼上一楼下，后来修建处来看，说无法上下分割，因为目前的二厕在上、二厨在下的布局无法改为上下各有一厕一厨，于是在90年10月前后学校提出第二方案：把朝南楼下当中一间和东面玻璃棚划归我们，把客厅南墙书架打通，就和前面连上。就是这个第二方案，谢家开头他们接受了，不知后来何以反悔，直到今日谈不成功。首先是房产处长知难而退，后来是副总务长也趑趄不前。校长召集会议分配任务，但当事人总有原因（如出差离京不在学校、或孙住院手术不便打扰等等），直到上周又听说要由组织部和总务长出面找谢，但结果尚未出来。我曾两次给吴树青校长写信，并亲赴校长办公室面谈，最近我也不太起劲了：

① 房子破旧，两个教授为之争得头破血流，又可怜又可笑，当然又可气。

② 房子实在太破旧，划过两间后必需大修大改，而原有的楼上下也需要粉刷修理，破家具又多，动起工来不堪设想。

③ 大家都说92年“房改”，如何改法不知道，对我们有什么影响？

④ 据说学校有规划在“八五计划”中拆掉燕东园小楼在朗润园另修新楼给老教授，果然如此的话，劳民伤财地在这破房子上投资实在不值得。——mother new year’s day.

来函所附关于“史学革命”一文，大体是那么回事，只是把58年到66年的经过综合在一起叙述了。从58年起，就有所谓“打破王朝体系”“反对厚古薄今”等等说法。“以论带史”大约也是那时提出的。针对这些极“左”荒谬议论……，范文澜、翦伯赞提出了反对意见。范有“反对放空炮”之论，认为王朝体系不等于吹捧帝王将相，历史应从史实出发，不能以论带史甚至代史。翦提出阶级观点之外还应有历史主义，即还历史以本来面目，不应站在今天阶级立场上抹杀一切当时具进步正面意义的人物事件。〔和平按，以下缺〕

我准备过了年就动手。现在出国要有 ① 本单位政审表，② 公安机关出境证，③ 老人出国教委还要市级医院体检证，麻烦已极！

……

附去剪报一纸是我系毕业生来访所写。我觉得写得颇如实而生动，寄你们一看。特别关于烤鸭的 Seyue 方式，我认为乃中国优良传统，没想到你们在 Bronx 还能保持（所谓“礼失而求野——”“野”字也许应作“洋”）。希望便中复制，寄志辅大爷爷、五叔、启盈、王伊同及汪荣祖教授。

1993 年 1 月我八十生日，不少学生倡议编一本纪念文集为寿。我起先谦逊，后来也表示同意，但要求：① 民办，不要历史系插手；② 只向比我年轻的人，如田余庆等人以下征求文章，不向同年辈或更长辈人征文；③ 封面请吴于廑写，以表示两人友谊，虽然他是同辈人，不找时下流行大人物如赵朴初、启功题签。1950 年爷爷六十生日，我们给他出了一本纪念文集。那时我们没钱，由二、三表伯出了几百元，我张罗稿子，名人不少，包括老辈如陈寅恪、邓之诚等，到爷爷七十、八十、九十岁，都已全无条件作此事。现在居然我能出一本八十生日纪念文集，岂非说明到了“太平盛世”！

小丰处无电话。琰良是 Yanliang。彤良新夫不知何国人。她是周府第二名“和番”的姑奶奶，且看第三位是谁。

爸

5/31上 姨父交来寄信#33印件　　1000元 92/1/13
收 1/13/92

博、红及Julia：

今天是元旦，收到12/10发出的#25（应作#26）特别高兴。因为11/22日收到#24（应作#25）后12/10就接到一个极短的电话，再没有消息。几年来只有你的圣诞里都寄来一段和一个Xmas Card，而你竟什么都没有。倒不是我们跟你要规矩，实在想不出出了什么事——车祸？被炒了鱿鱼？至少还有一两个人，怎么也能捎个信儿。上週妈妈来电话，说收到少博信和照片……我们松了一口气，可是还不明白这个"空白"出在哪里。

今天来信是12/10发出的。照平日常规中美之间邮程6—8天，美中之间二週。这次竟然走了三週之久，当然是中途有耽搁。看来咱们的家信"美国同事"也不够检查。可见发议论也容易引起误会，所以劝你以后只在请人捎信的时候再谈这些。

刚写到上面接到电话，所以我前面五行手白写了。不过为了使你印象深刻，也不妨保留之。

今年过了一个极安静的新年。本来规定是一二号放假（二号是用的12/30倒休），实际除夕下午已经放假了。小绕在北京饭店的工程没昇完，连夜赶工到早上5:00才完工，就回和平里睡大觉。小傅母子到同事家聚会。所以午饭只有二老对坐。照平日惯例是饭后翻翻报纸看看收到来信，然后在2:00前上床午睡。昨天因为学校有电影"过年"而且是得了国际奖的新片子，2:00开演，我们1:30就散步走去了。晚饭小傅母子又进城，还是二老相对。一个红烧鲤鱼，吃得干干净净，还有一个王瓜炒鸡片。"年年有余"也该过年了吧。晚饭后看电视，把电炉拿到楼下去，看得舒服一些。——我们楼上有19°—20°C，但楼下只有15°C。我在楼上穿毛衣，下楼就要加棉袄。一天来客人，在中没穿棉袄，陪客一小时，结果病了八九天，直到昨天才痊愈好。使我想起你们的暖气，实在是热得不必要，太不公平了。

电话里你问到房子事，这真是一言难尽。我们在美时就向房先生提出这个问题。学校是应到同意：两家平分24号，一楼上一楼下。后来修建处来看，说无法上下分割，因为目前的二厕在上、二厨在下的布局无法改为上下各有一厕一厨。于是在90年十月前后学校提出第二方案：把朝南楼下当中一间和东面玻璃棚划归我们，把客厅南墙书架打通，就和前面连上。就是这个第二方案许文炳开张也们接受了，不过后来何以反悔，直到今日谈不成功。首先是房产处长知难而退，后来是付总务长也趑趄不前。校长召集会议分配任务，但当事人总有原因（公出差离京不在学校，或孙住院手术不便打扰等等）直到上週又听说要由组织部和总务长出面找谈，但结果尚未出来我曾两次给吴树青校长写信，并亲赴校长办公室面谈。最近我也不太想动了：

①房子破旧，两个教授为之争得头破血流，又可怜又可笑，当然又可气。

②房子实在太破旧，划进两间后必需大修大改，而原有的楼上下也需要彻底修理，破绽很多，动起工来不堪设想。

③大家都说今年"房改"，如何改法不知道，对我们有什么影响？

④据说学校有规划在八五计划中拆掉蔚秀园十楼在朗润园另修新楼给老教授。果然如此的话，劳民伤财地在这破房子上投资实在不值得。——Mother new year's day

来函所附关于"史学革命"一文，大体是那么回事，只是把58年到66年的经过综合在一起叙述了。从58年起，就有所谓"打破王朝体系"、"反对厚古薄今"等等说法。"以论带史"大约也是那时提出的。针对这些极"左"荒谬议论（可能来自陈伯达之流根据老头子的谈话发展而来），范文澜、翦伯赞提出了反对意见，范有"反对放空炮"之论，认为王朝体系不等于吹捧帝王将相，历史应从史实出发，不能以论带史，不要以论代史。翦提出阶级观点之外还应有历史主义，即还历史以本来面目，不应站在今天阶级立场上抹杀一切当时的进步、而留

（后缺）

致周启盈等（1995.2.25）

大李、启盈和思萌：

2月21日收到2月8日来信，很高兴——似乎很久没有收到来信了，萌萌图文并茂的poem，更令我们耳目一新。这孩子是有一些gifted，爸特别impressed，他主张入天才班。古人云"小时了了，大未必佳"，但我想如果把茁壮的幼芽精心培育起来，好像没有理由不成良材。当然，妈妈也不必为此搞得太辛苦，反正我们看到启盈每晚在孩子睡了、大李回来之后还要爬起来出去干活，是much too much了。人的精力是有限的，竭泽而渔的办法总非长计，切切！

此信到时已是三月份，不知大李是否已开始了学习？伊拉克这

两天正在表示要停火，也许海湾战局能早早收场对美国国内的经济形势也许好一些。

盈在 performance ossessment lab 作 R.A 的 possibility 不知是否已成 reality。怎么新学期已开始，还不知道这个 R.A 是否是 reality 呢？你的奖学金这学期是增是减？市场物价还稳定否？你们的经济状况有什么影响？

来信说美国大兵喝着 coke 看 Super bowl，还想看 Nintendo……前者是不是一个 TV 节目而后者是电子游戏？我不懂，Nintendo 当是日文“任天堂”——电子游戏店名。

今天是阴历初一，旧年算是过完了吧。我们没怎么“过”，但也过得不错。除夕前夜小锐开车我们去看了九叔和大姑，九叔因亚运会极忙，我们回国后尚未去过他处（在天津匆匆见了一面，因为天津请他去谈亚运会建筑，当时亚运尚未开幕。回京后我们想晚上去看他和九婶，可是他总回家很晚，我们不能去），回国半年之后算见到了他们二位。室内大变样：地毯、罗马尼亚组合家具等颇为排场，但未见到小越子和婷婷，前者大概是不在家而后者是在楼上苦读（九叔又在楼上弄来两间），不能见客。听说婷婷颇不 gifted，初中就极吃力，考高中时九叔设法“赞助”了两万元才进了四中，但在四中也极吃力，现在面临高考，她只得分秒必争云云。

在大姑家见到二老和欣欣，長得高高大大，脸还是小孩样子，赵立出去跳舞了（春节在即，各单位举办各种活动联谊，煞是一片祥和气象），宁松在附近住在大姑父新分到的一套 one-room apt. 里，所以小锐就和小展去看宁松了。我们这一晚用了不到三小时，但和大姑、九叔见了面，就算拜了年，免得他们过年还要长途跋涉来看我们。九叔九婶也直叹息老了，既没勇气骑车来北大，又发怵公共汽车，所以我们此行是去对了，给他们解决了难题。

这一个“年”我们根本没出大门，爸就坐在家里受“拜”，初二启欣夫妇来留午饭，初三是小锐两个日本朋友来吃晚饭，保姆又要休息，时间就乱哄哄地过去了。我很高兴这一个月腿很好，没有疼过，因为自信心恢复，所以走起路来也自然而正常了，至今还找不出什么规律。我虽然小心地一边保暖一边尽量地在不过劳的前提下坚持散步，但总结不出这膝关节和温度及劳累到底有多大关系。但不论如何这一个月来我步履轻松，心情愉快，夫复何求？！

另一个情况则和糖尿病有关，我看过一些书，都说它和遗传有关，小博更说它是隔代遗传，所以周立和李思萌都有危险，他劝我要提高警惕，所以我 2 月 12 日去校医院检查，结果尿糖是 -，今天（2 月 25 日，春节放假）一早又去校医院抽血，结果要后天才能出来，我估计也是。我既不爱喝水，又不特别容易累，没症状。

爸一直很好，有一声两声咳嗽都被压回去了。3 月 4 日有国际会议，在友谊宾馆，要他参加，为此他辞谢了广州的另一个国际会议。虽则参加会议有人出机票，总是劳神，谢绝了远的，参加近的，我想消耗得少一些，还是计之得者。

六个 29（分）的邮票收到了，同时看到封上的 50 分邮票，看得出国内、国际的邮资都加了，中国的 2 元不知能维持几天。

启锐看了思萌的画，认为很有笔力，大有前途。因此我想，这孩子可能在美术与数学方面都有天分，都宜鼓励其发展。艺术家的想象力加上科学家的钻研，完全可以从事于对国计民生有大作用的比较实用的理工学科，而不一定是 Paleontology。所以，童年喜好恐龙，有兴趣研究，应加支持；但不宜限制他兴趣的多方面发展；相反，应引导他，启发他多方面兴趣，你们以为是否？

大李弃工就学已决定否？语言初步过关后的计划如何？记者这一行，在美恐难继续，但照相技术是否可以吃饭？三婶的弟弟就是从台湾来美，开了一家冲印彩照的小铺子为生的。学文科的华人在美找事不易，我们系有一教授之子，历史系本科毕业后，又读了研究院。到美后发现吃不开，现又从头学电子计算机，这就未免吃亏太多了。我想大李语言过关后，不妨去进图书馆系。华裔不少从事于此的。现在很多大学都有东亚图书馆，而洋人对付中文书总赶不上我们，你是否可以考虑，摸摸这方面学校的情况？

我回京后，曾去镜春园启盈同学家报告她们女儿的情况。最近送来了一本你同学父亲的纪念文集。其中当然全未涉及你的同学，但透露一句：她父亲病榻上表示，很想见她一面。

樊平想接女儿去，始终没办成，主要恐是经济条件不够。罗迪开汽车，不算正式工作，因而没法开证明给大使馆。邢祖介的孩子倒是由邢接走了。祝大家好！

爸、妈

95.2.25

致周启盈（1996.6.12）

［启盈：］

寄来关于 Parkinson 材料很有意思，以后如碰上，还可寄来。我的病靠 madopar 控制住，现每日一片，分两次吃。以后病情如发展，可以增加剂量。据说此病可拖几十年。我这班车已将到达终点站，故而对我也构不成什么威胁了。

右手三个指头发硬，持筷执笔都不灵，大夫也没什么好办法。我自己加强锻炼，你们看我在这张纸上写的字，还可以吧？现每天誊清译稿，我看字迹够清楚。

学校要老师出钱买新住房，但校园内的房不卖。朗润，属于不出卖之列。否则我们一定花几万人民币买下来，启锐一家可住，你们回国亦可有落脚之处。

爸

96.6.12

邓懿致周启盈等（1996.10.11）

盈、大李、萌萌：

昨天收到9.29来信附照片三张，乐何如之！10月10日我虽给你们发了一信，想来现已收到。信中谈及我们对小妹咳嗽和脸上囊肿的关怀，希望你们已经采取了措施了。看是在这里的神气毫不在意，但二老可认为是件事，可怜天下父母心，或之谓也欤？！三张照片也都不错，不但三个人都令人看了舒服，新居也令人看了感到宁静舒适。

现在就我一人在家，因为爸被接去和日本人见面了。他译的新井白石自传已完工2/3，将来由日本某财团出版，可能比商务要快得多。今早去勺园就是和负责人见面。昨晚爸告我最近两天感到右手握笔比较有力，自觉写出来的字也较有力，但不知这一进步是从何而来——你给买来天年枕头的当天，他即开始用，此外在停止储大夫中药后不久就开始每天服用20粒活络丹（我已记不清是何人从内地带来的），至今已坚持两个月，说不清是什么起了作用。据说天冷血管更宜出问题，只要没有新毛病就谢天谢地了。至于我的护膝，除了太紧妨碍我走路外，未见有什么影响。我还觉得它和枕头等不同，在腿上还可能妨碍微循环，所以每天总要“解放”几小时（枕头、床垫反正不能24小时都用），还不知它起正面负面影响。来信说大李腿膝疼痛，不知是何原因，我想如果注意保暖，长裤子里再加护膝，可能就不药而愈了。你又说自己用天年枕头“睡得挺舒服”，不知舒服在何处？爸好像并未提及，启盈是睡眠更规律些吗？

萌萌喜欢大三元月饼，很高兴。给他带去大方盒子，算是带对了。莲蓉蛋黄的月饼不知他是否最欣赏。可惜你走后就有再送月饼的，我们吃到今天才吃完。

周展开学后已进入北大附中高一实验班，看意思现在是要向清华、MIT 进军了。昨天有人买了一台计算机要让他给“攒”，有偿服务可以得几百元，他兴奋得只吃下一半。我把来信给他们看，他好像主动要回信，有共同语言就是不同。

昨天下午 5∶00，门外铃响，我去开门。一位女士自称“荣景斯”，我才敢开门，因为她既黑又瘦，已非当年的样子，当然谈起话来还是当年。她说她每年有四周假日，她都回国，明年还要回来云，她好像对 NYC 的市政府工作很满意。

来信说有王伊同信，但未收到，像是你匆忙中忘了装进来。别的再说，祝全家好！

Mom

10 月 11 日

致周启盈（1996.10.12）

启盈、大李：

启盈启程返美那天——九月廿二日，我开始右手戴“天年纤维”手套。到今天十月十二日，整二十天。从我写的这几行字，你们就可以看出效果了！相当一段时间以来，右手中间三个指头无力，笔握不紧，左右乱晃。无力调动它上下左右，又无力把它往纸上按，因此勉强写出的字墨色极淡，几乎看不出字迹，近两三天，可谓开始出现奇迹，右手写字能力可说恢复了 50% 以上。启盈用 credit card 算没白花费！我原来还觉得花美金不合算，应该付人民币才好。手套肯定改进了手指的微循环！只是拿筷子还不行，但我想是有希望的！枕头效果如何不得而知，启盈用枕头后如何？大李腿疼不知是否与微循环有关？可以买“天年纤维”有关的部位给你寄去。

中央组织部最近给科学院、工程院两院院士在北京医院查体，每人须一千四百元。同时文科一部分老家伙也沾了光，我也去了。结果一切正常，胆固醇正常 230，我才 180，其他血脂、血糖、血压、B 超、心电图一切正常。去年九月判定 Parkinson 后已一年，最近将再去友谊医院检查，是否增加药量。自我感觉是转弯和起步时有时颤动，坐着站起来有时颤动。说话时有时用词不当，但出口后立即自己发现，加以纠正。记忆力差一些，老人通病，不足为怪也。

启盈还在咳嗽？眼上小瘤结果如何？

荣景斯回京，曾来访问。

爸

96.10.12

今天下午爸叫锐和晓维把盈给奶奶买的巧克力二盒送到十叔家去，因为一直没有便人去津，而十叔将于 18 日再度去津也。

随信寄邮票二张给萌萌，如有兴趣将来还许有。

妈

10 月 13 日

附：刘经富致周启锐函（2013.9.7）

启锐兄：

多年未通音问，时在念中，想一切均好。昨日收到你关于搜集令尊书信的通知，今日抽空予以整理，现呈寄上。他最后两函因是用左手写，又因颤抖得厉害，故笔迹难认，第四函有几个字我实在破解考证不出，用黑框标示。如有其他高人能认出来，则解我一心结。从年事已高，右手瘫痪，仍坚持用左手给一个小人物回信，可见他的厚德载物，人品高尚，这两函之珍贵之特殊，显而易见。可惜似丢失一函，我记得在第四函后，还有一函告知我《金陵野史》他在北京书市已买到了。为寻找此函，我把令尊和你寄给我的书、资料全寻出来，发现你早在2003年就通知我们要整理先父信札，让复印过去，不知我当时是否已经把信复印给你？或许里面有这封信。

令尊为我2002年破格引进南昌大学而写的推荐信，盼收进全集的信札分册里。因我没有本科文凭，没有师承同门关系，纯属自学成材的学界杂牌军，在高校非常艰难，指望着靠季老、令尊推荐这则学界佳话提高点知名度。潘校长即潘季銮，清华大学教授，两院院士，2002年12月退休回清华居住。这封推荐信可以排在我的名下，也可以专立潘季銮一户头。比较起来，我觉得还是排在我名下更好一些。

耑此奉复　　不尽　　再叙　　敬候

阖府安吉

弟：经富　拜上

2013.9.7

色

纸

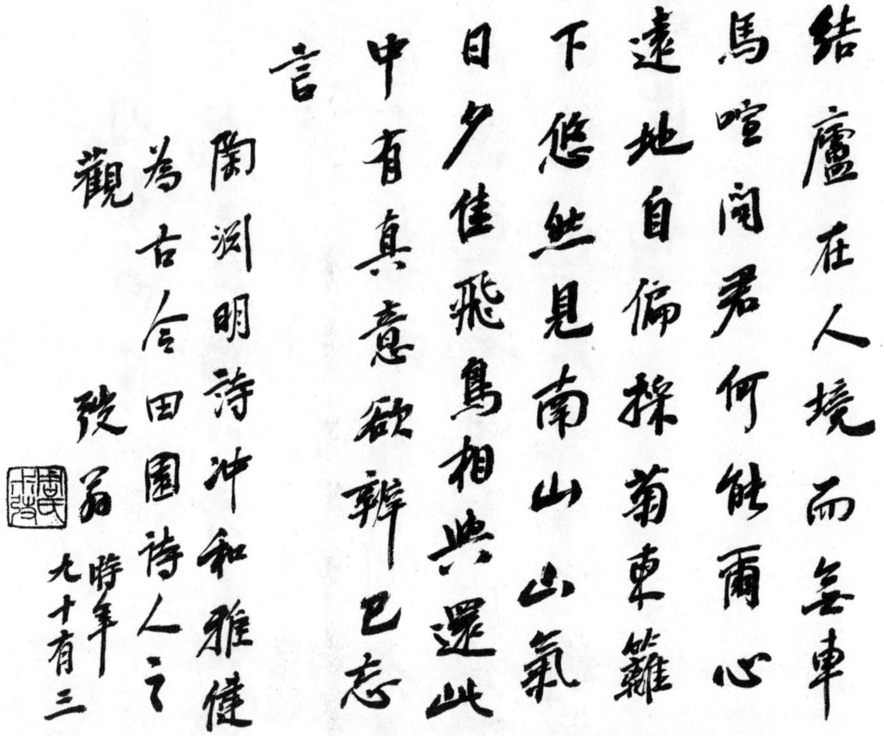

编者注：以下排列均以年齿为序。

昆明翠湖書所見

照影橋邊驛小車新妝依約
想京華短圍貂領稱腰細
密卷螺雲映額斜赤縣塵
昏人換世翠湖春好燕移家
昆明殘劫灰飛盡聊與胡僧
話落花

陳寅恪印

蒙自南湖閒眺

景物居然似舊京荷花海子
憶升平橋頭鬢影還明滅
樓外笙歌雜醉醒南渡自應
思往事北歸端恐待來生黃
河難塞黃金盡日暮人間幾
萬程

陳寅恪印

色纸

自強不息
厚德載物
好学深思
心知其意

一良先生雅嘱
張岱年
時年九十一
二〇〇〇年一月

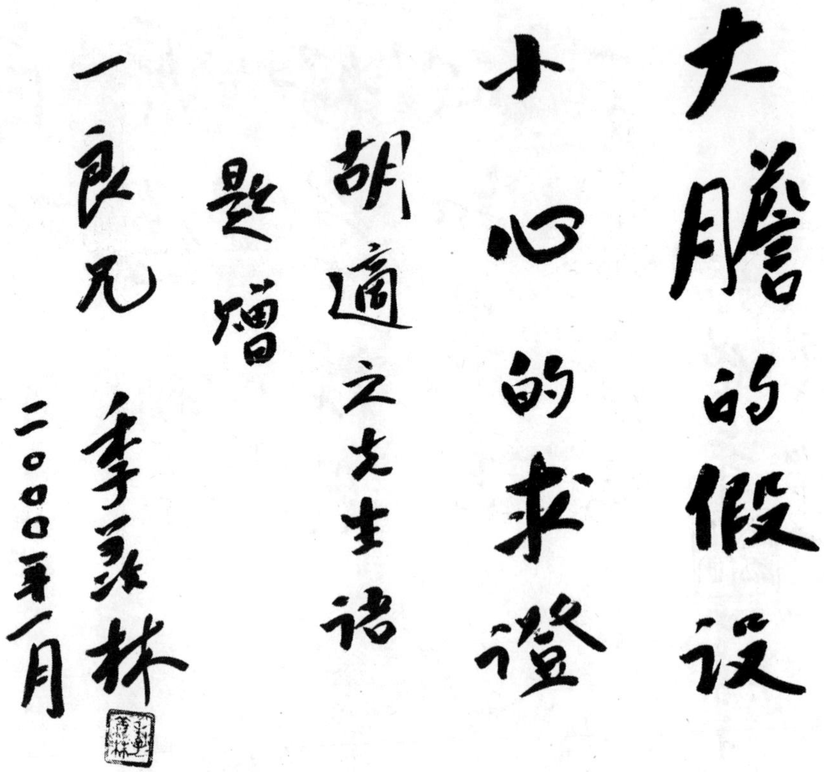
大膽的假設
小心的求證
胡適之先生語
題贈
一良兄
季羨林
二〇〇〇年一月

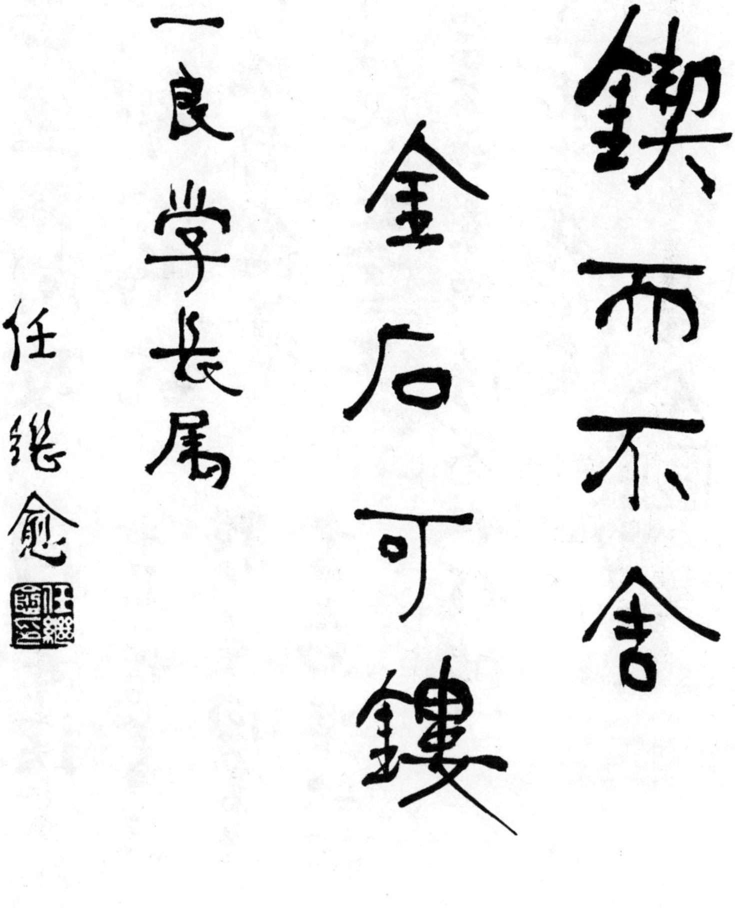
锲而不舍
金石可镂
一良学长属
任继愈

色纸

書生不问政
被动入陷坑
陷坑自磊落
毕竟是書生

同是读書人
書生惜書生
携手回書斋
書斋樂融融

字不如鸡爬 詩不如打油。
一良先鉴我心矣。
兹全 二〇〇二.六

良摯友：

早在燕園同窗時期，您給我留下了永遠難忘的印象，至今追憶，有如昨天。

抗日戰爭期間，大難之後，流落津門，幸得一會，益增景慕之情。

新中國建國初期，各自在未名湖畔，獻身教學和研究，少有來往。

意外的風暴卻把您我二人共同捲入了暗無天日的狂風暴雨之中。大禮堂、大操場，橫遭批鬥，各自經歷了不同的災難，卻為我們帶來了意想不到的機緣。

而今已是充滿希望的新世紀，我們終于得以朝夕相處，安度晚年。

留影兩幅，永作紀念。最爲可惜的是鄧懿摯友已先我們早在安息之中。

仁之偕瑋瑛於新世紀之初

色纸

一个合格的歷史学家應當既見
樹木又見森林能由此而及彼因
小以見大看到政治經濟社會
文化等〻不同領域之間的關
聯看到紛紜錯綜歷史現象之
間的内在聯繫看到歷史是辯
證地發展

翰淺学不文又素不善書而謬承
一良學長錯愛囑爲塗鴉少許以存少年从文如
先師学字之迹敢不以命乃恭录公周一良学術
专著自選集·自序〻語以資向往書以应
一良学長兄鑒定〻雅命

同年学弟王鍾翰敬題
于丙辰元月

藍天為路
陽光滿屋
青青自在
划破边緣

一良兄雅属

林庚敬書
二〇〇〇年元月

四載暌違重聚首人生離合豈前因紅羊小劫嗟陳迹綠蟻浮觴惜此辰績史更疑今日事看花猶憶舊時春衡文同此滋蘭意且喜傳薪有替人

一九九一年三月

一良先生惠臨成都四川大學主持及门景蜀慧博士論文答辯委員會賦此誌謝即乞

誨正

繆鉞

冰繭庵

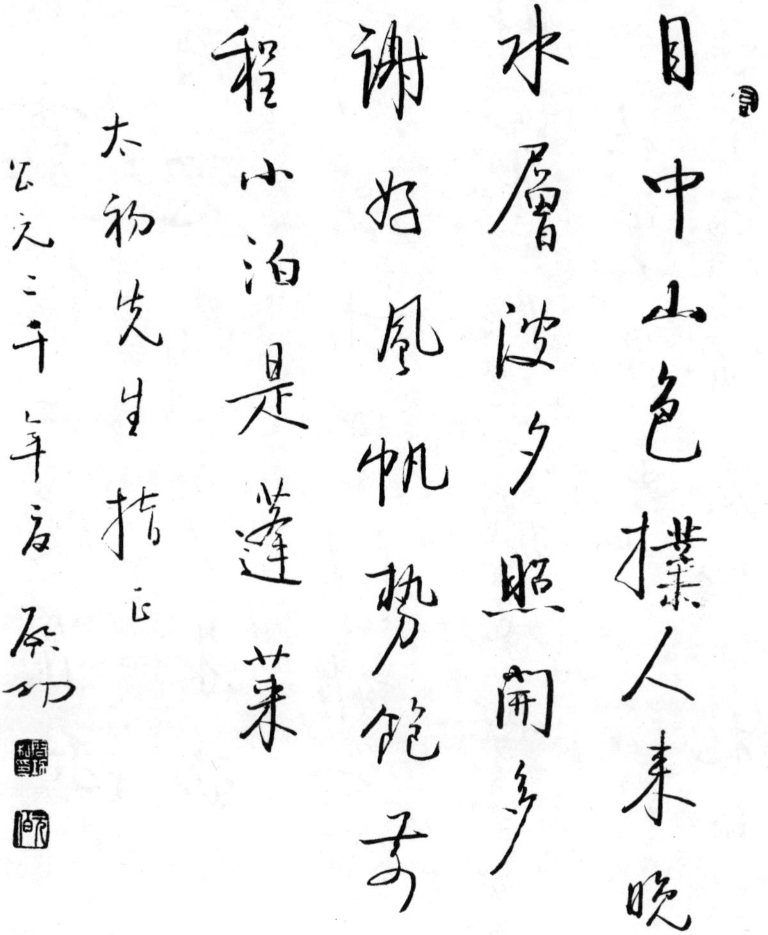
目中山色撲人來晚
水層波夕照開多
謝好風帆勢飽
程小泊是蓬萊
太初先生指正
公元二千年啟功

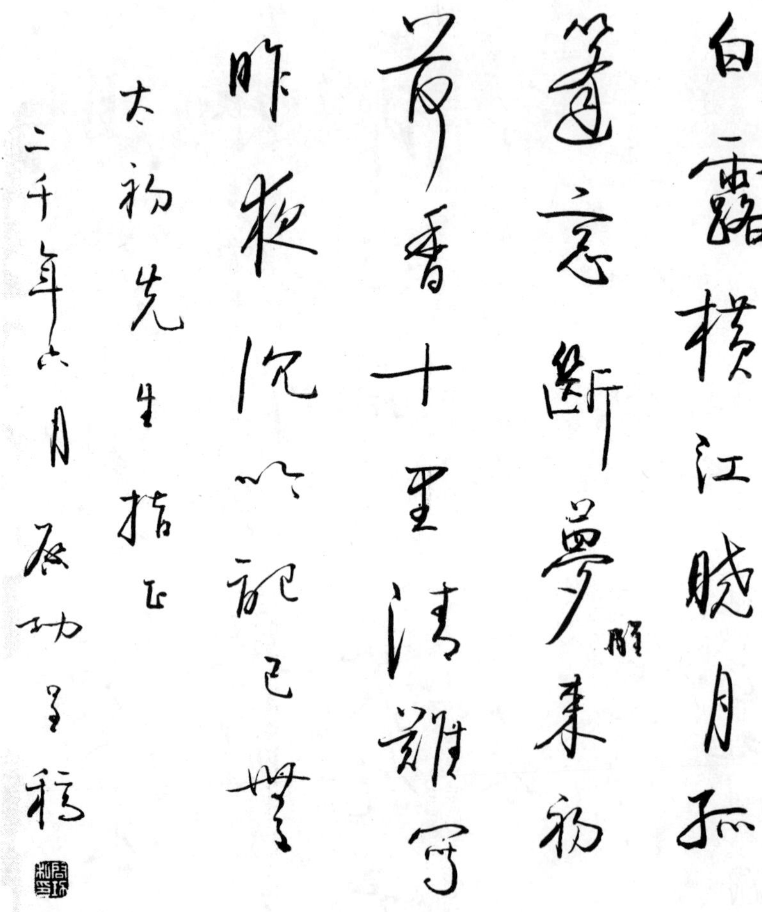
白露横江晓月孤
荷香十里清难写
太初先生指正
二千年六月启功呈稿

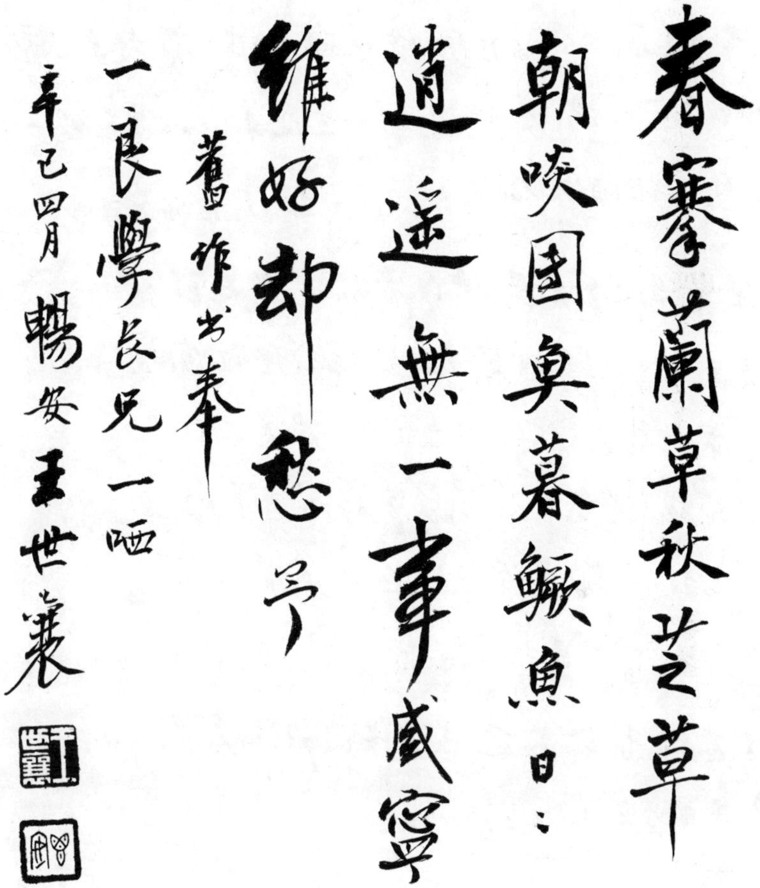
春寒蘭草秋芝草
朝暎園奥暮鰥魚日日
逍遙無一事咸寧
維好却愁予
舊作書奉
一良學長兄一哂
辛巳四月 暢安 王世襄

余有幸与一良兄邓懿嫂相识已逾半世纪，深佩贤伉俪为人聪明正直，品学兼优。且伉俪情深，互爱互敬，老而弥笃。二千年二月懿嫂仙逝，一良兄罹鼓盆之痛，难以释怀。余不揣谫陋，草拟四言短辞，一以寄哀思，一以表达对贤伉俪钦佩之忱。词句鄙俚，在所不计也。

忠实情侣，恩爱夫妻，神仙眷属，佳偶天成。

闺房之乐，相敬如宾，赌茶先后，强记博闻。

天生丽质，聪颖过人，书史博洽，校笺亦精。

教学科研，储才育人，新秀叠出，桃李盈门。

新编教材，荣获奖评，中外选用，享誉士林。

耄耋偕老，侪辈羡钦。潘岳悼亡，庄生鼓盆。

修短有数，聚会天庭。长留半被，待君梦魂。

精灵不昧，夫人永生。

王岷源

2000年三月

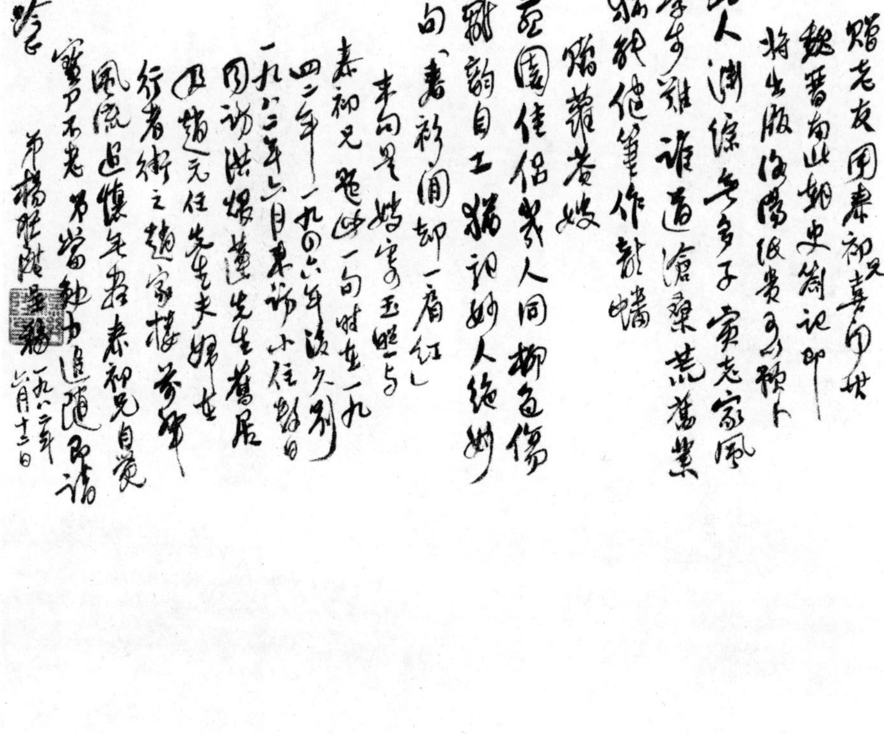
赠老友周素初兄喜印册
魏晋南北朝史籍記印
将出版洛阳纸贵可预卜
此人淵源多多子 寅老家風
学步难 谁道沧桑荒旧业
猶能继笔作龙蟠
赠萍茵嫂
花园佳侣共人间 柳色伤
新韵自工 犹讯妙人绝妙
句「春衫简却一肩红」
末句是嫂家玉照与
素初兄绝妙一句 时在一九
四二年 一九四六年后久别
一九八二年六月来访 小住数日
同访洪煨莲先生旧居
及赵元任先生夫妇于
行者街之赵家楼前身
风流逸怀免我素初兄自觉
寞力不老 弟当勉力追随即请
吟安
弟杨联陞草稿 一九八二年六月十三日

經洞光燄長留天地間
一良吾兄吟正 庚辰選堂

色纸

一九九一年遊莆田媽祖廟，見有以竹根擲地叩頭祈禱者，詢之導遊，云爲擲筊，蓋以卜吉凶者。因憶自回本《水滸傳》中嘗有描繪，實未知其所以然。後讀《唐摭言》之《四節操》見載有：裴晉公質狀眇小，會有相者在洛中，公造之問命。相者曰：「郎君形神不入相書，若不至貴，即當餓死。今殊未見貴處。」一日遊香山寺，有婦人設一緹褶於僧伽欄楯上，祈祝良久，復取筊擲之，瞻拜而去云云……

按釋貫休有詠《竹根筊子》詩（《全唐詩》卷八二九）：「出處斷林藪，才微幸一陽，不緣懷片善，豈得近馨香。節亦因人重，聲從擲地彰；但令筋力在，永願報時昌。」大概這是唯一一首詠筊子詩。今以《唐摭言》所載觀之，可見擲筊爲卜，唐代頗爲普遍，在今日唯福建媽祖廟尚有存者，他處則未見焉。

紹良見聞褊窄，初見頗奇之，後讀書果有發現，因錄而存之，擬寫一《擲筊考》，但近來年老目衰，頭暈目眩，終不能完成此願矣，泰初大兄囑有所記，因錄出呈教。

弟紹良呈稿 二〇〇一.二〇

周紹良

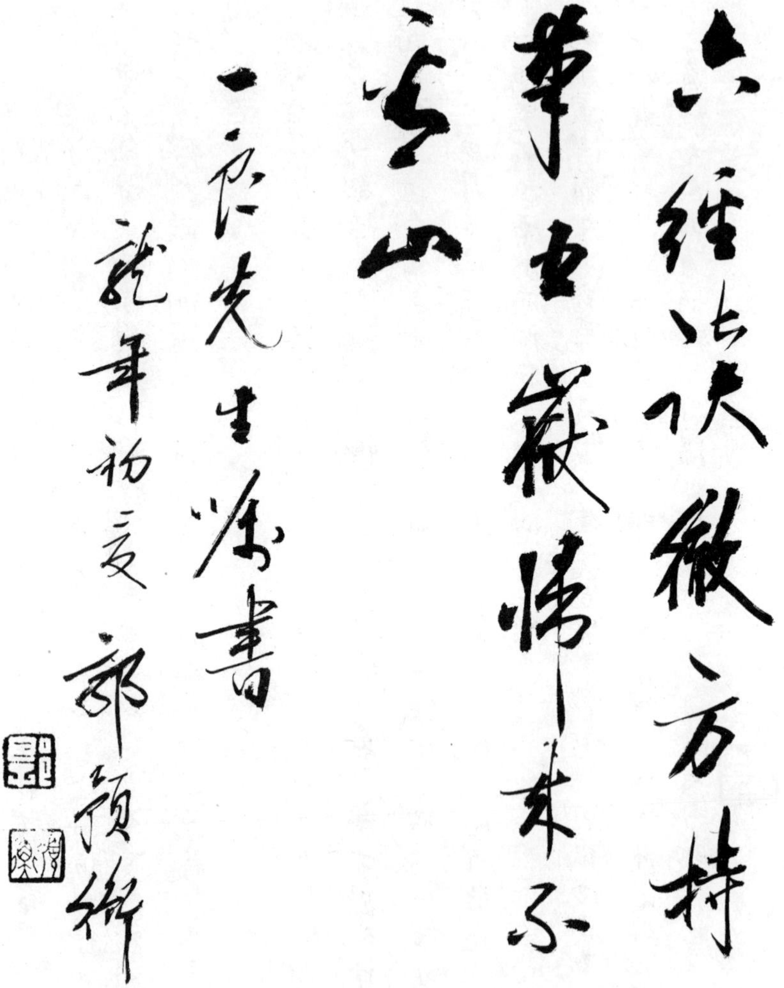
龙年初夏
郭预衡

頤養之福
可得永年
太初夫子大人正腕
劉宗漢書

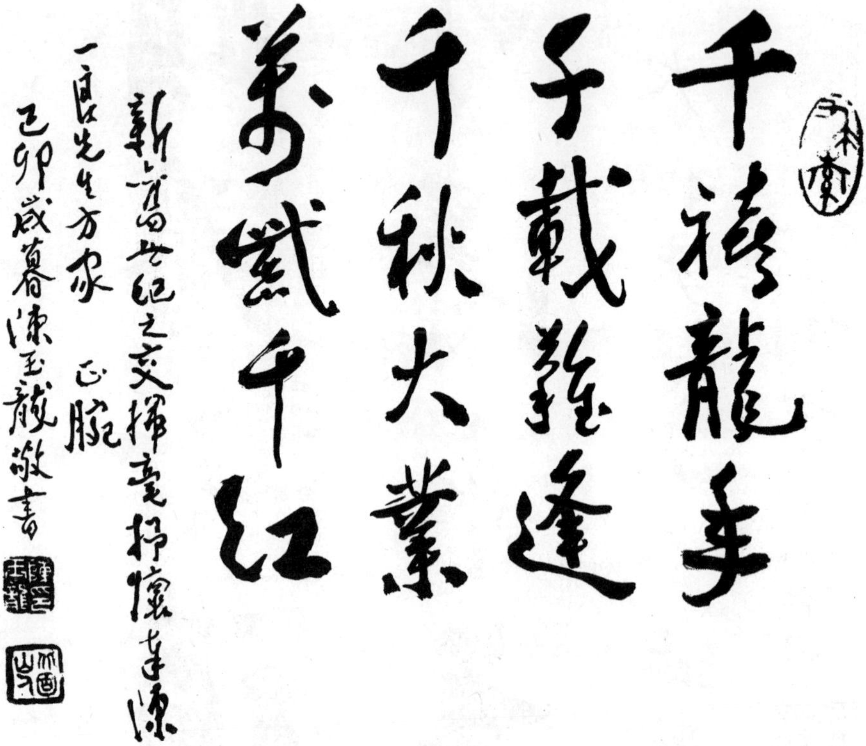
千禧龍手
千載難逢
千秋大業
萬紫千红
一良先生方家 正腕
己卯歲暮春陳玉龍敬書

色纸

沿用旧城的城市，元以前的变革主要是扩展，如漳州、赣州唐宋時，前者南北扩，后者南展。改变城内布局则多在明清，如明成都蜀王府、青州齐王府皆建於城中部，西安、开封清筑駐防满城亦遂址城内西安建在城东北，开封建在城北端。扩展城垣破坏尚少，改易布局则街巷随之剧变。以上陈年旧迹日渐堙泯，调查勘测已刻不容缓，这不僅有关城市历史的研讨，更是現代对老城区进行規划时急需参考的重要依据。

一良先生要我写点近期工作情况，谨书浅闻如上，盼多指教。

宿白 二〇〇〇年元月

西漢朱廬執刲銀印

一九八四年五月海南黎族苗族自治州乐東縣农民種植橡膠樹时發現武帝平定南越於海南島設朱崖儋耳兩郡其後儋耳併入朱崖隸（元帝初元三年弃朱崖郡置朱盧县）合浦郡見於漢書地理志執刲或作執圭楚爵名漢沿古制功臣曹参夏侯嬰灌嬰皆賜爵執圭海南古印此為第一 一九八五年三月題請

太初先生鑒正 史樹青记于畏吾村

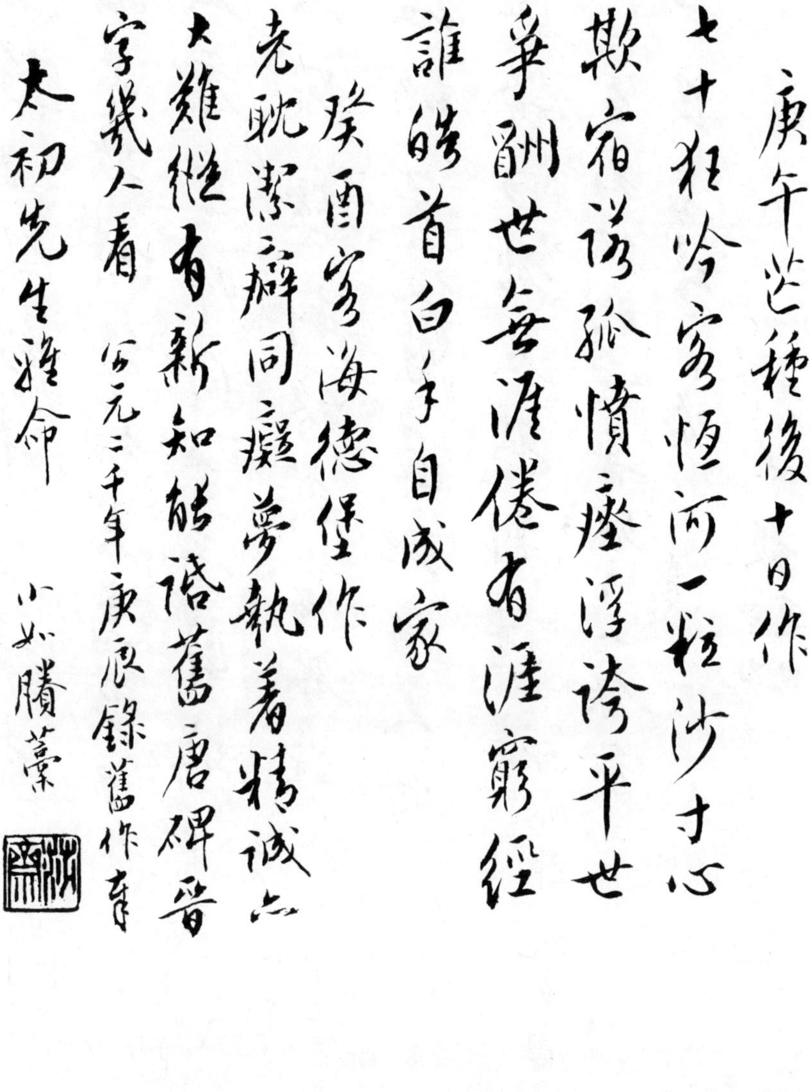
庚午芒種後十日作
七十狂吟寄恒河一粒沙寸心
欺宿諾孫憤瘞浮誇平世
爭酬世無涯倦有涯窮經
誰能首白手自成家
癸酉寄海德堡作
老耽潔癖同癡夢執着精誠亦
大難繼有新知能諳舊唐碑晉
字幾人看 公元二千年庚辰錄舊作奉
太初先生雅命 小如謄藁

儒冠自笑誤平生垂老
翻思效請纓劫火竟焚日
出處會師同築受降城
天驕頡利終成虜孤注
澶淵已受盟畫地何人持
玉斧可能左股割蓬瀛
右先父收京喜賦之一錄奉
一良先生之屬
邢其毅 辛巳夏日

偏好读书寻径陈
每从问学借聪明
蜗行龟步自成趣
为有前头引路人

應一良老师命 不成韵文
辛巳穀雨 余霞敬呈

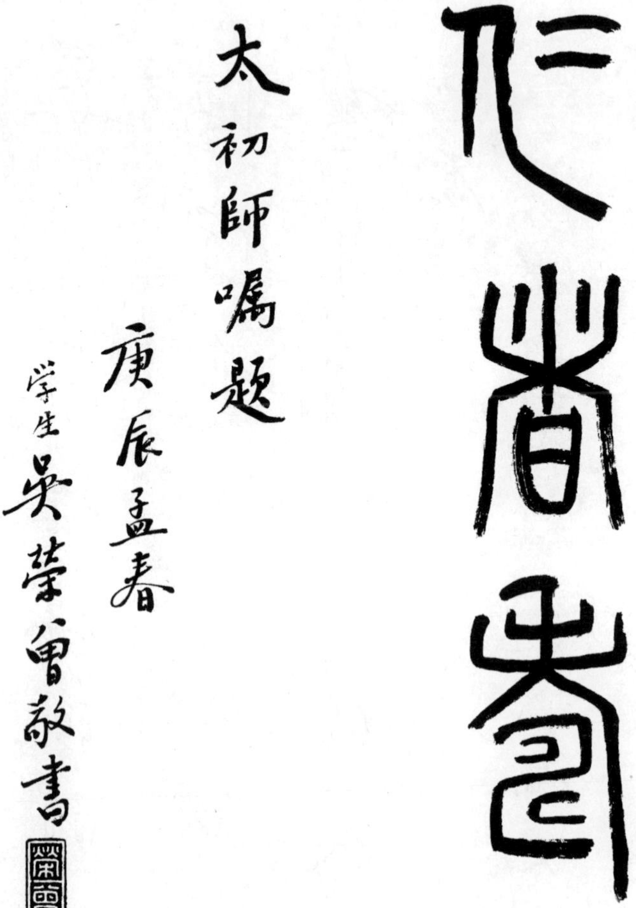
仁者壽
太初師囑題
庚辰孟春
學生吳榮曾敬書

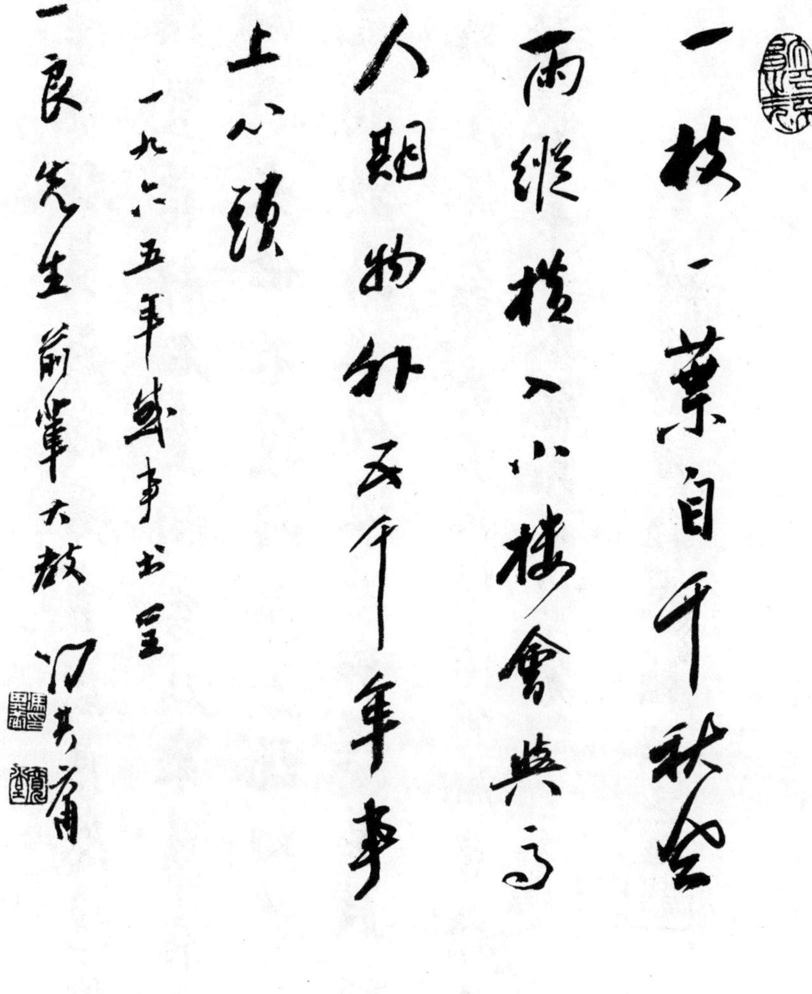
一枝一葉自千秋風
雨縱橫入小樓會與高
人期物外五千年事
上心頭
一九六五年盛夏書呈
一良先生前輩大教

健筆能驅曳落河著書歲月恐蹉跎
通儒豈藉科名重詞客从来幕府多
瀛海異文供采獲經郛众說辨差訛
茂先博物真誰似遊遍瑯嬛莫敢訶
羅度徵士題先王父慎儀公廐叟攟筆
詩錄奉 太初先生雅覽
庚辰仲秋後學張永言

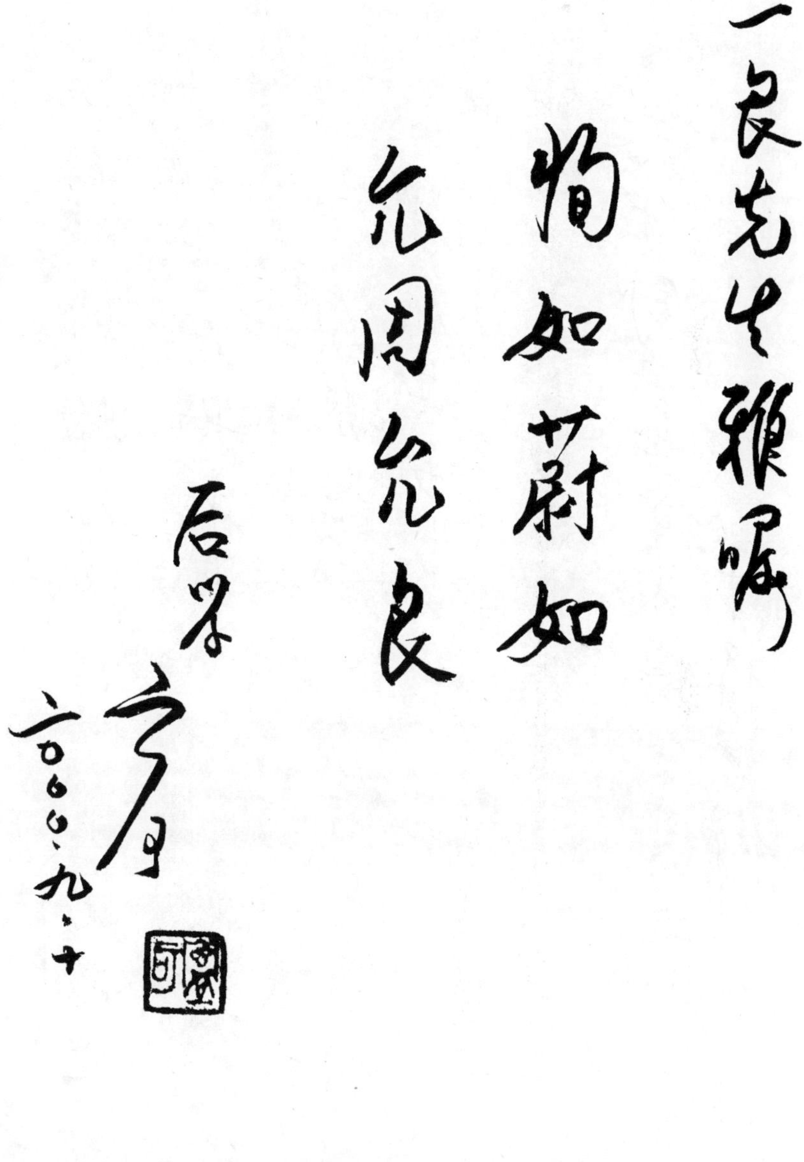
一良先生雅属
炳如蔚如
允周允良
启功
二〇〇〇、九、十

逍遥物外，

樂在其中；

四壁圖書，

樂在其中。

恭贺周一良先生米寿

學生祝總斌 庚辰年秋

東西博彙乾嘉學
接廣陳門氣象閎
脱屣紛華甘淡泊
先生畢竟老書生

俚句博
太初 夫子大人一哂
門生 白化文 李鼎霞敬呈
庚辰元日

色纸

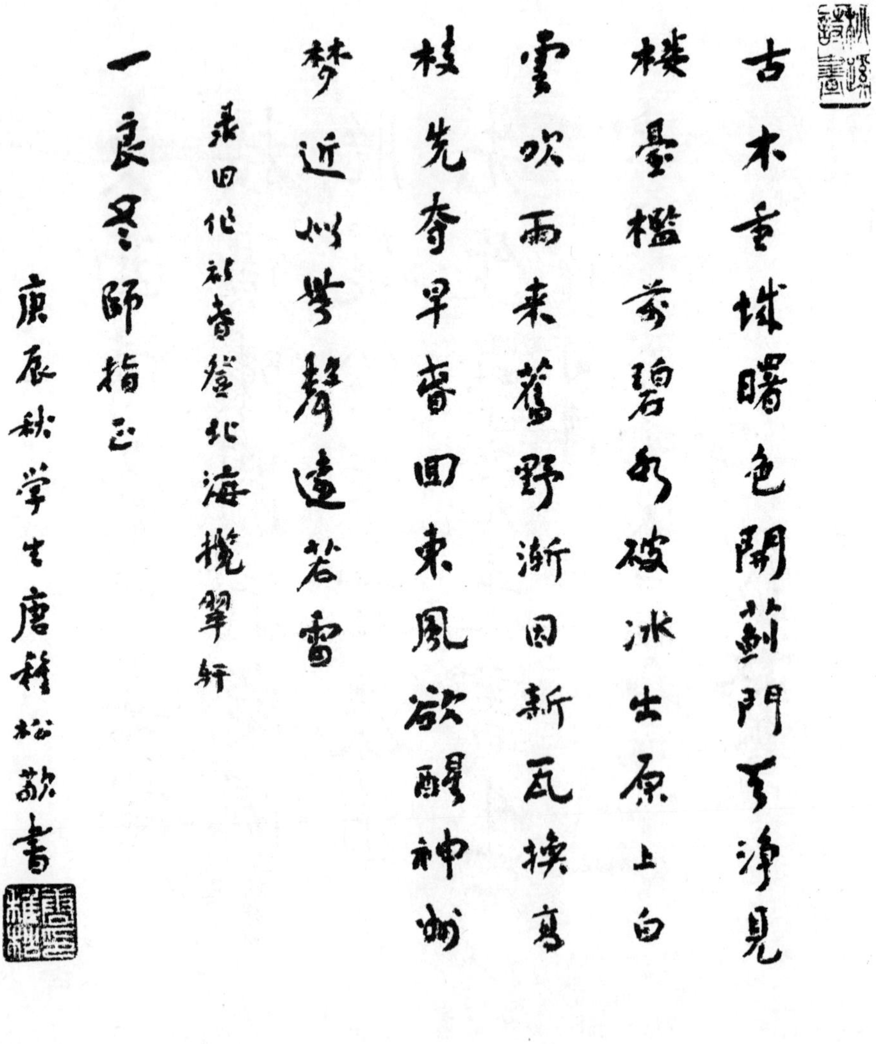
古木垂珠曙色開薊門乍淨見
樓臺檻前碧水破冰出原上白
雲吹雨來舊野漸因新瓦換高
枝先奪早春回東風欲醒神州
夢近似驚蟄遠若雷
錄田化祈春登北海攬翠軒
一良冬師指正
庚辰秋學生唐穉松敬書

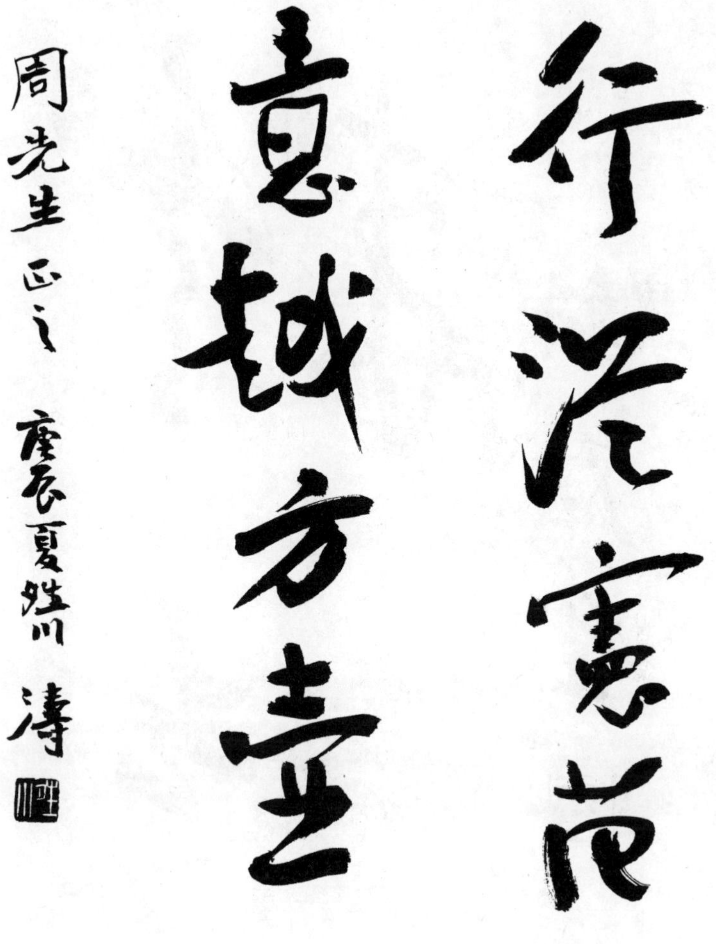
周先生正之
濤

敬祝周一良教授九秩大慶

魏晉南北朝精
研人仰
明治維新史稽
具見識

日本池田温謹賀

慶賀米壽

雖說「是書生」
卓越冠學人
回首滄桑路
返璞又歸真

庚辰十二月

後學
藤家禮之助

周一良 先生

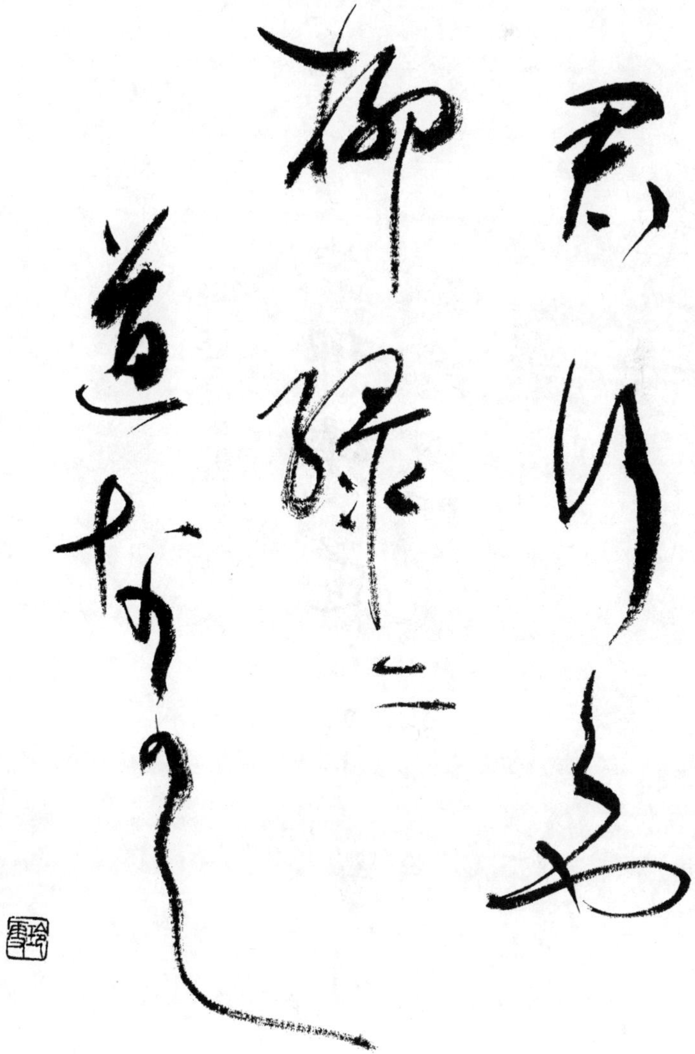

「君行くや柳緑に道ながし

蕪村

通達歷史之精神
超越歷史之形跡

敬祝 周一良教授米壽

紀元二千年孟春
後學谷川道雄謹書

瑞日祥
雲霽月
光風
昭和六十年

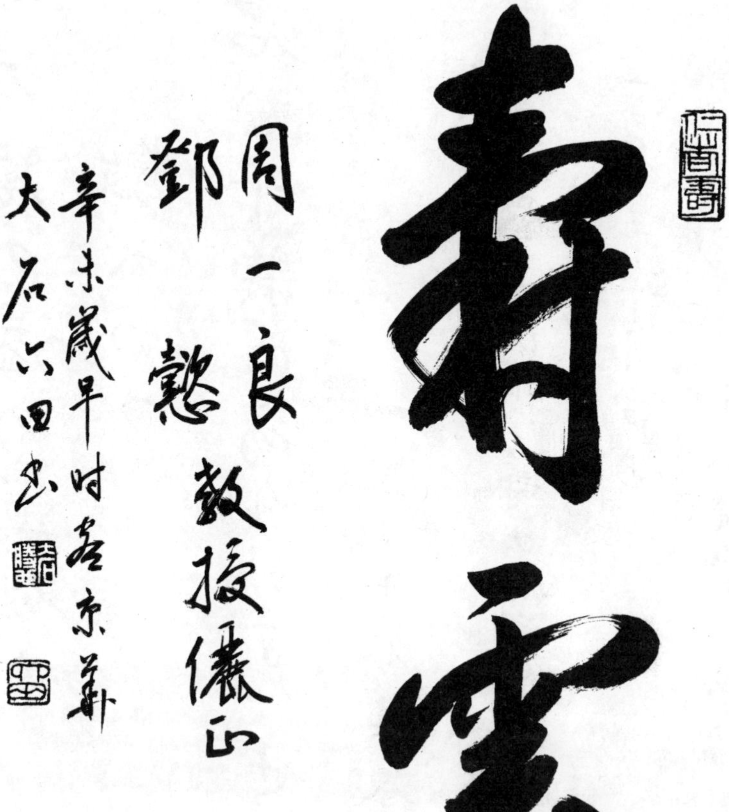
壽雲
周一良
鄧懿
教授儷正

渡津海の濱の眞砂を
數へつつ
君が千歳のありかずにせん
古今集巻七

周一良教授の米壽の賀に寄せて

二〇〇〇年十月吉辰

日本後學 窪添 慶文

南軒有孤松柯葉自綿
冪清風無閑時蕭灑
終日夕陳生古苔綠
色染秋煙碧何嘗凌
雲霄直上數千尺

一良大哥命書

庚辰六月　朱宜習字

色纸

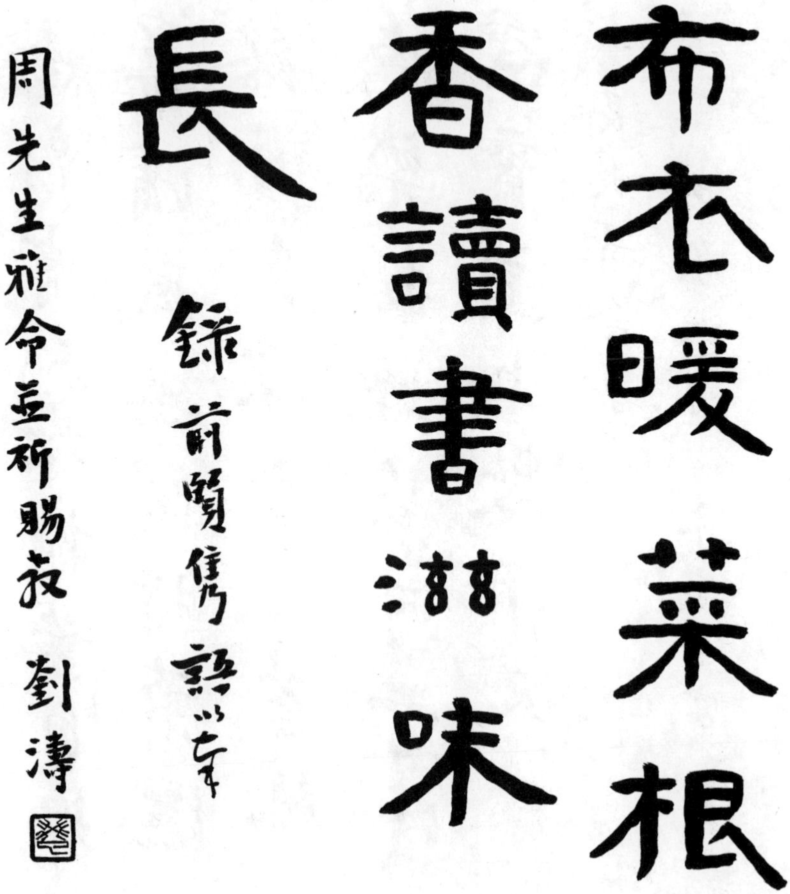

夫子の道
忠恕のみ

周一良先生米寿祝賀

弟子 王鏗敬呈

二〇〇〇年九月

处事宜用複雜腦
待人當以單純心

一九九〇年秋录林肯语 周一良

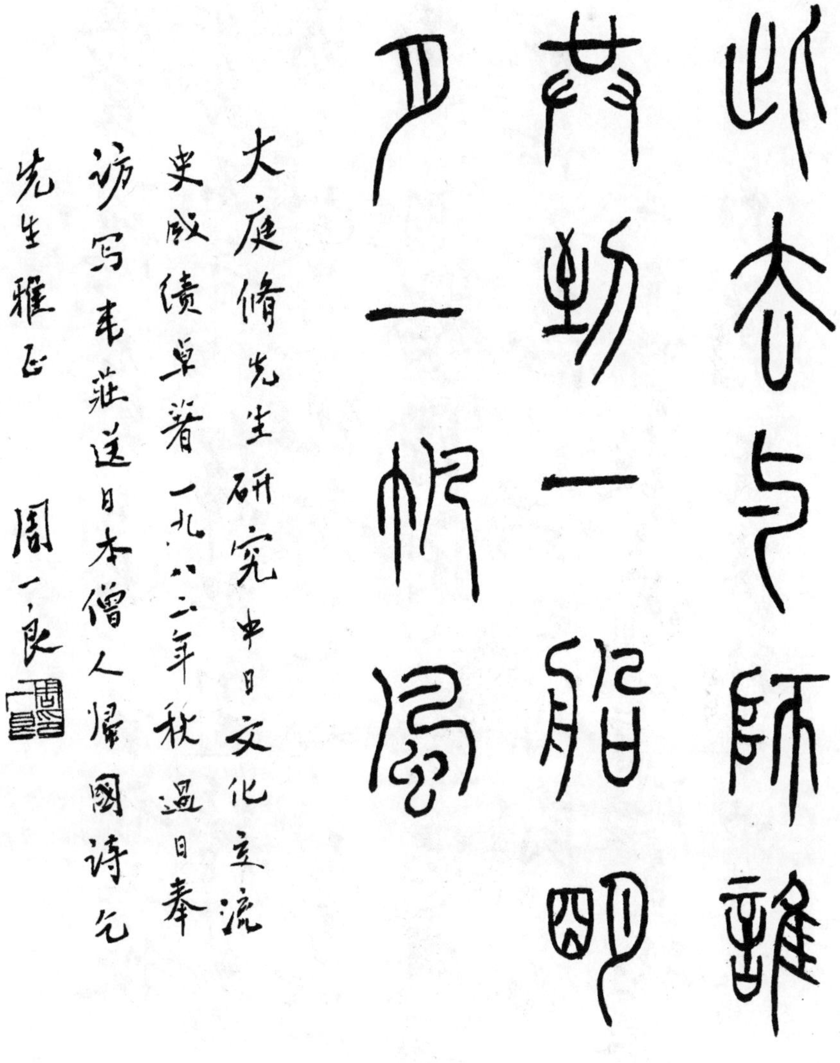
此去与师谁
共到一船明
月一帆风
大庭脩先生研究中日文化交流
史成绩卓著一九八二年秋过日奉
访写韦庄送日本僧人归国诗乞
先生雅正
周一良

教授二级，不为不达；岁开七秩，不为不年；插架图籍，不为不富；研考文史，不为不勤。因祸得福，豁达自安，既仕而隐，党之驯民。

八三年四月法钱竹汀自题像赞，略改数字以自况。

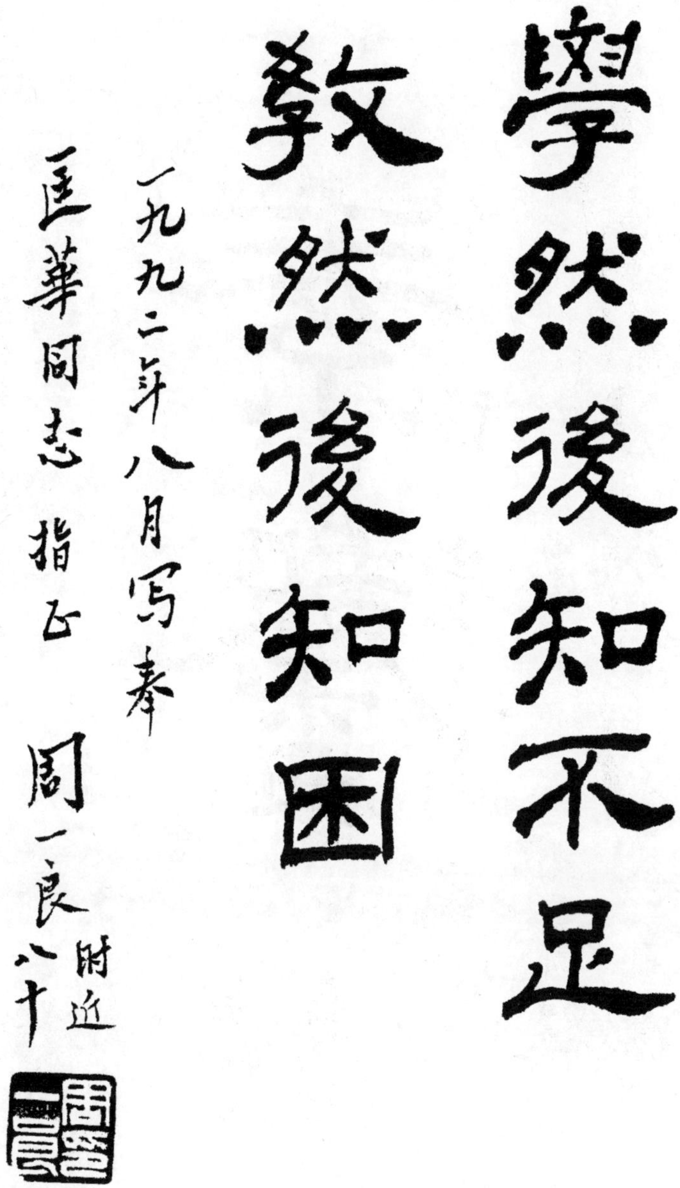
學然後知不足
教然後知困
一九九二年八月写奉
匡華同志 指正
周一良 时近八十

素馨

周一良讀史批注手迹

小如

太初先生印存

小如

一良先生教正

鐵寶篆刻

编后记

2001年10月23日一良师辞世之后，总想为老师做点什么，写点什么。从撰写纪念长文《儒生思想　书生本质　史家学术——周一良教授的学术生涯》(见本套书第1册“代序”)，到协助启锐兄编《载物集——周一良先生的学术与人生》(清华大学出版社，2003年1月)和《中国文化书院九秩导师文集——周一良卷》(东方出版社，2013年1月)，重编《魏晋南北朝史论集》(北京大学出版社，2010年6月)，选编《魏晋南北朝史十二讲》(中华书局，2010年7月)等，总是觉得不能尽心，似乎还缺什么。2012年夏天，周启锐兄及高等教育出版社委托我主编《周一良全集》，我这才恍然大悟，心中早就企盼将先师文稿集中整理发表，既是为老师、为学术界，也为满足我为老师做点什么的心愿，能再一次和老师进行心灵的沟通，再一次感受老师的治学之道与人格风范。

从2012年夏天工作启动，至今已两年有余。一个缺乏“资源”的退休教授，单打独斗，承担这样艰巨的任务，颇有点儿唐吉诃德的影子。令人欣慰的是，在编纂过程中，周先生的子女给予我倾力支持和积极配合，先生的朋友直至他们的子女以及先生的门生弟子也鼎力相助，就是一些对先生关注的好友也尽全力相帮，高等教育出版社责任编辑王丽同志则给予我最大的支持和宽容，编辑工作比预想的要顺利很多，所以才有这套《周一良全集》面世。

全集的书信是由 先师的亲朋故旧、门生弟子提供的。为方便读者使用，作为电脑盲的我，将二百多封信札全部手录一遍。面对 先师的手稿，心潮起伏，思绪难平，老师的音容笑貌、师徒促膝交谈的情景常常浮现在脑海中，书信中丰富多彩的论学议事更加深了我对老师的认识和理解。

先师在辞世前21天写信给在美国治病的胞妹周与良时说："我进一步想到，人死之后，都不会立刻被人忘记。但是后人记住你多久就大不一样。像我这种历史学家，也许三五十年以内还会有人想到，过此就无人问津了。"下文是与自然科学家的发明创造和文学家的成功作品与历史学家成就影响时间长短的比较，这里略去（该封书信见于本套书第10册）。这段话恐大可商议。以 先师的学术成果论，20世纪40年代在哈佛的博士学位论文《唐代密宗》，距今已70年，仍是研究密宗史、中国佛教史的必读之作；20世纪80年代初撰成的《魏晋南北朝史札记》已重印多次，可能还要重印下去；20世纪80年代初开创的书仪研究，海内外已不乏继承者；以常务副主编身份主编的《大百科全书·中国历史卷》的生命力毋庸置疑；颇富争议的《毕竟是书生》不仅在国内拥有大量读者，去年更是出版了英文版。这种"世路艰难"下的学术成果，我不敢说传之久远的"远"到底有多远，但三五十年何足道哉?！不知 先师在天之灵以为然否?

这部全集的大部分内容均已刊布，只有中国文化书院的《访谈录》及第10册书信为第一次公布。在整理、编辑的过程中，我深深感到，一位服膺忠恕之道、满怀赤子之心、学贯中西、献身历史学研究的忠厚长者，将人品与学问、道德与文章完美地统一起来的学者，无论今天或将来，其论著必将传之久远，因为真善美是人类的终极追求。

最后，再次真诚感谢在整理、编辑全集的过程中给予全力支持的机构和个人，没有他们的帮助，这部全集不可能以这样的面貌顺利面世。

赵和平

2014年10月7日上午